KB272615

AI 기반 마케팅 전략과 실무

AI 기반 마케팅 전략과 실무

한국생성형AI연구원

노규성, 강대훈, 김종호, 박강민, 이서령, 이승희, 임기홍, 임소연, 최광돈

스토리하우스

머리말

마케팅은 더 이상 감각과 경험만으로 설계되는 영역이 아니다. 소비자의 행동은 데이터로 남고, 시장의 변화는 수치로 관찰된다. 이에 마케팅 전략은 이제 AI와 데이터 분석을 통해 검증되는 체계적인 과정이 되었다.

이 책 『AI 기반 마케팅 전략과 실무』는 독자들이 AI를 활용해 마케팅 전략을 설계하고 실행하며 분석할 수 있는 실무 역량을 갖추는 것을 목표로 한다. 오늘날 마케터에게 요구되는 역량은 분명히 달라졌다. 콘텐츠를 잘 만드는 능력만으로는 부족하며, AI를 활용하여 데이터를 해석하고, 고객을 세분화한 다음, 전략적 의사결정을 내릴 수 있어야 한다.

특히, 마케팅을 설명하고 가르쳐야 하는 지도자라면, AI가 마케팅 전 과정에서 어디까지 활용 가능하고, 어디에서 한계가 있는지를 명확히 이해해야 한다. 아울러 이 책은 「AI 마케팅지도사(AI Marketing Consultant)」 2급 자격시험을 준비하는 학습자를 위해서도 기획된 교재이다. AI 마케팅 지도사는 생성형 AI 분야의 전문지식을 활용하여 마케팅 업무 생산성을 높이기 위한 실무 능력을 갖추어야만 한다.

이 교재는 이러한 시대 정신에서 출발해 마케팅 이론과 AI 기술을 분리하지 않고, 전략 → 실행 → 분석 → 실전 적용이라는 흐름 속에서 통합적으로 다룬다. 각 장에서는 AI가 마케팅 전략 수립에 어떻게 활용되는지, 생성형 AI 도구가 콘텐츠와 광고 실행을 어떻게 바꾸고 있는지, 또 데이터 분석과 고객 경험 관리에서 AI가 어떤 역할을 하는지를 단계적으로 설명한다. 또한, 본서는 단순한 기능 설명서가 아니다. AI를 '자동으로 답을 내주는 도구'가 아니라, 마케터의 사고를 확장하고 판단을 보조하는 전략 파트너로 자리매김하게 해준다. 최종 전략을 결정하고, 그 결과에 책임을 지는 주체는 여전히 마케터이며, AI는 그 과정에서 더 나은 선택을 가능하게 하는 수단임을 일관되게 강조한다.

이 책을 통해 독자는 다음과 같은 역량을 갖추게 될 것이다.

① AI를 활용해 마케팅 전략을 논리적으로 설계하는 능력

② 데이터 기반으로 가격, 유통, 프로모션을 분석·조정하는 능력

③ 생성형 AI를 실무 콘텐츠와 교육 현장에 적용하는 능력

④ 그리고 AI 마케팅 지도사로서 설명하고 평가할 수 있는 전문성

이 책은 GPT-5, 제미나이 등 AI의 도움을 받아 노규성 원장, 강대훈 교수, 김종호 원장, 박강민 교수, 이서령 교수, 이승희 교수, 임기홍 이사, 임소연 교수, 최광돈 소장 등 국내 최고의 AI 마케팅 전문가들이 공동으로 집필한 전문서이다. 이 책이 AI 마케팅 지도사 자격시험 합격은 물론 AI 시대의 마케팅을 실제로 설계하고 지도할 수 있는 전문가로 성장하는 데 도움이 되는 신뢰할 수 있는 기본서가 되기를 바란다.

2026. 4. 4

한국생성형AI연구원 저자 일동

차례

AI Note

제1장 생성형 AI의 출현과 AI 마케팅 (임기흥)

제1절 생성형 AI의 출현과 마케팅 환경 변화

1. 생성형 AI의 이해, 정의와 발전

최근 들어 '생성형 AI(인공지능)'라는 말이 자주 들리기 시작했다. 한때는 인공지능이 인간의 일을 빼앗을 것이라는 불안감이 언론을 통해 확산되었지만, 이제는 분위기가 달라지고 있다. '프롬프트 디자이너(Prompt Designer)'라는 새로운 직업이 등장하면서, AI가 사람을 대체하는 것이 아니라 AI를 잘 다루는 사람이 기존의 일을 대신하게 될 것이라는 인식이 점점 설득력을 얻고 있다. 그렇다면 생성형 AI란 무엇을 말하는 것일까?

생성형 AI는 사람이 입력한 문장(프롬프트)을 이해하고, 그에 맞는 글, 이미지, 코드, 음악 등을 직접 만들어내는 인공지능이다. 기존의 검색엔진이 "이미 존재하는 정보를 찾아주는 도구"였다면, 생성형 AI는 "새로운 정보를 만들어내는 도구"라고 할 수 있다.

예를 들어, "오늘 회의 내용을 요약해줘."라고 입력하면 회의 내용을 자연스럽게 정리해주고, "고객에게 보낼 공지문을 예의 바르게 작성해줘."라고 하면 바로 사용할 수 있는 문안을 만들어준다. 이처럼 생성형 AI는 단순한 기술이 아니라 업무 효율을 획기적으로 높여주는 '생산성 도구'이다.

2. 디지털 전환(DX)과 마케팅 패러다임 변화

과거 마케팅은 4P(Product, Price, Place, Promotion) 중심의 공급자 중심 구조였다. 디지털 전환(DX) 이후 AI 기반 데이터 분석을 통해 고객 중심(Customer-Centric) 마케팅으로 변화하였다. SNS, 온라인 쇼핑몰, 검색데이터, 고객 리뷰 등 다양한 비정형 데이터를 분석하는 AI 기반 의사결정 마케팅이 등장하였으며 자동화, 개인화, 예측분석이 핵심 키워드이다. AI 마케팅은 '사람이 모든 단계를 설계하던 마케팅'을 'AI가 학습·보조·추천하는 마케팅'으로 전환시켰다. 기업은 데이터 수집, 분석, 예측, 실행의 전 과정을 하나의 알고리즘 체계로 통합함으로써, 고객의 행동을 사전에 예측하고 즉시 대응하는 체계를 구축할 수 있다.

1) AI 마케팅이란 무엇인가?

AI 마케팅이란 인공지능(AI) 기술을 활용해 소비자를 이해하고, 맞춤형 마케팅 전략을 자동으로 실행하는 방법을 말한다. 쉽게 말해, "사람의 감각과 경험 대신, 데이터를 학습한 AI가 마케팅 판단을 돕는 시스템"이다. 예를 들어, 고객이 어떤 제품을 자주 검색하는지 분석해 추천 광고를 자동으로 보여주고, SNS 댓글 반응을 분석해 감정(긍정·부정)을 파악하며, 이메일이나 문장을 자동으로 작성해주는 생성형 AI(ChatGPT 등)를 이용해 콘텐츠를 만든다. 즉, AI 마케팅은 '데이터 분석 + 자동화 + 콘텐츠 생성'이 결합된 새로운 마케팅 방식이다.

2) 기존 마케팅과 AI 마케팅의 차이

기존 마케팅은 시장 세분화(Segmentation)와 포지셔닝(Positioning)에 의존하며, 마케터의 감각이 중요했다. 반면 AI 기반 마케팅은 데이터 기반(Data-Driven) 의사결정 구조로 전환되었다. 고객 행동을 예측하고, 시기별 맞춤 메시지를 자동화하는 예측형 마케팅(Predictive Marketing)이 핵심이다.

[표 1-1] 기존 마케팅과 AI 마케팅 비교

구분	기존 마케팅	AI 마케팅
의사결정 주체	사람의 경험과 감각	데이터 기반 AI의 분석
주요 도구	설문조사, 보고서, 수동 관리	AI 챗봇, 예측 분석, 자동화 툴
속도	느리고 반복적	빠르고 자동화
콘텐츠 제작	사람이 직접 작성	AI가 생성형 모델로 작성
타깃 마케팅	일반적 그룹 중심	개인 맞춤형(초개인화)

3. AI 마케팅의 핵심 특징

AI는 단순한 '도구'가 아니라, 인간의 직관을 보완하는 디지털 동반자(Digital Partner)로서 작동한다. 특히 중소기업은 AI를 통해 저비용·고효율 마케팅 자동화를 구현할 수 있다. AI 마케팅의 3대 핵심은 자동화·개인화·예측분석이다. 자동화는 챗봇, 리포트 생성, 광고 집행 등 단순 반복업무를 자동 수행하며 개인화는 고객 행동·선호 데이터를 기반으로 '1:1 맞춤형 메시지'를 생성하고 예측분석은 과거 데이터를 학습해 미래 행동을 예측하고 사전 대응한다.

[표 1-2] AI 마케팅의 핵심 특징

구분	설명	적용 예시
자동화(Automation)	반복 업무를 AI가 대신 수행	SNS 게시글 작성, 광고 예산 배분
개인화(Personalization)	고객별 맞춤형 콘텐츠 제공	추천 알고리즘, 타겟 이메일
예측분석(Prediction)	데이터로 미래 수요 예측	제품 수요, 가격 반응 시뮬레이션

제2절 마케팅 지원 생성형 AI의 유형과 실무 적용

1. 마케팅 지원 생성형 AI의 유형

생성형 AI는 문장, 이미지, 영상, 음성 등 새로운 콘텐츠를 만들어주는 인공지능이다. 마케팅에서는 이러한 기능이 콘텐츠 제작, 고객 커뮤니케이션, 데이터 분석 등에 폭넓게 활용된다. 마케팅을 지원할 수 있는 대표적인 생성형 AI 유형을 정리하면 아래와 같다.

1) 텍스트 생성 AI

주로 텍스트를 출력하는 텍스트 생성 AI는 SNS 홍보 및 광고 문구, 고객 대응 이메일, 보고서, 블로그 글 등을 작성한다. 대표적인 도구로는 ChatGPT, Claude, Gemini, Perplexity 등이 있다. 예를 들면 "신제품을 소개하는 블로그 글을 써줘.", "20대 여성을 대상으로 한 SNS 광고 문구를 만들어줘."와 같은 입력을 받아 결과물을 생성한다. 핵심 포인트는 프롬프트(명령)를 어떻게 작성하느냐에 따라 결과의 품질이 달라진다는 점이다. 이는 이 책에서 중점적으로 다루는 프롬프트 디자인 학습의 중요성을 말한다.

2) 이미지 생성 AI

주로 이미지를 출력하는 이미지 생성 AI는 포스터, 로고, 제품 이미지, 광고용 그림 등을 만들어낸다. 대표적인 도구로는 DALL·E, Midjourney, Canva AI, Whisk, AI Studio 등이 있다. 이 도구들을 통해 이미지를 만들어내기 위해서는 "봄 느낌의 카페 홍보 포스터를 만들어줘.", "제품 사진을 배경이 깔끔한 스튜디오 스타일로 만들어줘."와 같은 프롬프트를 주어야 한다. 이 도구들의 특징은 시각적 콘텐츠를 빠르게 제작할 수 있어 디자인 마케팅에 효과적이라는 것이다.

3) 영상 생성 AI

주로 영상을 출력하는 영상 생성 AI는 홍보 영상, 광고 클립, 교육용 콘텐츠 등을 자동으로 제작한다. 대표적인 도구로는 Runway, Sora, Veo, Flow 등이 있다. 이 도구들을 활용하여 영상물을 만들어내기 위해서는 “우리 회사 소개 영상을 30초 분량으로 만들어줘.”, “AI 아바타가 말하는 제품 설명 영상을 제작해줘.”와 같은 프롬프트를 제공해 주어야 한다. 이 도구들의 특징은 짧은 시간 안에 고품질 영상을 제작할 수 있어 브랜딩에 매우 유용하다는 것이다.

4) 사운드 생성 AI

주로 사운드(sound)를 출력하는 사운드 생성 AI는 광고 나레이션, 팟캐스트, 콜센터 안내음성 등을 자동으로 생성한다. 대표적인 도구로는 Suno, Udio, Voice.ai 등이 있다. 이 도구들을 활용하여 사운드를 생성하기 위해서는 “밝고 신뢰감 있는 여성 음성으로 읽어줘.”, “신제품 광고용 나레이션을 만들어줘.”와 같은 프롬프트를 제공해 주어야 한다. 사운드 생성 AI의 특징은 영상과 결합하면 멀티모달 마케팅(시각+청각) 효과를 극대화할 수 있다는 점이다.

5) 멀티모달 AI

멀티모달(Multimodal) AI는 텍스트(text), 이미지(image), 오디오(audio), 영상(videp) 등 여러 종류의 데이터를 동시에 처리할 수 있는 모델이다. 이러한 모델은 다양한 형식의 입력을 받아 처리하고, 이를 통합하여 새로운 콘텐츠를 생성하거나 결정을 내린다. 이 AI의 역할은 텍스트, 이미지, 영상, 음성을 한 번에 이해하고 생성하는 것이다. 대표적인 도구로는 ChatGPT, Gemini, Claude 등이 있다. 이 AI를 활용하기 위해서는 “이 제품 사진을 보고 SNS 광고 문장을 만들어줘.”, “홍보 영상을 보고 소비자 반응을 분석해줘.”와 같은 프롬프트를 제공하여야 한다. 멀티모달 AI의 특징은 한 번의 프롬프트로 복합적인 마케팅 작업 수행이 가능하다는 점이다.

[표 1-3] 생성형 AI 활용

유형	주요 활용	대표 도구	난이도
텍스트 생성	광고 문구, 보고서, 블로그	ChatGPT, Claude	★☆☆
이미지 생성	포스터, 로고, 시각 콘텐츠	DALL · E, Midjourney, Whisk	★★☆
영상 생성	홍보 영상, 광고 클립	Runway, Sora, Veo, Flow	★★☆
사운드 생성	나레이션, 오디오 콘텐츠	Suno, Udio	★☆☆
멀티모달	통합형 콘텐츠, 분석	GPT-5, Gemini 3	★★★

2. AI 유형별 마케팅 실무에의 활용

중소기업에게 생성형 AI는 '전문 인력이 부족한 마케팅 업무를 자동화하고, 짧은 시간에 결과물을 만들어내는 실질적인 도구'가 된다. AI의 발전으로 대기업 수준의 마케팅 역량을 저비용·고효율로 확보할 수 있는 시대가 열린 것이다. 특히 마케팅 지원에 활용되는 생성형 AI는 다섯 가지 유형으로 나눌 수 있다.

1) 텍스트 생성 AI : "글쓰는 마케팅 비서"

ChatGPT나 Claude 같은 텍스트형 AI는 중소기업이 가장 쉽게 활용할 수 있는 입문 도구이다. 제품 설명문, 블로그 홍보글, 이메일 뉴스레터, 고객 응답문 등 다양한 문서를 자동으로 만들어준다. 직원이 복잡한 문장을 고민할 필요 없이 "톤, 목적, 대상"만 명확히 제시하면, AI가 초안을 신속하게 제시한다. 이를 통해 콘텐츠 제작 시간은 단축되고, 마케팅 담당자의 아이디어 발산 능력은 향상된다.

2) 이미지 생성 AI : "디자이너 없이도 시각 콘텐츠 완성"

Midjourney, DALL·E, Canva AI와 같은 이미지 생성형 AI는 제품 사진, 포스터, 배너, SNS 카드뉴스 등을 자동으로 제작해준다. 특히 디자인 인력이 부족한 중소기업에서는 외주비 절감 효과가 크며, 시즌별 이벤트나 신제품 홍보용 이미지를 빠르게 생산할 수 있다.

'텍스트 프롬프트 한 줄로 디자인 완성'이라는 장점 덕분에 브랜드 시각 통일성 유지에도 도움이 된다.

3) 영상 생성 AI : "우리도 영상으로 말한다"

Runway, Sora, Veo, Flow와 같은 영상형 AI는 홍보영상, 대표 인사말, 교육 콘텐츠 등을 간단한 스크립트만으로 자동 제작해준다. AI 아바타가 대신 말하거나, 실제 인물 영상에 자막·효과를 자동 추가할 수도 있다. 과거에는 영상 제작이 비용 부담이 컸지만, 이제는 AI 덕분에 소규모 기업도 자사 제품을 영상으로 홍보할 수 있게 되었다.

4) 음성 생성 AI : "귀로 듣는 마케팅"

Suno, Udio는 사람처럼 자연스러운 목소리를 만들어준다. 이를 활용해 전화안내, 오디오 광고, 유튜브 나레이션, 팟캐스트 등을 제작할 수 있다. 영상형 AI와 결합하면 시각+청각이 함께 작용하는 멀티미디어 마케팅이 가능해진다. 또한 시각장애인이나 고령층 고객을 위한 접근성 높은 홍보 수단으로도 활용된다.

5) 멀티모달 AI : "한 번의 명령으로 기획부터 실행까지"

ChatGPT-5, Gemini 3 등 최신 AI는 텍스트·이미지·영상·음성을 한꺼번에 처리한다. 예를 들어 제품 사진을 보여주고 "이 이미지를 활용한 SNS 광고 문장을 만들어줘"라고 한 줄만 입력해도, AI가 문장·이미지·추천 해시태그까지 함께 제시한다. 이런 도구를 활용하면 마케팅 전체 프로세스를 통합 관리할 수 있고, 소규모 인력으로도 캠페인 설계·콘텐츠 제작·성과 분석을 빠르게 수행할 수 있다.

[표 1-4] 중소기업 실무에서의 유형별 생성형 AI 활용 방안

유형	주요 활용	대표 효과
텍스트 생성	광고 문장, 블로그, 이메일 작성	콘텐츠 제작 시간 단축
이미지 생성	포스터, 로고, SNS 시각 자료	디자인 비용 절감
영상 생성	홍보・교육 영상	홍보력 강화, 전문성 향상
사운드 생성	나레이션, 오디오 광고	고객 접근성 향상
멀티모달	통합형 마케팅 자동화 도구	기획~실행 전 과정 효율화

제3절 AI 마케팅 프롬프트 디자인 실무

AI 마케팅의 핵심은 단순히 도구를 사용하는 것이 아니라, AI에게 올바른 지시를 내리는 능력, 즉 프롬프트 디자인(prompt design 또는 prompt engineering)에 있다. 이 장에서는 프롬프트의 개념을 이해하고, 나만의 AI 마케팅 도우미를 만들어보며, AI가 만들어내는 새로운 고객경험을 직접 체험해본다.

1. 프롬프트와 프롬프트 디자인

프롬프트란 AI에게 주는 "지시문" 또는 "명령문"이다. 예를 들어 "SNS에 올릴 봄맞이 신상품 홍보문을 만들어줘. 밝고 친근한 톤으로!"라는 문장은 AI에게 주는 프롬프트이다. '프롬프트 디자인(prompt design)'이란 AI가 원하는 결과를 잘 이해하고, 목적에 맞는 답을 내도록 질문을 체계적으로 설계하는 과정을 말한다. 즉 프롬프트 디자인은 단순히 질문을 하는 일이 아니라, AI가 사람의 의도를 정확히 이해하도록 설계하는 과정인 것이다.

이 과정에서 어떤 요소를 포함해야 하는지에 대해 여러 전문가와 연구자들이 다양한 관점을 제시하고 있는데, 이들은 모두 프롬프트를 명확하고 논리적인 구조로 구성하는 것을 강조한다. 결국 프롬프트를 AI가 이해하기 쉬운 형태로 질문을 구성하기 위해서는 [표 1-5]에서와 같이 역할, 목표, 맥락, 출력 형식의 네 가지 구성요소를 포함하는 것이 필요하다.

[표 1-5] 기본적인 네 가지 프롬프트 구성요소

요소	설명	예시
역할(Role)	AI에게 수행할 '역할'을 부여하면 답변의 톤과 관점이 달라진다.	"당신은 마케팅 전문가입니다."
목표(Task)	프롬프트의 목적이나 구체적인 지시를 명확히 제시한다.	"신제품 홍보문을 작성해 주세요."
맥락(Context)	대상, 톤, 스타일, 분량 등 세부 조건을 포함한다.	"20대 여성을 대상으로, 3문장으로, 밝은 톤으로."
출력형식(Output)	결과물의 형식이나 표현방식을 명시한다.	"표 형태로 정리해주세요", "SNS 게시물 형식으로."

한편 AI가 응답하기 좋은 프롬프트는 다음과 같은 세 가지 특징을 가진다.

① 명확성: 무엇을, 어떤 목적으로 요청하는지 분명히 표현

② 구체성: 대상, 톤, 형식, 길이 등을 구체적으로 제시

③ 단계성: 복잡한 문제는 단계별로 나누어 요청

예를 들어, "광고 문장 만들어줘."라는 프롬프트는 너무 포괄적이라 AI가 방향을 잡기 어렵다. 반면 "20대 여성을 대상으로 한 봄 신상품 SNS 광고 문장을 3가지 톤(감성적, 유머러스, 정보형)으로 만들어줘."라는 프롬프트는 명확하고 구체적인 내용을 담고 있다. 이처럼 프롬프트를 정교하게 작성하면 AI의 답변 품질이 달라지고, 결과물의 활용도가 크게 높아진다.

2. AI 마케팅 프롬프트 실무

AI 마케팅은 도구를 아는 것이 아니라 "AI에게 일을 잘 시키는 법"을 배우는 과정이다. AI를 마케팅 도우미처럼 활용하려면, 단순히 질문하는 것을 넘어 프롬프트를 기획하듯 설계해야 한다. AI의 성과는 프롬프트 설계 수준에 크게 좌우된다 즉, 좋은 마케터는 곧 프롬프트 디자이너다. 실무에서 바로 사용할 수 있는 AI 마케팅 프롬프트 유형을 소개한다.

1) 제품 홍보용 프롬프트

제품 홍보용 프롬프트의 목적은 AI를 활용하여 제품 특징을 매력적으로 표현하고 타깃 고객에게 맞는 메시지를 제작하는 것이다. 이에 관한 프롬프트 예시는 다음과 같다.

"당신은 브랜드 카피라이터입니다. 20~30대 여성을 대상으로, '친환경 소재 가방'의 특징을 감성적으로 표현한 SNS 광고 문장을 3가지 버전으로 써주세요. 각 문장은 100자 이내로, 해시태그를 포함해 주세요."

이로 인해 출력된 AI 응답 결과 중 가장 반응이 좋은 문장을 선택 후, 이미지 생

성 AI(Canva, DALL·E)로 시각 콘텐츠 제작까지 연결하면 원하는 결과를 얻을 수 있다.

2) 콘텐츠 마케팅용 프롬프트

콘텐츠 마케팅용 프롬프트의 목적은 블로그, 이메일, 뉴스레터 등에서 브랜드 스토리를 강화하는 것이다. 이에 관한 프롬프트 예시는 다음과 같다.

"마케팅 담당자로서, '소상공인 대상 AI 활용 교육 세미나'를 소개하는 블로그 글을 써주세요. 독자가 쉽게 이해하도록 도입 - 전개 - 결론 구조로 구성하고, 제목은 클릭을 유도할 수 있게 만들어주세요."

이로 인해 AI로부터 출력된 글은 SEO 키워드와 문체를 조정해 최종 게시물로 사용할 수 있을 것이다.

3) 고객 관리용 프롬프트

고객 관리용 프롬프트의 목적은 고객 세분화, 이메일 문구 자동 작성, 후기 응대의 자동화이다. 이에 관한 프롬프트 예시는 다음과 같다.

"고객 유형을 '신규 고객', '휴면 고객', '충성 고객'으로 구분하고, 각 그룹에 맞는 감사 이메일 문구를 작성해 주세요. 톤은 따뜻하고 정중하게 해주세요."

이로 인해 AI가 생성한 결과는 이메일 자동 발송 시스템과 연동하여 고객 관리 자동화에 활용할 수 있다.

4) 마케팅 데이터 분석 프롬프트

마케팅 데이터 분석 프롬프트의 목적은 AI를 활용해 고객만족도, 구매 패턴, 광고 성과 등의 데이터를 빠르게 해석하고 인사이트를 도출하는 것이다. 단순한 수치의 나열이 아니라, "데이터로부터 의미를 추출해 의사결정을 돕는 문장"을 만드는 것이 핵심이다. 이에 관한 프롬프트 예시는 다음과 같다.

“당신은 마케팅 데이터 분석가입니다. 아래의 표는 지난 3개월간의 고객만족도 조사 결과입니다. 각 항목별 평균 점수를 요약하고, 불만족 항목의 원인을 추정하며 개선 방안을 제안해 주세요. 분석 결과는 요약표와 함께 보고서 형식으로 작성해 주세요.”

또 다른 예시로, 광고 성과 분석을 할 때는 다음과 같이 요청할 수 있다.

“지난달 SNS 광고 캠페인의 클릭률, 전환율, 댓글 반응 데이터를 분석해 주세요. 어떤 요인이 높은 반응을 이끌었는지 설명하고, 다음 캠페인을 위한 개선 전략 3가지를 제시해 주세요.”

이로 인해 출력된 AI 응답 결과는 대시보드 시각화 도구(Google Looker Studio) 또는 스프레드시트 기반 보고서로 연계하여 실시간 마케팅 의사결정에 활용할 수 있다.

제4절 중소기업 AI 도입 로드맵과 윤리 및 주의사항

1. 중소기업의 AI 도입 로드맵

1) 중소기업 AI 도입의 필요성

오늘날 중소기업은 인력 부족, 마케팅 전문성 부족, 빠르게 변화하는 시장 환경이라는 세 가지 어려움을 겪고 있다. AI는 이러한 한계를 극복할 수 있는 새로운 성장 동력이 된다. 특히 생성형 AI를 활용하면, 대기업 수준의 분석과 콘텐츠 제작을 소규모 인력으로도 수행할 수 있다. 그러나 AI를 한 번에 도입하기보다는 단계적 접근과 명확한 목적 설정이 필수적이다.

2) 중소기업 AI 도입 로드맵

AI를 처음 도입하는 기업은 다음과 같은 4단계 로드맵을 따라가면 안전하고 효율적인 전환이 가능하다.

① 준비 단계 - 인식과 학습

AI 도입의 첫걸음은 기술보다 인식의 변화에서 시작된다. 이 단계에서는 인공지능의 기본 개념과 역할을 이해하고, 직원들이 직접 AI를 체험해보며 "AI는 사람을 대체하는 존재가 아니라, 업무를 돕는 보조 도구"라는 인식을 확립하는 것이 중요하다. 사내 워크숍을 통해 AI를 활용해 마케팅 문장을 작성해보는 등의 실습을 진행하면 직원들이 AI를 친숙하게 받아들이고, 실질적인 활용 아이디어를 떠올릴 수 있다.

② 시범 단계 - 간단한 업무부터 시작

두 번째 단계는 '작은 성공 경험'을 쌓는 시기이다. 이 단계에서는 난이도가 낮고 즉각적인 성과를 낼 수 있는 업무부터 AI를 적용한다. 예를 들어, 텍스트형 AI를 이용해 홍보 문구나 블로그 콘텐츠를 자동으로 작성하거나, 이미지형 AI를 활용해 SNS용 포스터를 제작할 수 있다. 또한 파파일 관리나 이메일 응답 자동화 등 반복 업무를 AI에 맡기면 직원들은 업무 효율성을 직접 체감하게 된다. 예를 들어 Canva AI를 활용해 홍보 이미지를 자동으로 제작하는 것도 좋은 사례다.

③ 확산 단계 - 부서별 실무 적용

AI 활용이 익숙해지면, 이제는 각 부서의 실무로 확산시켜야 한다. 마케팅, 고객관리(CRM), 데이터 분석 등 부서별로 적합한 도구를 선택해 적용하고, 조직 내에서 통일된 프롬프트 디자인 매뉴얼을 만들어 표준화하는 것이 중요하다. 또한 AI 활용의 성과를 데이터로 측정하여, 업무 효율 향상 정도를 수치로 확인할 수 있도록 체계를 갖춘다. 예를 들어 n8n을 활용해 AI가 작성한 콘텐츠를 SNS에 자동 업로드하는 시스템을 구축하면, AI 활용이 실제 생산성과 연결되는 것을 확인할 수 있다.

④ 정착 단계 - 통합 운영과 관리 체계 구축

마지막 단계는 AI를 조직 전체에 통합하여 지속 가능한 관리 체계를 확립하는 시기이다. 멀티모달 AI(텍스트, 이미지, 영상, 음성을 통합 처리하는 AI)를 도입해 전사적 마케팅 시스템을 구축하고, 개인정보 보호·저작권·보안 관리 등 데이터 거버넌스 체계를 강화해야 한다.

또한, 기업 내 AI 윤리 가이드라인을 수립하고, 정기적인 점검과 교육을 통해 올바른 AI 활용 문화를 정착시킨다. 예를 들어 고객 리뷰 데이터를 분석해 감정 분석 리포트를 자동으로 생성하는 시스템은 AI의 통합적 활용과 윤리적 관리가 결합된 대표적인 사례라 할 수 있다.

AI 도입은 단번에 완성되는 프로젝트가 아니라, '이해 → 시도 → 확산 → 정착'의 과정을 거쳐야 하는 조직 변화의 여정이다. 각 단계를 꾸준히 실천한다면, 중소기업도 AI를 통해 업무 효율과 창의성을 동시에 향상시키는 진정한 디지털 전환을 이룰 수 있다([표 1-6] 참조).

[표 1-6] 중소기업의 AI 도입 단계별 추진 내용

단계	주요 목표	핵심 실행 내용	실습 아이디어
1) 준비 단계	AI에 대한 인식 확립과 기초 학습	• AI의 개념 및 역할 이해 • 직원 대상 기본 교육 실시 • 사내 AI 활용 아이디어 발굴	• ChatGPT로 간단한 홍보문 작성 실습 • "AI는 대체가 아닌 보조도구" 워크숍 운영
2) 시범 단계	소규모 업무 자동화로 '작은 성공' 경험	• 텍스트형 AI로 문서·광고 작성 • 이미지형 AI로 SNS 홍보용 포스터 제작 • 파일·메일 관리 자동화	• ChatGPT, Canva, Gemini 등 활용 • SNS 콘텐츠 자동 작성 실습
3) 확산 단계	부서별 AI 활용 정착	• 마케팅, 고객관리, 데이터 분석 등 실무 적용 • 프롬프트 디자인 매뉴얼 구축 • 성과 측정 및 개선	• SNS 자동 업로드 연동 • AI 마케팅 보고서 자동 생성
4) 정착 단계	전사적 AI 통합 관리 및 윤리 체계 확립	• 멀티모달 AI 도입 • 개인정보보호·저작권·윤리 가이드라인 정착 • AI 교육의 정기화 및 내부 공유	• GPT-5, Gemini 활용 통합 마케팅 운영 • AI 윤리 매뉴얼 제작 및 직원 서약제 도입

2. AI 도입 시 고려할 윤리 및 주의사항

AI를 도입할 때는 기술적 편의성만큼 윤리적 책임과 법적 의무도 중요하다. AI는 자동으로 콘텐츠를 생성하지만, 그 결과가 항상 정확하거나 적법하지 않을 수 있기 때문이다. 이들에 대해 정리하면 아래와 같다.

첫째, 개인정보 보호 문제이다. 고객 이름, 연락처, 구매 내역 등은 절대 AI에 직접 입력하지 않는다. AI 활용 시에는 익명화 또는 가명처리된 데이터만 사용한다.

둘째, 저작권 및 표절 방지 이슈이다. AI가 만든 이미지나 문장을 그대로 사용하기보다, 인간의 창의적 수정(편집)을 거쳐야 한다. 상업적 용도의 콘텐츠는 사용 전 저작권 라이선스를 반드시 확인한다.

셋째, 허위정보와 오남용 주의사항이다. AI가 생성한 내용은 항상 사실 검증이 필요하다. 잘못된 정보로 고객을 유도하거나, 과도한 광고 표현을 사용하는 것은 브랜드 신뢰도를 떨어뜨린다.

넷째, AI 편향과 차별 문제이다. AI는 학습 데이터의 편향을 그대로 반영할 수 있다. 인종, 성별, 지역 등 특정 집단에 불리한 표현이 없는지 반드시 검토해야 한다.

[표 1-7] AI 도입 시 고려할 윤리 및 주의사항

구분	주요 내용
개인정보 보호 문제	고객 데이터 수집 시 명확한 동의 필요
저작권 및 표절 방지 이슈	AI 생성물의 저작권 귀속 불명확
허위정보와 오남용 주의사항	사실 검증과 잘못된 표현 등 오남용
편향과 차별 문제	편향된 데이터는 잘못된 판단을 초래

AI는 중소기업에게 '자동화의 도구'를 넘어, '경쟁력의 기반'이 된다. 그러나 그 힘을 제대로 활용하기 위해서는 단계적 도입, 지속적 학습, 그리고 윤리적 책임이 함께해야 한다. 작은 성공을 반복하며 신뢰할 수 있는 AI 활용 문화를 만드는 것이 진정한 'AI 마케팅 시대의 중소기업 혁신'이다. AI 관련 윤리적, 법적 이슈에 대해서는 제15장에서 상세하게 다룬다.

제2장 AI 기반 마케팅 전략 (임기흥)

제1절 AI 시대의 마케팅 전략 개요

1. 디지털 전환(DX)과 중소기업·소상공인의 마케팅 환경

1) 디지털 전환과 마케팅 환경의 변화

최근 몇 년 사이, 마케팅 환경은 급격히 변하고 있다. 과거에는 텔레비전 광고나 전단지처럼 일방적으로 메시지를 전달하는 방식이 중심이었다. 하지만, 이제는 소비자가 스스로 정보를 검색하고 비교하며 경험을 공유하는 시대가 되었다.

이러한 변화의 핵심은 '디지털 전환(Digital Transformation, DX)'이다. 디지털 전환이란 단순히 온라인 판매를 시작하는 것이 아니라, 기업이 디지털 기술을 활용해 비즈니스의 구조 자체를 바꾸는 과정을 말한다. 제품 개발부터 홍보, 판매, 고객관리까지 모든 과정이 데이터와 기술을 기반으로 움직이게 된다.

예를 들어, 지역 카페가 손님 수를 감으로 예측하던 과거와 달리, 이제는 포스기나 배달앱 데이터를 분석해 '가장 손님이 많은 요일'이나 '잘 팔리는 메뉴'를 AI가 자동으로 알려준다. 이처럼 디지털 전환은 마케팅의 중심을 감이 아닌 데이터로 이동시킨다.

2) 중소기업·소상공인이 직면한 마케팅 현실과 한계

중소기업이나 소상공인은 대부분 인력과 예산이 부족하다. 광고 대행사를 쓰기 어렵고, 전문 마케팅 인력을 두기도 쉽지 않다. 그래서 "제품은 좋은데 알릴 방법이 없다", "SNS를 운영할 시간이 없다"는 등 고민이 많다. 이런 상황에서 AI는 든든한 조력자가 될 수 있다. AI는 광고 문구를 대신 써주고, 고객 후기를 분석해 문제점을 찾아주며, 심지어 블로그 글이나 홍보 이미지를 자동으로 만들어주기도 한다. 즉, AI는 '전문 인력 없이도 마케팅을 실행할 수 있게 하는 기술'이다.

하지만 기술보다 더 중요한 것은 "AI를 어떻게 시키느냐"이다. 같은 AI라도 질문(프롬프트)을 어떻게 하느냐에 따라 결과가 크게 달라진다. 그래서 'AI에게 일을 잘 시키는 법', 즉 전략적 사고력이 필요하다.

2. 데이터와 AI 기반 전략적 사고와 AI 시대의 마케팅 본질

1) 데이터와 AI를 활용한 전략적 사고의 필요성

AI 시대의 마케팅은 단순히 자동화가 아니다. 핵심은 데이터를 근거로 의사결정을 내리는 능력이다. 감이나 경험에만 의존하던 과거와 달리, 이제는 고객 데이터, 판매 데이터, SNS 반응 등 다양한 정보를 AI가 분석하고 정리해 전략을 제시한다.

예를 들어, "최근 한 달간 매출이 줄어든 이유는 무엇인가?"라는 질문에 AI는 판매 데이터와 고객 리뷰를 함께 분석해 "가격 인상 이후 재구매율이 낮아졌습니다"라는 답을 제시할 수 있다. 이처럼 AI는 단순한 도구가 아니라, 의사결정 과정에서 함께 생각하는 파트너로 자리 잡고 있다.

2) AI 시대 마케팅 전략 수립의 본질

AI를 마케팅에 활용하려면 단순히 결과를 얻는 것보다 그 과정, 즉 문제를 어떻게 정의하고, 어떤 데이터를 보고, 어떤 전략을 세우는가가 중요하다. 이 세 가지 단계는 앞으로의 AI 마케팅 전략 수립의 기본 틀이다.

① 문제 정의 : 무엇이 문제인지, 무엇을 개선하고 싶은지 명확히 하는 단계

② 데이터 분석 : 문제의 원인을 객관적으로 파악하기 위해 데이터를 살펴보는 단계

③ 전략 도출 : 분석 결과를 바탕으로 실행 가능한 전략을 세우는 단계

이 세 단계는 뒤에서 다루게 될 AI 기반 전략 수립 프로세스의 핵심이기도 하다. AI는 이 과정을 빠르고 체계적으로 수행하도록 도와주는 지능형 도우미다. 즉, AI가 전략을 대신 수립하는 것이 아니라, 사람이 더 나은 결정을 내리도록 돕는 '보조 엔진'의 역할을 한다.

제2절 전통적 마케팅 전략 분석 도구

AI를 활용해 전략을 세우기 전에, 먼저 기본적인 마케팅 분석 도구를 이해할 필요가 있다. AI가 뛰어난 분석 능력을 보여도, 그 결과를 해석하고 적용하는 것은 결국 사람의 역할이기 때문이다. 따라서 이 절에서는 기업이 전략을 세울 때 가장 많이 사용하는 전통적인 분석 도구를 살펴본다.

1. SWOT 분석

SWOT 분석은 [표 2-1]에서 볼 수 있듯이 강점(Strengths), 약점(Weaknesses), 기회(Opportunity), 위협 (Threats)의 네 가지 요소를 정리하여 전략 방향을 찾는 방법이다. 기업 내부 요인(강점·약점)과 외부 요인(기회·위협)을 함께 살펴보면, 어떤 부분에 집중해야 할지 한눈에 파악할 수 있다.

[표 2-1] SWOT 분석의 의미와 예시

구분	의미	예시 (지역 카페)
S (강점)	경쟁사보다 우위에 있는 점	커피 맛, 매장 인테리어, 단골 고객층
W (약점)	내부적으로 부족한 점	홍보 부족, 인력 부족, 주차 공간 없음
O (기회)	시장에서 새롭게 나타난 긍정적 요인	근처 대형 오피스 신축, SNS 홍보 효과 증가
T (위협)	시장의 부정적 변화나 경쟁 요인	프랜차이즈 카페 진출, 원두 가격 상승

SWOT 분석의 핵심은 단순한 나열이 아니라, 이 네 요소를 조합해 전략을 만드는 것이다. 예를 들어, "우리의 강점(S)을 활용해 시장의 기회(O)를 잡는다(SO 전략)"처럼 SWOT 매트릭스를 활용하면 실행 가능한 전략 아이디어가 나온다.

2. 3C 분석

3C 분석은 고객(Customer), 경쟁사(Competitor), 자사(Company) 등 세 가지 관점을 통해 시장 상황을 입체적으로 파악하는 방법이다.

① 고객(Customer): 누구를 대상으로 어떤 가치를 제공할 것인가?

② 경쟁사(Competitor): 경쟁자는 어떤 전략을 쓰고 있는가?

③ 자사(Company): 우리 회사는 어떤 강점으로 차별화할 수 있는가?

예를 들어, 지역 제과점이 있다고 하자. 고객은 '건강한 빵'을 원하고, 경쟁 제과점은 저가 할인에 집중한다면, 자사는 '천연재료를 사용한 프리미엄 수제빵' 전략으로 차별화할 수 있다. 3C 분석은 이렇게 시장을 세 방향에서 동시에 보는 사고 방식을 길러준다.

3. PEST 분석

PEST 분석은 정치(Political), 경제(Economic), 사회(Social), 기술(Technological) 요인을 살펴 거시적인 환경 변화를 이해하는 도구다. PEST 분석은 한 기업이 직접 통제할 수 없는 외부 환경을 이해하는 데 유용하다(표 2-2 참조). 예를 들어, "정부의 ESG(친환경 경영) 정책 확대"가 있다면 이를 기회 요인으로 활용해 '친환경 제품 캠페인'을 추진할 수도 있다.

[표 2-2] PEST 분석의 의미와 예시

요인	의미	예시 (중소기업)
정치(Political)	정부 정책, 법규, 규제 변화	소상공인 지원정책 확대, 세제 혜택 변화
경제(Economic)	경기 흐름, 환율, 물가 등	경기 둔화로 소비 위축, 금리 상승
사회(Social)	소비자 가치관과 트렌드	MZ세대 중심의 친환경 소비 증가
기술(Technological)	신기술 등장, 디지털 혁신	생성형 AI의 등장, 자동화 기술 확산

4. 포터의 5 Forces 분석

마이클 포터(Michael Porter)가 제시한 5 Forces(5가지 경쟁세력) 분석은 산업 내 경쟁 강도를 분석하는 도구다. 다섯 가지 요인은 다음과 같다.

① 기존 경쟁자 간 경쟁 강도
② 잠재적 진입자(새로운 경쟁자)의 위협
③ 대체재의 위협
④ 공급자의 교섭력
⑤ 구매자의 교섭력

예를 들어, 배달 커피 시장이라면, 프랜차이즈의 저가 공세(기존 경쟁자), 신규 브랜드의 진입(잠재 경쟁자), 편의점 커피(대체재), 원두 공급업체(공급자), 소비자(구매자) 모두가 이 산업의 경쟁 요인이 된다. 5 Forces 분석을 통해 기업은 경쟁 압력 속에서 어느 영역에 집중해야 하는지 판단할 수 있다.

5. 중소기업을 위한 전략 도구의 간소화

중소기업은 인력과 시간이 한정되어 있으므로 모든 전략 도구를 복잡하게 쓸 수도 쓸 필요도 없다. 따라서 아래와 같이 간단한 프레임을 AI와 함께 활용하면 효과적이다.

① Quick SWOT: 각 항목당 한 문장씩만 작성 (AI에게 요약 요청 가능)
② Mini 3C: 고객 - 경쟁사 - 자사의 핵심 키워드만 도출
③ Simple PEST: 현재 사업에 영향을 주는 외부요인 2가지만 정리

중소기업을 위한 전략 도구 간소화를 위한 프롬프트를 예시하면 다음과 같다. "우리 회사의 현황과 AI의 발전 방향을 토대로 SWOT으로 간단히 정리해 주세요. 각 항목은 한 줄로 요약해 주세요." 이처럼 전략 도구는 복잡한 이론보다 사고의 틀로서 의미가 있다. 특히 AI가 분석과 정리를 대신해 줄 수 있기 때문에, 사람은 결과를 해석하고 전략 방향을 판단하는 데 집중할 수가 있다.

제3절 데이터 기반 전략 설계로의 전환

1. 감(直感, intuition) 중심에서 데이터 중심으로

많은 중소기업과 소상공인은 오랫동안 '경험과 감'에 의존해 의사결정을 내려왔다. "작년에 잘 팔렸으니 올해도 비슷하게 가자", "손님이 줄었으니 이벤트를 하자"와 같은 방식이다. 하지만 시장 환경이 빠르게 변하고 소비자의 행동이 예측하기 어려워지면서 이러한 방식만으로는 경쟁력을 유지하기 어렵다.

데이터 기반 마케팅은 이런 한계를 해결한다. 데이터를 수집·분석하고, 그 결과를 근거로 전략을 세우면 '감'이 아닌 '사실'에 기반한 판단이 가능하다. 예를 들어 단골 고객의 재방문 시점이나 인기 상품의 판매 패턴을 분석하면, 감각적으로 느끼던 흐름을 숫자로 확인할 수 있다. 이것이 바로 데이터 기반 전략(Data-driven strategy)의 출발점이다.

2. 중소기업이 수집할 수 있는 데이터의 종류

데이터 기반 전략이라고 하면 복잡한 시스템이나 고가의 솔루션을 떠올리기 쉽지만, 사실 대부분의 데이터는 이미 우리 주변에 있다. 대표적인 예는 다음과 같다.

[표 2-3] 중소기업의 데이터 예시와 활용 방향

구분	예시 데이터	활용 방향
판매 데이터	매출, 제품별 판매량, 결제 시간	인기 상품, 시간대별 수요 분석
고객 데이터	회원 정보, 방문 빈도, 재구매율	충성 고객 관리, 맞춤형 프로모션
리뷰 및 피드백	온라인 후기, 설문 결과	만족·불만 요인 파악
SNS 반응 데이터	좋아요 수, 댓글 내용, 공유 횟수	콘텐츠 반응 분석, 홍보 전략 개선
웹·앱 로그 데이터	방문자 수, 체류 시간, 클릭 패턴	홈페이지 개선, 구매 전환율 향상

이 중 단 한 가지 데이터만 잘 활용해도 충분히 인사이트를 얻을 수 있다. 예를 들어, SNS 게시물의 '좋아요 수'와 '댓글 수'를 주기적으로 기록하여 AI에게 알려주면 AI는 '어떤 문구나 이미지에 고객의 반응이 좋은지'를 알려준다.

3. 데이터에서 인사이트를 도출하는 절차

데이터는 모으는 것보다 해석이 중요하다. 단순히 수치를 나열하는 것만으로는 전략이 만들어지지 않는다. 데이터를 전략으로 바꾸려면 세 단계를 거쳐야 한다.

첫째, 측정(Measure) 단계에서는 어떤 데이터를 수집할지 정하고 꾸준히 기록해야 한다. 예를 들어 주말 방문객 수, 제품별 판매량, SNS 반응 수치 등을 지속적으로 측정한다.

둘째, 해석(Analyze) 단계에서는 이렇게 모은 데이터를 비교하거나 시각화하여 패턴을 찾는다. 주말보다 평일 매출이 30% 낮다거나, 특정 메뉴의 SNS 반응이 특히 높다는 식의 흐름을 읽어내는 것이다.

셋째, 전략 도출(Decide & Act) 단계에서는 이러한 패턴을 바탕으로 구체적인 실행 방향을 세운다. 평일 할인 이벤트를 실시하거나, SNS에서 반응이 높은 콘텐츠 유형을 확대하는 식의 전략이 이에 해당한다.

이 과정은 복잡해 보이지만, AI의 도움을 받으면 훨씬 단순해진다. AI가 데이터를 빠르게 요약하고 핵심을 정리해주면, 사람은 그 결과를 해석하고 판단만 내리면 된다.

4. AI와 데이터 기반 전략의 결합

데이터를 모으는 일은 사람이 해도, 그 속에서 패턴을 찾고 의미를 해석하는 일은 AI가 더 빠르고 정확하다. 따라서 데이터 기반 전략의 핵심은 "사람은 방향을, AI는 해석을 담당하는 협업 구조"를 만드는 것이다.

사람은 해결할 문제와 개선할 지표를 결정하는 전략적 사고자의 역할을 맡고, AI는 그 목표를 이루기 위한 데이터 분석과 요약, 시각화를 수행한다. 이렇게 역할을 나누면 한정된 인력과 시간 안에서도 효율적인 데이터 기반 의사결정 체계를 구축할 수 있다.

예를 들어 AI에게 "지난 3개월 매출 데이터를 분석해 증가·감소 추세를 구분해 줘.", "고객 리뷰에서 긍정·부정 단어를 각각 3개씩 추출해 줘."라고 요청할 수 있다. 그러면 AI는 데이터를 표로 정리하고 "7월 매출 15% 증가, 8월 이후 하락세", "긍정 단어: 맛·친절·디자인 / 부정 단어: 배송·포장·가격"처럼 요약과 인사이트를 함께 제시한다. 사람은 이 결과를 읽고 유지·개선 방향을 결정한다. 이 과정이 바로 AI-사람 협업형 전략 수립이다. 이 협업 구조의 장점은 세 가지다.

① 속도: AI는 방대한 데이터를 빠르게 정리해 의사결정 속도를 높인다.

② 객관성: 감이 아닌 수치와 근거로 판단한다.

③ 지속성: 데이터를 지속적으로 모니터링하며 전략 방향을 점검할 수 있다.

결국 AI는 전략을 대신 세우는 존재가 아니라, 사람이 더 정확한 전략을 세울 수 있도록 돕는 지능형 조력자다. AI의 분석력과 사람의 판단력이 결합될 때 비로소 데이터 기반 마케팅 전략이 완성된다.

제4절 중소기업 전략 수립에 유용한 AI 도구

AI를 전략 수립에 활용한다고 해서 복잡한 시스템이 필요한 것은 아니다. 요즘은 누구나 접근할 수 있는 무료 또는 저비용 AI 도구가 많으며, 이 도구들을 조합하면 중소기업이나 소상공인도 충분히 데이터 기반 전략을 세울 수 있다.

중소기업 등이 전략을 수립할 때 수행되는 업무를 도와줄 수 있는 AI 유형은 ① 문서·전략 수립형 AI, ② 데이터 분석형 AI, ③ 시각화·보고형 AI, ④ 업무 자동화·생산성 향상형 AI 등으로 나누어 살펴볼 수 있다.

1. 중소기업 전략 수립 업무별 AI 도구

첫째, 문서·전략 수립형 AI인 ChatGPT, Claude, Gemini는 전략 문서 작성의 기본 도구다. 텍스트를 기반으로 아이디어를 구조화하고 전략을 문서화하는 능력이 뛰어나다. 둘째, 데이터 분석형 AI는 표나 데이터 파일을 이해하고 분석할 수 있으며, AI가 직접 수치 비교, 요약, 시각화 제안을 제공한다. 대형언어모델(LLM)은 단순한 글쓰기 도구가 아니라 데이터 분석과 인사이트 도출을 수행하는 종합 전략 파트너로 발전하고 있다.

셋째, 시각화·보고형 AI는 보고서나 프레젠테이션을 자동 생성해 전략 수립 결과를 시각적으로 표현하는 데 도움을 준다. 이 도구를 활용하면 비전문가도 '보이는 전략'을 손쉽게 완성할 수 있다. 넷째, 업무 자동화·생산성 향상형 AI는 반복 업무를 줄여 전략 수립에 더 많은 시간을 쓸 수 있도록 돕는 AI 비서의 역할을 한다.

이상의 중소기업 전략 수립 지원 AI 도구들을 정리하면 [표 2-4]와 같다.

[표 2-4] 중소기업 전략 수립에 유용한 AI 도구

AI 유형	주요 AI 모델	모델 설명
문서 · 전략 수립형 AI	ChatGPT	• 프롬프트를 기반으로 마케팅 기획서, SWOT 분석, 전략 요약문 등을 빠르게 작성할 수 있는 대표적 생성형 AI

	Claude	• 긴 문서나 보고서를 요약하고 논리적으로 정리하는 데 강점을 가진 AI로, 리서치 및 전략 보고서 작성에 적합
	Gemini	• 구글 검색 및 데이터 분석 기능과 결합되어 최신 시장 트렌드, 산업 통계, 소비자 인사이트를 실시간으로 반영
데이터 분석형 AI	ChatGPT	• 엑셀·CSV 데이터를 업로드하여 매출 추세, 성장률, 주요 패턴을 자동 계산하고 시각화까지 제안
	Claude	• 표나 수치 데이터를 읽고 핵심 요약문과 인사이트를 도출하며, 장문 데이터 리포트를 빠르게 정리
	Gemini	• Google Sheets와 연동되어 자연어로 데이터 질의가 가능하며, 실시간 수치 계산 및 그래프 생성 기능 제공
시각화·보고형 AI	Canva	• 템플릿 기반 그래픽 도구로, AI가 자동으로 레이아웃을 구성하여 카드뉴스, 인포그래픽, 프레젠테이션 제작에 활용
	DALL·E	• 텍스트 설명만으로 제품 이미지, 광고 시안, 브랜딩 비주얼을 자동 생성하는 이미지 생성형 AI
	Gamma	• 간단한 프롬프트로 PPT 형태의 보고서나 전략 발표 자료를 자동 작성해 주는 AI 프레젠테이션 도구
업무 자동화·생산성 향상형 AI	클로버 노트	• 회의록, 업무 내용 요약 등을 자동으로 정리해 팀 내 협업과 문서 생산성 제고
	Google Workspace AI (Docs·Gmail)	• 문서 초안 작성, 이메일 요약·답장 제안 기능으로 일상적인 커뮤니케이션 업무를 AI가 지원

2. 저비용·고효율 AI 도구 조합 예시

[표 2-5]에서 볼 수 있듯이, 고도의 기능을 보유한 복잡한 시스템이 아니라 ChatGPT, Gemini, Canva, 클로버 노트와 같은 AI 도구로도 하루 만에 데이터 분석부터 전략 문서 작성, 시각화까지 완성할 수 있다.

[표 2-5] 저비용·고효율 도구 조합 예시

전략 목적	추천 조합	실무 예시
시장 분석 + 전략 도출	ChatGPT + Gemini	업종 트렌드 조사 및 마케팅 방향 제시
데이터 분석 + 보고서 작성	ChatGPT + Canva	매출 데이터 분석 후 시각 보고서 제작
내부 협업 + 문서 자동화	클로버 노트	회의록 정리 및 협업 메모 자동 요약

ChatGPT·Claude·Gemini는 전략 수립과 데이터 분석을 동시에 수행할 수 있는 핵심 도구다. Canva·DALL·E·Gamma는 분석 결과를 시각화하여 커뮤니케이션 효과를 높인다. 클로버 노트는 일상적인 회의록이나 협업에 대한 내용 정리의 자동화를 통해 마케팅 전략 수립의 시간을 확보하게 한다. 중요한 것은 복잡한 기술보다 "목적에 맞게 도구를 조합하는 능력"이다.

제5절 AI가 바꾸는 마케팅 전략 수립 프로세스

AI를 마케팅 전략에 활용한다는 것은 단순히 "AI에게 대신 시키는 일"이 아니다. AI는 데이터를 분석하고 통찰을 제공하며, 사람의 전략적 판단을 지원하는 협력자다. 즉, 사람은 '무엇을 할지'를 정하고, AI는 '어떻게 하면 좋을지'를 구체화한다.

이 절에서는 AI를 활용한 전략 수립의 4단계 프로세스를 살펴본다. 전통적인 마케팅 전략 구조를 유지하면서도 AI의 분석·생성 능력을 더해 효율과 정확성을 높이는 방식이다.

1. 1단계: 문제 정의 (Problem Definition)

AI를 활용하기 위한 첫 단계는 "무엇을 해결하고 싶은가"를 명확히 하는 것이다. AI는 스스로 문제를 정의하지 못하므로, 사람이 구체적인 상황과 목표를 제시해야 한다. 예를 들어, "매출이 줄었다"보다 "최근 3개월간 매출이 15% 감소했는데, 원인이 고객 이탈인지 상품 경쟁력 저하인지 알고 싶다."라고 제시하면 AI는 훨씬 구체적인 분석을 할 수 있다. 문제 정의가 명확할수록 분석 방향도 뚜렷해지므로, 이 단계가 전략의 성패를 좌우한다.

2. 2단계: 데이터 분석 (Data Analysis)

문제를 정의했다면, 이제 근거를 찾는 단계다. AI는 방대한 데이터를 빠르게 정리하고 요약할 수 있으며, 판매 데이터·고객 리뷰·SNS 반응 등에서 사람이 놓치기 쉬운 패턴을 찾아낸다. 예를 들어, "재구매율이 낮은 고객층은 30~40대 남성이며, 후기에 반복적으로 등장한 '가격 부담'이 주요 원인입니다."와 같이 AI는 데이터를 넘어 인사이트(통찰)를 제공한다. 이 결과가 곧 전략 도출의 근거가 된다.

3. 3단계: 전략 도출 (Strategy Formulation)

이 단계에서는 AI의 분석 결과를 토대로 실행 가능한 전략을 만든다. 사람은 방향을 잡고, AI는 실행 아이디어를 제시한다. 예를 들어, 평일 오후 매출이 낮다는 결과가 나오면 "인력과 예산이 제한된 소상공인 기준으로 매출 개선 아이디어 3가지를 제시해 주세요"라고 요청할 수 있다. AI는 "오후 시간대 할인 쿠폰", "직장인 대상 테이크아웃 이벤트", "SNS 후기 이벤트" 등 현실적인 전략 대안을 제안한다. 즉, AI는 데이터에서 전략으로 이어지는 다리 역할을 한다.

4. 4단계: 전략 문서화 (Strategy Documentation)

마지막 단계는 전략을 실행 가능한 문서로 정리하는 과정이다. AI는 보고서나 기획안을 자동으로 작성해 주는데, "위 전략을 바탕으로 목표·기간·담당자·주요 지표·예상 효과를 포함한 실행 계획서를 작성해 주세요"와 같은 프롬프트로 요청하면 된다. AI는 표나 문단 형태로 정리된 결과를 제시하고, 사람은 이를 검토해 일정과 자원을 반영한 최종 실행안을 완성한다.

이 4단계는 반복적인 과정이다. AI의 분석 결과를 다시 검토해 문제를 재정의하고, 데이터를 업데이트하면서 전략을 다듬는 순환 구조로 발전한다(표 2-6 참조).

[표 2-6] AI 기반 전략 수립의 흐름 정리

단계	핵심 내용	사람의 역할	AI의 역할	유용한 AI 모델 유형
① 문제 정의	무엇을 해결할지 명확히 설정	문제 인식 및 목표 설정	입력받은 문제를 분석 가능 형태로 구조화	문서・전략 수립형 AI (ChatGPT, Claude, Gemini)
② 데이터 분석	관련 데이터를 정리・요약	데이터 선택, 결과 해석	패턴 탐색, 인사이트 도출	데이터 분석형 AI (ChatGPT, Claude, Gemini)

③ 전략 도출	실행 가능한 방향 제시	의사결정, 우선순위 판단	실행 아이디어 제안	문서 · 전략 수립형 AI + 데이터 분석형 AI (ChatGPT, Gemini)
④ 전략 문서화	계획서 · 보고 서 자동 생성	검토 및 수정	결과물 작성 및 형식화	시각화 · 보고형 AI (Canva, Gamma, DALL · E)

AI가 바꾸는 마케팅 전략 수립의 핵심은 데이터에 기반한 문제 해결 과정 전체를 자동화·지능화하는 것이다. AI는 데이터를 빠르게 요약하고, 논리적인 전략 제안을 도와주며, 사람은 그 결과를 검토하고 판단하는 역할을 맡는다. 즉, AI는 전략의 "작성자"가 아니라, 사람이 더 깊이 생각할 수 있도록 돕는 전략 파트너다.

제6절 사례로 보는 AI 전략 수립

AI를 활용한 마케팅 전략 수립은 단순한 자동화가 아니라, 데이터 기반 사고를 구조화하고 실행 가능한 전략으로 연결하는 과정이다. 이번 절에서는 실제와 유사한 세 가지 가상 기업을 설정하고, 각기 다른 분석 도구(Quick SWOT, Mini 3C, Simple PEST)를 적용하여 AI가 어떻게 전략 수립을 돕는지 살펴본다.

1. Quick SWOT 분석을 통한 지역 카페의 매출 개선 사례

1) 상황 정보

① 업종: 개인 운영 카페 (좌석 20석 규모)
② 위치: 오피스 밀집지역 인근 골목
③ 문제: 평일 점심 이후 매출 급감, 신규 고객 유입 저조
④ 보유 데이터: POS 매출기록, 고객 리뷰 300건, SNS 게시물 20개

2) 문제 정의와 Quick SWOT 분석 (AI 활용)

이와 같은 상황에서 카페의 임 사장은 위와 같은 평일 오후 매출 감소 이유를 파악하고, 단골 고객을 늘릴 수 있는 전략을 세우고자 한다. 이를 위해 AI를 활용한 Quick SWOT 분석 결과는 [표 2-7]과 같다.

[표 2-7] AI에 의한 Quick SWOT 분석 결과

구분	주요 내용 (AI 분석 결과)
S (강점)	커피 품질 우수, 오피스 근처 위치, 단골 고객 비중 높음
W (약점)	마케팅 전문 인력 부족, 홍보 채널 제한, 주차 불편
O (기회)	근처 신규 오피스 입주, 카페 감성 SNS 인기 트렌드
T (위협)	프랜차이즈 진출, 원두 가격 상승

3) 전략 도출 및 문서화 (AI 자동 보고서 요약)

아울러 AI는 SWOT 분석을 통해 다음과 같은 SO·ST 전략을 제시했다.

① SO 전략: SNS 감성 콘텐츠 강화 → 근처 직장인 대상 '퇴근커피 챌린지' 캠페인

② ST 전략: 원두 원가 상승 대응 → 지역 로스터리[1] 협업으로 원가 절감 및 품질 유지

이러한 전략 대안을 기반으로 임 시장은 '품질 강점을 기반으로 SNS 감성 마케팅을 강화하고, 근처 직장인을 타깃으로 평일 오후 매출을 증대'시키는 방향으로 전환하는 전략을 수립하였다.

2. Mini 3C 분석 기반 온라인 쇼핑몰의 매출 정체 개선 사례

1) 상황 정보

① 업종: 여성 의류 온라인 쇼핑몰

② 규모: 3인 운영, 월평균 매출 1,000만 원

③ 문제: 신규 방문자는 많은데 재구매율이 낮음

④ 보유 데이터: 6개월치 판매 데이터, 리뷰 1,200건, 인스타그램 반응률

2) 문제 정의와 Mini 3C 분석 (AI 활용)

쇼핑몰의 노 사장은 이 상황을 기반으로 "고객 유입은 많은데 구매 전환율과 재구매율이 낮은 이유는 무엇인가?"라는 문제를 정의하고 Mini 3C 분석을 위해 AI를 활용하였다. 분석 결과는 [표 2-8]과 같다.

1) '로스터리(roastery): 소규모 원두 로스팅 업체

[표 2-8] AI에 의한 Mini 3C 분석 결과

분석 항목	AI 분석 결과
Customer (고객)	• 20~30대 여성 중심, 트렌드 민감, 후기와 이미지 신뢰도가 구매 결정에 영향
Competitor (경쟁사)	• 대형 쇼핑몰은 빠른 배송 · 다양한 사이즈 제공, 중소몰은 감성 콘텐츠로 차별화 중
Company (자사)	• 상품 사진 감성은 강점, 사이즈 정보 불충분, 포장 관련 불만 다수

3) 전략 도출 및 문서화 (요약 보고)

AI는 Mini 3C 분석 결과를 토대로 아래와 같은 고객 중심 개선안을 제안했다.

① 상품 상세페이지에 '체형별 사이즈 비교표' 삽입

② AI 이미지 분석을 활용한 "리뷰 기반 착용컷 추천 시스템" 도입

③ 감성 콘텐츠 강화: "고객 후기 기반 패션 카드뉴스" 자동 제작

노 사장은 AI가 제안한 전략 대안을 기반으로 '이미지 감성과 콘텐츠 제작 능력을 활용해 고객의 신뢰 문제를 해결하고, 경쟁사 대비 사이즈 정보의 정확성을 강화'하는 방향으로 전략을 수립했다. Mini 3C는 고객 - 경쟁 - 자사 간의 균형을 잡는 사고법을 AI에게 학습시키는 데 적합하다. AI는 데이터 분석을 통해 세 영역을 빠르게 비교·정리하고, 실행 아이디어까지 연결한다.

3. 컨설턴트의 Simple PEST 분석 기반 AI 전략 수립 지원 사례

1) 상황 정보

① 직업: AI 마케팅 컨설턴트

② 의뢰 대상: 전통시장 내 생활용품 상점 5곳

③ 목표: 시장 전체 매출 회복을 위한 공동 마케팅 전략 제안

④ 보유 자료: 상권 분석 보고서, 인구통계, 소비자 설문 요약

2) 문제 정의 및 Simple PEST 분석 (AI 활용)

컨설턴트 강 박사는 위와 같은 상점 5곳의 상황 정보를 파악한 다음 "지역 시장이 디지털 전환 흐름에 적응하지 못하고 있다. 외부 환경 변화를 고려한 공동 홍보 전략을 세워야 한다."는 것을 문제로 정의하였다. 이에 관한 환경 분석을 위해 Simple PEST 분석을 AI에게 의뢰하였다. 분석 결과는 [표 2-9]와 같다.

[표 2-9] AI에 의한 Simple PEST 분석 결과

요인	주요 내용 (AI 분석 결과)
정치(Political)	지자체의 '전통시장 디지털 지원사업' 추진 중
경제(Economic)	물가 상승으로 소비 위축, 소상공인 비용 부담 증가
사회(Social)	40~60대 중심의 소비층, SNS보다 지역 커뮤니티 활용률 높음
기술(Technological)	QR결제・온라인 주문 시스템 확산, AI 홍보 콘텐츠 도입 기회 존재

3) 전략 도출 및 문서화 (AI 제안서 요약문)

분석 결과를 토대로 AI는 다음과 같은 환경 대응전략을 제시했다.

① 정책 연계: 지자체 AI 교육 프로그램과 연계한 시장 디지털화 추진

② 기술 도입: 무료 QR결제 및 쿠폰 발행 시스템 구축 지원

③ 사회적 특성 반영: 지역 커뮤니티 중심 '이웃 가게 추천 챌린지' 캠페인

강 박사는 AI가 제안한 전략 대안을 기반으로 '외부 환경(P·E·S·T)을 종합적으로 고려해 지역 시장의 디지털 경쟁력을 강화하고, 상점 간 협업을 통한 지속 가능한 매출 기반을 구축하는 것을 목표'로 하는 전략을 5곳의 사장들에게 제안하였다. 이와 같이 Simple PEST는 거시적 시야로 외부 환경을 파악하고, 정책·사회·기술 변화에 대응하는 전략 사고를 기르는 데 효과적이다.

AI Note

제3장 AI 기반 STP 전략과 타겟팅 자동화 (강대훈)

제1절 세분화(Segmentation) 프레임 & 자동화 기초

1. STP 전략의 핵심 프레임

마케팅 전략의 중요 핵심은 STP(Segmentation - Targeting - Positioning)이며, 이 중 세분화는 전체 시장을 유사한 특성을 지닌 집단으로 나누는 과정이다. 세분화의 목적은 모든 고객을 대상으로 하기보다 우리가 가장 정확하게 이해하고 효율적으로 대응할 수 있는 고객 집단을 선택해 집중하는 데 있다. 전통적으로 세분화는 인구통계적 변수(성별, 연령, 직업 등), 심리적 변수(라이프스타일, 가치관 등), 행동적 변수(구매 빈도, 브랜드 충성도 등), 상황적 변수(이용 맥락, 시간, 장소 등)로 구분된다.

[표 3-1] Marketing Management STP전략

구분	핵심 질문	주요개념	주요활동
S (Segmentation) 시장세분화	"누가 고객인가?"	전체 시장을 공통된 욕구·행동 특성을 지닌 집단으로 구분하는 과정	- 세분화 기준 설정: 인구통계, 심리, 행동, 상황 - 세그먼트 프로파일 도출 - 세그먼트 규모·성장성 평가
T (Targeting) 표적시장 선정	"어떤 고객에게 집중할 것인가?"	세분시장 중 기업 목표와 자원에 가장 적합한 타깃을 선택	- 세그먼트 매력도 평가: 규모성·접근성·차별성·수익성·전략적 적합성 - 목표시장 전략(집중·차별·

			비차별) 결정
P (Positioning) 포지셔닝	"어떻게 인식되길 원하는가?"	고객 인식 속에서 경쟁사 대비 자사만의 차별적 이미지를 구축	- 가치 제안 설정(Value Proposition) - 포지셔닝맵 작성 (Positioning Map)

4P 중 촉진(Promotion)에 대해서는 다른 장에서 다루어지므로, 이 장에서는 제품, 가격, 유통에 관해서만 다루고자 한다. 제품(또는 상품) 전략은 마케팅 믹스 4P(Product, Price, Place, Promotion) 중에서도 가장 먼저 고려되는 요소로서, 시장 트렌드와 소비자 니즈(needs)에 맞는 제품을 만드는 것이 핵심이다. 과거에는 기획자와 마케터의 경험과 조사에 의존해 신제품 아이디어를 내고 시장성을 검증했지만, 이제는 AI를 활용해 더욱 데이터 중심적이고 창의적인 방식으로 제품 전략을 수립할 수 있다. AI는 방대한 소비자 데이터와 트렌드 정보를 분석하여 고객이 진정으로 원하는 가치를 파악하고, 새로운 제품 컨셉을 제안하는 데 도움을 준다.

그러나 디지털 환경의 확장과 AI 데이터 분석 기술의 진보로 인해, 현대의 세분화는 단순한 설문 응답 기반이 아닌 신호 기반(Signal-based) 접근으로 진화하고 있다. 신호 기반 세분화는 고객이 남기는 검색·조회·클릭 같은 실제 행동 신호를 기반으로 고객군을 자동 분류하는 접근 방식이다. 예를 들어, AI는 특정 상품 페이지를 반복 조회하거나 리뷰를 자주 읽는 사용자를 '관심형 잠재고객'으로, 특정 카테고리에서 구매를 완료한 사용자를 '전환형 고객'으로 자동 태깅할 수 있다.

이러한 세분화 자동화의 기본 원리는 룰 기반(rule-based)과 모델 기반(model-based)으로 구분된다. 룰 기반은 "만약 ~라면, ~로 분류한다"는 조건식으로 이루어지며, 데이터가 적을 때 신속히 적용할 수 있는 간이 자동화(초자동화의 입문형)이다. 반면, 모델 기반은 머신러닝 알고리즘이 변수 간 상관관계를 학습해 스스로 세그먼트를 추출하는 방식으로, 대규모 데이터 환경에서 효과적이다. AI를 활용한 세분화의 핵심은 관찰 가능한 데이터로 고객의 니즈를 예측하는 것이다. 즉, AI는 단순히 인구통계 정보에 머무르지 않고, 행동 데이터의 의미적 패턴을 탐색함으로써 더 정밀한 세그먼트를 제시한다.

예를 들어, 고객이 '친환경' 관련 키워드를 자주 검색하고, SNS에서 '제로웨이스트' 콘텐츠를 클릭한다면, AI는 이를 기반으로 "지속가능성 가치 세그먼트"로 분류할 수 있다. 결국, AI 기반 세분화는 정적인 고객 분류를 동적인 패턴 예측으로 전환시키는 것이다. 전통적 마케팅에서 '세분화'는 분석의 시작이었다면, AI 마케팅에서의 세분화는 실시간 학습과 자동조정이 가능한 순환 프로세스로 진화하고 있다.

2. AI 활용 효과적인 시장 세분화 분류 방법

AI를 활용하여 효과적인 시장 세분화를 분류하기 위한 주요 방법으로는 다음과 같은 것들이 있다.

① 세분화 분석: STP 전략 중 'S(Segmentation)'는 전체 시장을 유사한 특성을 지닌 고객군으로 나누는 과정으로, AI 마케팅 환경에서는 데이터 신호(signal)를 활용하여 고객을 자동으로 분류하는 방식으로 진화하고 있다.

② 생성형 AI(ChatGPT)를 활용: 마케터가 복잡한 통계나 알고리즘 없이도 생성형AI를 활용하여 자동화 방식으로 고객 세그먼트를 도출할 수 있다.

③ 세분화 기준의 확장 및 보완: 생성형 AI는 고객 세그먼트를 단순히 자동 분류하는 데서 그치지 않고, 마케터가 고려하지 못했던 세분화 변수의 조합과 새로운 고객 패턴을 제안하는 데 도움이 된다. 예를 들어, 기존에는 인구통계나 방문 빈도 중심으로만 고객을 나눴다면, AI는 입력된 힌트와 행동 데이터를 분석하여 '가격 민감도 + SNS 저장 행동', '저당 선호 + 오후 시간대 집중 방문'과 같은 복합 기준의 세그먼트 후보군을 도출할 수 있다.

④ 세분화 - 시각화 - 피드백 구체화: AI가 제시한 프롬프드 결과를 즉시 시각화 도구(달리(DALL·E, Canva 등)에 연결하여 제품 디자인 시안을 만들어볼 수도 있다. 이를 통해 추상적인 아이디어를 시각화하고 브랜드 이미지에 맞는 구체적인 디자인 방향을 선택할 수 있다.

3. 효과적인 시장세분화 분류 방법을 위한 AI 활용 실습

1) 카페 시장의 시장세분화 분류 실습

이 실습의 핵심은 학습자가 AI의 도움을 활용하더라도 시장을 스스로 해석할 수 있는 힘을 갖추는 데 있다. 단순히 고객 유형을 나열하는 것이 아니라, 카페 상품군을 기준으로 관찰 가능한 행동 신호를 수집하고 AI로부터 세그먼트 초안을 받아 이를 다시 인간의 판단으로 재해석하는 과정을 경험하게 된다. 이러한 흐름은 자연스럽게 세분화 - 타겟팅 - 포지셔닝(STP)의 전체 전략 구조를 스스로 설계할 수 있는 사고력을 만들어 준다.

2) 시장 세분화 실습 개요

다음 실습은 학습자가 먼저 카테고리와 상권 특징을 스스로 정의하고, 이를 기반으로 AI에 입력할 잠재고객 힌트 3~5개를 선정한 후, CHATGPT로부터 가설 세그먼트 6개와 판별 기준(Observable Rule)을 자동 생성하는 순서로 진행된다. 도출한 결과는 CHATGPT (DALL·E)로 시각화하여, 향후 타겟팅 및 메시지 전략 실습과 자연스럽게 연결되는 룰 기반 세분화 캔버스를 완성한다.

3) 지역 상권 기반 카페 신메뉴 개발 실습

지역 카페를 운영하는 '강 개발' 사장은 20~30대 고객이 실제로 어떤 가치를 원하는지 명확히 파악하기 위해, 기존의 감각 중심 기획에서 벗어나 AI 기반 데이터 해석 방식을 도입하기로 결정했다. 그는 상권의 분위기, 시간대별 방문 패턴, 고객의 건강/취향 지표 등을 AI에 입력해 신메뉴 방향성을 검증할 수 있는 프롬프트 구조를 스스로 설계하였다.

프롬프트

다음 정보를 기반으로 지역 카페의 시장 세분화를 설계해 주세요.
세분화 기준은 인구통계·심리·행동·상황 네 가지로 구분하고, 각 기준에 따라 가설 세그먼트 6개를 도출해 주세요. 각 세그먼트에는 다음 요소를 포함해 주세요.
한 줄 설명(핵심 특징 요약)
실제 매장에서 확인 가능한 관찰 가능 판별 기준(Observable Rule)
예: 방문 시간대, 주문 패턴, 채널(포장·배달), 결제 방식 · 메뉴 선택 습관 등

2) 시장세분화 결과표 (예시 입력 기반: 평일 점심 피크 강함 / 저녁·주말 배달앱 증가 / 인스타 방문 20–30대 여성 비중 / 저당 문의 꾸준함)

구분	세분화 변수	가설 세그먼트명	1줄 설명	관찰 가능한 판별 룰(시간·채널·주문행동 등)
S1	인구통계	**점심 테이크아웃 직장인**	점심 직후 빠르게 한 잔 사 가는 20–30대 사무직	평일 **12–14시** 결제, **포장 비중>70%**, **단품 1잔** 구매, 사무지구 **반경 500m**
S2	인구통계	**SNS 감성 방문층(20–30대 여성)**	인스타/틱톡에서 본 예쁜 음료를 찾아오는 고객	**주말 14–18시** 방문, **사진 촬영/업로드** 빈도 높음, **신규/한정 메뉴 문의**
S3	심리	**건강/저당 선호층**	첨가물 최소·원물 강조, 칼로리 민감	**'저당/무가당' 문의**, **원산지/성분 질문**, **시럽 제외 요청**, 콤부차·티 선택 비중
S4	행동	**배달앱 충동구매층**	저녁·주말에 배달앱으로 음료만 단독 주문	**배달앱** 주문, **20–23시** 비피크 주문, **1–2잔 소량**, **할인/추천 메뉴 선택**
S5	행동	**반복구매 동네 단골층**	매주 동일 메뉴 재구매하는 근거리 고객	주 **2회 이상** 재구매, **멤버십/스탬프 보유**, **반경 1km** 내 방문/배달
S6	상황	**주말 가족·동반 방문층**	주말 오후 2인 이상 동시 주문하는 고객	**토·일 13–17시**, **3잔 이상** 일괄 주문, **키즈 메뉴 동시 주문**, **체류 30분+**

[중략]

3) 세그먼트 간 중복 최소화 개선 제안 (3가지)

- **시간/채널 기준으로 1차 분리:** 점심-오프라인(테이크아웃) vs 저녁/주말-배달앱으로 먼저 갈라 중복을 구조적으로 줄인다.
- **행동 신호 우선:** '사진 촬영', '시럽 제외', '신규 메뉴 문의'처럼 **매장에서 바로 관찰 가능한 행동**을 핵심 룰로 채택한다.
- **데이터 검증 루프:** POS/배달앱 로그로 **2주 단위** 분포를 점검해 기준(시간대·주문량·반경)을 미세 조정한다.

[AI 응답 3-1] 까페의 시장세분화 설정 사례

생성형 AI가 제안한 프롬프트 기준으로 초안을 CHATGPT 이미지 모드(캔버, 구글AI Studio 등)로 생성을 요청한다. 다양한 생성형AI 도구를 활용하여, 가장 적합한 자료를 선택하고 최종적인 의사결정은 자기 자신이 해야 한다. AI는 실시간 응답이 다를 수 있으니, 여러 가지 자료를 파악하여 자료를 다운 받아야 한다.

다음은 지역 카페 사장님이 생성형AI를 활용하여, 시장세분화를 시각화하는 실습을 하려고 한다. 전문 디자이너가 없어도 생성형 AI를 통해 세분화 결과를 즉시 시각화 자료로 전환할 수 있으며, 이미지 및 시각자료를 생성할 수 있어, 가장 적합한 시각 자료를 선택하도록 한다. 이미지 생성AI 도구를 활용하여, 시장세분화의 시각화 자료를 활용하기 위해, CHATGPT 에게 DALL·E를 시각화하도록 프롬프트를 작성해 달라고 요청했다.

프롬프트

우리 카페는 지역상권에서 시장성을 파악하여, 20-30대의 특정고객을 타켓팅으로 하는 시장세분화 요소를 구체적으로 활용하여, 상품을 개발하고, 사업성과를 높이고 싶어. 위의 다양한 생성형 AI 자료를 기반으로 시장세분화 자료를 DALL·E로 시각화 해줘.

[AI 응답 3-2] 까페의 시장세분화 6가지 설정 사례

제2절 타겟팅(Targeting) 전략 & 자동화

1. 타겟팅의 핵심 프레임

1) 타켓팅의 정의와 의의

타겟팅(Targeting)이란, 세분화된 고객들 중에서 우리 브랜드의 방향성과 실행 능력에 가장 잘 들어맞는 핵심 고객군을 전략적으로 '선택'하는 의사결정 과정이다. 타깃을 잘못 선택하면 사업목적과 방향이 어긋날 수 있어, 마케팅 전략 전체의 일관성이 무너질 수 있다. 이는 고객의 인식 속에서 브랜드 정체성이 흐려지는 결과를 낳는다. 따라서 타겟팅은 "누구에게 집중할 것인가?"라는 질문에 대해 조직 전체를 하나의 방향으로 결속시키는 중심축 역할을 한다. 따라서 타겟팅은 집중과 일관성을 확보하는 핵심 장치다.

2) 타겟팅의 평가 5요소

세그먼트는 다음 다섯 축으로 평가한다.

① 규모성(Size)
의미: 고객 수·방문 빈도·성장성
지표: 방문자 수, 배달앱 고유 고객, SNS 유입
유의: "도달 가능한 규모"가 중요하다.

② 접근성(Accessibility)
의미: 채널을 통한 실제 도달 가능성
지표: 인구밀도, 동선 용이성, 광고 비용(CPM/CPC)
유의: 물리적·심리적 접근성을 함께 본다.

③ 차별성(Differentiability)

의미: 경쟁 대비 우리 강점이 작동하는가

지표: 메뉴 고유성, 리뷰의 차별 포인트

유의: 내부 관점이 아닌 고객 체감 차이가 기준이다.

④ 수익성(Profitability)

의미: 기여이익과 재구매 기반의 지속성

지표: 객단가, 원가 구조, 재구매율

유의: 단기 매출보다 장기 기여를 본다.

⑤ 전략적 적합성(Strategic Fit)

의미: 브랜드 방향성·운영 역량과의 일치

지표: 인력·장비 적용성, 공정 복잡도, 브랜드 톤

유의: “지속적으로 잘할 수 있는가”가 기준이다.

2. AI 활용 효과적인 타켓팅 분류 방법

AI를 활용한 타겟팅은 세그먼트 평가 - 총점 산출 - 우선순위 결정을 구조화하여 의사결정을 빠르고 일관되게 만드는 방식이다.

1) 점수화 - 가중치 - 우선순위: 의사결정 구조화

- 점수화(Scoring): 다섯 기준(규모성·접근성·차별성·수익성·전략적 적합성)에 1~5점 부여
- 가중치(Weighting): 조직 상황에 따라 강조 요소를 조정
- 성장기: 규모성·접근성 비중 ↑
- 안정기: 수익성·전략적 적합성 비중 ↑
- 총점 계산: Σ(점수 × 가중치)로 산출
- 우선순위 결정: 총점 상위 1~2개 세그먼트만 집중 타깃으로 확정

가중치는 절대 정답이 아니라 팀 합의 도구이며, 근거를 간단히 기록해두면 리뷰 과정의 논쟁을 줄일 수 있다.

2) 데이터 소스와 측정 설계

타겟팅의 근거는 관찰 가능한 지표로 남겨야 하며, AI의 제안은 이를 보완하는 보조 도구다.

- 거래/운영 데이터: POS(시간대·메뉴·객단가), 배달앱 로그, 재고·원가
- 행동 신호 데이터: 사진 촬영, 메뉴 문의, 리뷰 키워드
- 채널 데이터: SNS 광고 성과(CPM·CPC), 지도 검색 노출·클릭
- 현장 관찰: 동선·대기시간·체류시간, 포장/매장 비율
- 원칙: 직감은 아이디어의 출발점일 뿐이며, 최종 판단은 반드시 데이터로 검증해야 한다.

3) AI 기반 타겟팅: 속도·일관성·설명가능성

AI(ChatGPT 등)는 타겟팅 평가표와 선택 근거를 즉시 생성해 의사결정 속도를 높인다.

- 속도: 프롬프트 한 줄로 6개 세그먼트의 점수표 초안 생성
- 일관성: 동일 체계로 반복 산출 → 내부 회의 자료 표준화
- 설명가능성: 각 선택 이유를 자동 요약해 근거를 명확히 제시

단, 최종 선택은 실적·역량·브랜드 방향성을 반영해 현장에서 검증해야 한다.

4) 최종 산출물: 타겟 페르소나와 실행 프레임

최종 선정된 타겟 1~2개는 핵심 상황, 니즈, 메뉴·오퍼, 메시지, 채널 전략으로 구성된 페르소나 카드로 요약하며, 이후 실행 전략의 기준점이 된다.

3. 효과적인 고객타겟팅 분류 방법을 위한 AI 활용 실습

1) 카페 시장의 시장세분화 분류 실습

다음 실습에서는 학습자가 타켓팅을 분류하기 위한 시장세분화 결과를 5가지 정도 기준으로 정량, 정성적인 평가를 한다. 그 다음에 가중치를 적용하여, 총점을 산출하고 사위 2개 타켓을 선정한다. 선정타켓팅의 실행 요약(핵심사항, 니즈, 메뉴 및 오퍼, 메시지, 채널 등)한다. 마지막으로 현장 데이터로 검증하고, 필요 시 점수/가중치를 보정한다.

2) 지역 카페 타켓팅 실습

지역 카페 '강 개발' 사장은 시장세분화 결과를 바탕으로, 자사 브랜드에 가장 적합한 핵심 고객 타겟을 선정하려고 한다.
생성형 인공지능(ChatGPT등)을 활용하여 각 세그먼트를 평가하고, 규모성(Size), 접근성(Accessibility), 차별성(Differentiability). 수익성(Profitability), 전략적 적합성(Strategic Fit)의 5가지 기준으로 점수를 산출하고자 한다.

상위 타켓층의 2개 요소인 'S5의 반복구매·단골층'의 점수가 총점 22점으로 가장 높았으며, 'S1의 점심 핵심상권 직장인'의 점수는 21점으로 2번째로 높았다. 타켓팅에 대한 점수를 반영하여 가장 높은 점수의 타켓팅을 할 수 있으며, 생성형AI의 선택은 참고로 하여, 각자 원하는 타켓팅을 선정할 수 있다. 자료를 참고하여, 선택에 있어 신중함이 필요하다.

프롬프트

우리 카페의 타깃은 20~30대 여성 고객이에요. 최근 이들이 카페를 선택할 때 중요하게 생각하는 요소(분위기, 건강, 감성, 사진, 맛 트렌드)를 분석해 주세요.
그 데이터를 바탕으로 ① 신규 음료 콘셉트 3가지, ② 추천 재료 조합, ③ 메뉴 이름과 스토리를 제안해주세요.

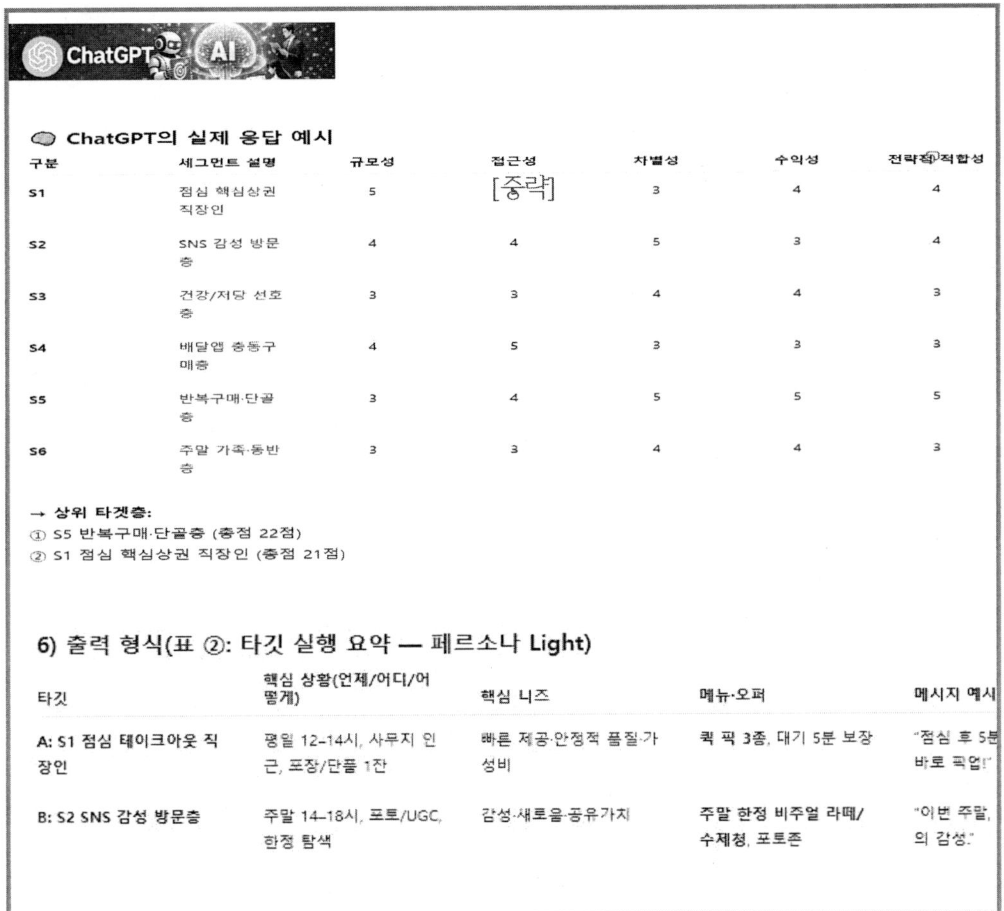

ChatGPT의 실제 응답 예시

구분	세그먼트 설명	규모성	접근성	차별성	수익성	전략적 적합성
S1	점심 핵심상권 직장인	5	[중략]	3	4	4
S2	SNS 감성 방문층	4	4	5	3	4
S3	건강/저당 선호층	3	3	4	4	3
S4	배달앱 충동구매층	4	5	3	3	3
S5	반복구매·단골층	3	4	5	5	5
S6	주말 가족·동반층	3	3	4	4	3

→ **상위 타겟층:**
① S5 반복구매·단골층 (총점 22점)
② S1 점심 핵심상권 직장인 (총점 21점)

6) 출력 형식(표 ②: 타깃 실행 요약 — 페르소나 Light)

타깃	핵심 상황(언제/어디/어떻게)	핵심 니즈	메뉴·오퍼	메시지 예시
A: S1 점심 테이크아웃 직장인	평일 12–14시, 사무지 인근, 포장/단품 1잔	빠른 제공·안정적 품질·가성비	퀵 픽 3종, 대기 5분 보장	"점심 후 5분 바로 픽업!"
B: S2 SNS 감성 방문층	주말 14–18시, 포토/UGC, 한정 탐색	감성·새로움·공유가치	주말 한정 비주얼 라떼/수제청, 포토존	"이번 주말, 의 감성."

[AI 응답 3-3] 고객 타켓팅 개발 사례

다음으로 선택한 타켓팅에 대해 지역 카페 사장님이 생성형AI 자료를 참고하여 선택한 타켓팅에 대한 페르소나를 시각화하는 실습을 하려고 한다. 이미지 및 시각 자료를 생성형AI를 활용하여, 가장 적합한 시각 자료를 선택하도록 한다. 타켓팅의 페르소나를 시각화 자료로 활용하기 위해, CHATGPT에게 DALL·E를 시각화하도록 프롬프트를 작성해 달라고 요청했다.

프롬프트

우리 카페의 20-30대 특정고객을 타켓팅으로 하는 "카페 브랜드의 핵심 타깃 페르소나 이미지를 만들어줘(S5의 단골고객을 타켓팅으로 선정하고, 일부 정보는 추가하여 작성함).
25세 남성, 오피스 근무, 커피를 즐기며 감성적인 분위기를 선호함.
평일 점심시간에 테이크아웃 라떼를 구매하고, SNS에서 카페 감성을 공유하는 스타일.
패션은 모던하면서 깔끔하고, 밝고 따뜻한 색감의느낌이 있으면 좋겠어.
따뜻한 톤으로 만들어줘.". 위의 다양한 생성형 AI 자료를 기반으로 페르소나 자료를 DALL·E로 시각화 해줘(CHATGPT 이미지 모드, 캔버, 구글AI Studio 등 생성을 요청).

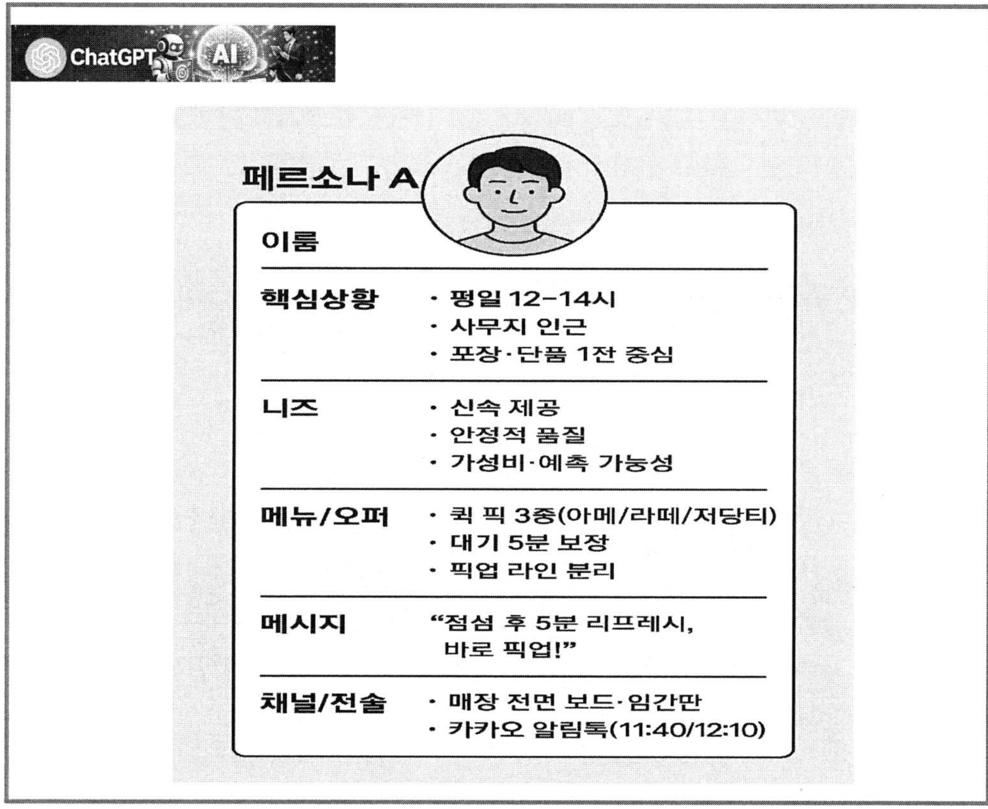

[AI 응답 3-4] 고객 타켓팅 선정 - 페르소나

제3절 포지셔닝(Positioning) 전략 & 자동화

1. 포지셔닝 핵심 프레임

1) 포지셔닝의 정의와 의의

포지셔닝이란 '포지셔닝은 고객이 우리 브랜드를 어떤 가치와 차별성으로 기억할지를 명확히 정하는 과정이다'를 설계하는 작업이다. 단순한 문구나 감성 선택이 아니라, 고객이 왜 우리를 선택해야 하는지에 대한 핵심 이유(benefit)와 이를 뒷받침하는 구체적 근거(Reason to Believe)를 하나의 설계도처럼 연결하는 과정이다.

이 포지셔닝 구조가 명확해야 제품·가격·공간·콘텐츠 등 모든 실행 요소가 동일한 방향성을 가지며, 고객은 브랜드를 '이유 있는 선택지'로 받아들일 수 있다. 반대로 방향이 흐려지면 브랜드는 특색을 잃고, 고객의 인식 속에서 "굳이 선택할 이유가 없는 브랜드"로 남게 된다.

2. 포지셔닝 축(차원) 선택 가이드

① 고객이 실제로 인식하는 축이어야 한다(가격↔감성, 건강(수제)↔편의(속도), 클래식↔트렌디 등).

② 포지셔닝 축을 정할 때는 고객의 선택 기준이 실제로 갈리는 지점을 찾아야 한다.

예를 들어 가격·건강·편의·감성 같은 축은 소비자가 브랜드를 비교할 때 자주 사용하는 기준이므로 의미가 크다. 또한, 축은 우리 브랜드가 실제로 실행 가능한 영역이어야 한다. 즉, 포지션은 '그림'이 아니라 '실행 가능한 전략의 출발점'이다.

③ 포지셔닝 맵은 브랜드가 경쟁 구도 속에서 어느 자리에 서 있는지 한눈에 보여주는 시각적 전략 도구이다.

이를 통해 시장 내 공백 영역, 경쟁이 과밀된 영역을 쉽게 파악할 수 있으며, 결과적으로 우리 브랜드가 어떤 차별성을 강화해야 고객이 명확하게 인식할 수 있는지를 빠르게 정의할 수 있다.

④ 포지셔닝 맵(Positioning Map)의 목적

내 위치를 시각화하여 전략 논의를 빠르게 만든다. 경쟁 과밀/공백 영역을 발견해 신제품·메시지 기회를 도출한다. 타깃별 대안 맵을 그려 다중 타깃 운영 시 혼선을 줄인다.

⑤ 데이터 소스(맵 축·위치 산정)

포지셔닝 축과 좌표를 설정할 때는 정성·정량 신호를 종합적으로 해석하는 것이 중요하다. 예를 들어 구매 패턴, 피드백의 키워드, 메뉴 난이도, 동선 병목 같은 자료는 브랜드가 실제 어디에 강점과 약점을 가지고 있는지를 보여주는 실질적 단서다. 이러한 신호를 기반으로 좌표를 만들면, 단순한 감각이 아니라 근거 기반의 포지셔닝 전략을 설계할 수 있다.

3. 효과적인 포지셔닝 맵 작성을 위한 AI 활용 실습

1) 포지셔닝 맵 작성 실습하기

실습은 다음과 같은 흐름으로 진행된다. 먼저, 핵심 타깃과 비교 대상 브랜드를 선정하고, 고객의 선택을 가르는 두 개의 인식축을 명확히 정의한다. 그다음 AI에게 각 브랜드의 좌표와 이유를 생성하도록 요청하고, 이를 캔바(Canva)에서 시각화하여 전략적으로 해석할 수 있는 하나의 맵으로 완성한다. 마지막으로 맵을 근거로 USP를 도출하여, 브랜드가 고객에게 전달하고자 하는 핵심 가치를 한 문장으로 정리한다.

지역 카페 '강 개발' 사장은 시장세분화와 타겟팅 과정을 마친 뒤, 이제 자사 브랜드가 고객의 마음속에서 어떤 이미지로 인식되어야 하는가를 구체화하고자 한다. 그는 프랜차이즈 카페가 늘어가는 지역 상권 속에서 "우리만의 감성"을 어떻게 차별화할 수 있을지 고민하고 있다.

최근 들어 고객들은 단순히 커피 맛보다 '브랜드 경험과 감성'을 중시하고 있으며, SNS를 통해 카페의 이미지가 곧 브랜드의 정체성이 되는 시대가 되었다. 강 사장은 자사 브랜드의 포지션을 명확히 정의하기 위해 생성형 인공지능(ChatGPT 등)을 활용하기로 했다. 그의 목표는 다음과 같다.

"우리 카페가 고객의 인식 속에서 어떤 축 위에 서야 할지를 명확히 시각화하고, 경쟁 브랜드와의 차별화 포인트를 데이터 기반으로 표현하자."

3) 실제 프롬프트

프롬프트

다음 정보를 바탕으로 지역 카페의 포지셔닝을 작성해 주세요.
축 정의: 예) X=가격(저가↔프리미엄), Y=건강(저당차)
브랜드 셋 확정: 자사 + 경쟁(프랜차이즈, 로컬 수제청, 편의점 RTD 등 3개)

ChatGPT AI

표 Y-1. 포지셔닝 맵 입력/출력 예시

브랜드	X좌표(가격-감성)	Y좌표(건강-편의)	포지셔닝 영역	위치 이유(1문장)
자사	0.78	0.82	프리미엄+건강형	저당 수제·감성 패키지·5분 픽업 동선
프랜차이즈	0.60	0.70	중상 프리미엄+편의	인지도·매장망·일정 품질
로컬 수제청	0.88	0.85	초프리미엄+핸드메이드	원물 스토리·비주얼 특화
편의점 RTD	0.25	0.30	저가+편의	저가·어디서나 구매

[중략]

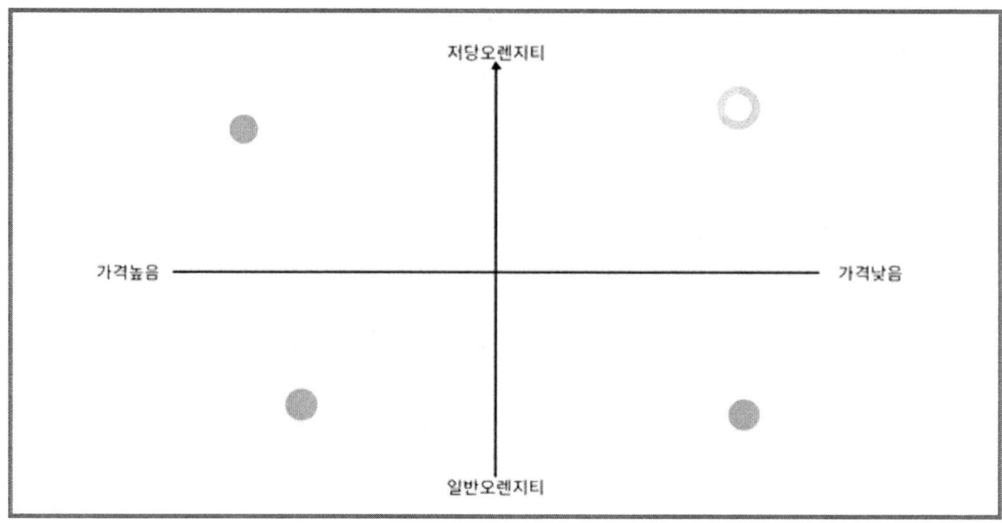

[AI 응답 3-5] 포지셔닝 맵 개발

제4장 AI 활용 4P와 마케팅 믹스 전략 (노규성)

제1절 AI로 상품 전략 설계하기

1. 4P와 AI 활용 고객 중심 상품 전략

마케팅 믹스 4P는 무엇을 만들지(Product), 얼마에 팔지(Price), 어디서 팔지(Place), 어떻게 알릴지(Promotion)를 결정하여 고객가치를 극대화하는 마케팅의 핵심 전략이다. 4P의 주요 내용을 정리하면 [표 4-1]과 같다.

[표 4-1] 마케팅 믹스 4P

구성요소	핵심 질문	주요 내용
Product (상품/제품)	"무엇을 팔 것인가?"	- 고객의 니즈를 충족시키는 제품 또는 서비스를 설계하는 전략 - 기능, 디자인, 품질, 포장, 브랜드 이미지 등을 포함
Price (가격)	"얼마에 필 것인가?"	- 제품의 가치와 시장 경쟁력을 반영하여 가격을 결정하는 전략 - 원가, 경쟁 제품 가격, 고객 심리 등을 고려하여 수익성과 매력도 조정
Place (유통)	"어디에서, 어떻게 팔 것인가?"	- 제품을 고객에게 전달하는 경로를 설계하는 전략 - 오프라인 매장, 온라인몰, 물류, 재고, 배송 시스템 등 포함
Promotion (촉진)	"어떻게 알릴 것인가?"	- 고객에게 제품의 가치를 인지시키고 구매를 유도하는 활동 - 광고, 이벤트, PR, SNS 마케팅, 인플루언서 협업 등 포함

4P 중 촉진(Promotion)에 대해서는 다른 장에서 다루어지므로, 이 장에서는 제품, 가격, 유통에 관해서만 다루고자 한다. 제품 (또는 상품) 전략은 마케팅 믹스 4P(Product, Price, Place, Promotion) 중에서도 가장 먼저 고려되는 요소로서, 시장 트렌드와 소비자 니즈(needs)에 맞는 제품 (또는 서비스)을 만드는 것이 핵심이다. 과거에는 기획자와 마케터의 경험과 조사에 의존해 신제품 아이디어를 내고 시장성을 검증했다면, 이제 주요 기업은 AI를 활용해 더욱 데이터 중심적이고 창의적인 방식으로 제품 전략을 수립한다. AI는 방대한 소비자 데이터와 트렌드 정보를 분석하여 고객이 진정으로 원하는 가치를 파악하고, 새로운 제품 컨셉을 제안하는 데 도움을 준다.

2. AI 활용 효과적인 상품 전략 수립 방법

AI를 활용하여 효과적인 상품 전략을 수립하는 주요 방법은 다음과 같다.

① 시장 트렌드 분석: AI는 구매 패턴, 검색 데이터, 소셜 미디어 등의 빅데이터를 분석하여 최근 떠오르는 시장 트렌드를 포착해낸다. 이를 통해 제품 기획 시 최신 유행이나 소비자 관심사를 반영할 수 있다.

② 소비자 니즈 도출: AI는 설문 응답, 리뷰, 고객 피드백 등 고객의 목소리를 빠르게 분류 및 요약해 고객들이 원하는 기능이나 개선점을 정확히 파악하는데 도움을 준다. 예를 들어 고객 세분화에 AI를 적용하면 타겟별로 어떤 제품 속성을 중요시해야 하는지 알 수 있다.

③ 신제품 아이디어 생성: 생성형 AI인 ChatGPT 같은 도구를 활용하면 인간이 미처 생각하지 못했던 신상품 아이디어를 얻을 수 있다. AI는 다양한 사례와 조합을 학습했기 때문에, 키워드만 주어지면 관련 아이디어를 다수 제시하고 각각의 장단점도 설명해준다.

④ 제품 콘셉트 및 브랜드 이미지 구체화: 아이디어 단계에서 제품의 콘셉트 스토리를 AI로 작성하거나, 달리(DALL·E)와 같은 생성형 AI로 제품 디자인 시안을 만들어본다. 이를 통해 추상적인 아이디어를 시각적으로 구체화하고 브랜드 이미지에 맞는 디자인 방향을 잡을 수 있다.

3. 효과적인 상품 전략 수립을 위한 AI 활용 실습

1) 카페의 새로운 음료 개발 실습

지역의 소규모 카페 '김 개발' 사장은 20~30대 젊은 여성 고객을 겨냥한 새로운 음료를 개발하고 싶다. 평소 AI를 공부해온 김 사장은 최신 소비자 트렌드를 파악하여 신메뉴에 접목하기 위해 AI의 도움을 받기로 했다. 그는 ChatGPT를 활용해 목표 고객층의 선호도를 조사하고자 한다. 특히, 최근 젊은 세대가 카페를 선택할 때 중요하게 생각하는 요소가 무엇인지 알아보고자 다음과 같은 프롬프트를 제시했다.

프롬프트

우리 카페의 타깃은 20~30대 여성 고객이에요. 최근 이들이 카페를 선택할 때 중요하게 생각하는 요소(분위기, 건강, 감성, 사진, 맛 트렌드)를 분석해 주세요.
그 데이터를 바탕으로 ① 신규 음료 콘셉트 3가지, ② 추천 재료 조합, ③ 메뉴 이름과 스토리를 제안해주세요.

ChatGPT AI

1 20~30대 여성 고객이 카페를 선택할 때 중요하게 여기는 요인

구분	주요 내용
분위기 (Mood)	'감성적인 공간 경험'을 중시 — 조용하고 따뜻한 무드, 우드·베이지톤 인테리어, 자연광 연출 선호
건강 (Wellness)	실팅, 첨가물 최소화 / 식물성 재료, 로우카페인 / "맛있는 건강함"을 원함
감정 (Emotion)	카페는 '감정 회복 공간' — 위로·힐링·자기 보상·리추얼적 의미로 방ㅁ

[중략]

3 종합 제안 요약

콘셉트명	핵심 감성	재료 키워드	시그니처 색감	타깃 심리
Cloud Matcha Cream	균형과 위로	말차, 오트, 크림폼	말차그린+화이트	'감정 밸런스'
Blooming Fig Latte	따뜻한 자기돌봄	무화과, 두유, 시나몬	베이지+핑크브라운	'감성 힐링'
Lavender Oat Cream Ade	평온과 리프레시	라벤더, 오트, 스파클	라이트퍼플+화이트	'일상의 쉼표'

[AI 응답 4-1] 까페의 신 음료 개발 사례

AI는 신상품 개발에 대한 신선한 아이디어와 대안을 주지만, 어느 경우이든 최종적인 판단은 의사결정자 자신이 하여야 한다. 특히 AI는 똑같은 프롬프트에 대해서도 다른 응답을 할 수도 있다는 점도 고려해야 할 것이다.

2) 신제품 브랜드 시각화 실습

한 핸드메이드 공방에서는 신제품으로 출시한 향초(캔들)를 온라인에서 홍보하고자 한다. 전문 디자이너가 없었던 공방 주인은 AI의 도움을 받아 시각 자료와 홍보 문구를 만들기로 했다. 우선 이미지 생성 AI를 활용해 감성적인 제품 사진을 얻고자, ChatGPT에게 DALL·E에게 지시하기 위한 프롬프트를 작성해달라고 요청했다.

프롬프트

우리 공방의 수제 향초를 홍보할 이미지를 만들고 싶어. 포근한 분위기가 느껴지는 사진 콘셉트를 DALL·E용 프롬프트로 작성해줘.

이어서 [AI 응답 4-2]와 같이 ChatGPT가 제안해준 (영문) 프롬프트를 초안으로 ChatGPT의 이미지 모드(캔바, 구글 AI Studio 등)에게 홍보 이미지 생성을 요청한다.

DALL·E Prompt (English Version)

"A handmade scented candle placed on a wooden table in warm natural light, surrounded by dried flowers and a steaming cup of tea.
Soft shadows and gentle sunlight create a cozy, emotional atmosphere.
The candle jar has a simple minimalist label and sits beside an open book.
The background is softly blurred with beige and warm brown tones, evoking peace, warmth, and relaxation.
(style: lifestyle photography, warm tone, soft focus, cinematic lighting, cozy mood)"

DALL·E 프롬프트 (한국어 버전)

"따뜻한 자연광 아래 원목 테이블 위에 놓인 **핸드메이드 향초**.
옆에는 **말린 꽃과 따뜻한 홍차잔**, **펼쳐진 책**이 놓여 있고,
은은한 그림자와 햇살이 비춰 **포근하고 감성적인 분위기**를 연출합니다.
배경은 **베이지·브라운 톤의 따뜻한 색감**,
전체적으로 **소프트 포커스와 시네마틱한 라이팅**으로 표현해주세요.
(스타일: 라이프스타일 감성 사진, 웜톤, 코지 무드)"

[AI 응답 4-2] 공방의 수제 향초 홍보 이미지 생성용 프롬프트 제안 사례

이어서 [AI 응답 4-2]와 같이 ChatGPT가 제안해준 (영문) 프롬프트를 초안으로 ChatGPT의 이미지 모드(캔바, 구글 AI Studio 등)에게 홍보 이미지 생성을 요청한다.

프롬프트

A handmade scented candle placed on a wooden table in warm natural light, surrounded by dried flowers and a steaming cup of tea.
Soft shadows and gentle sunlight create a cozy, emotional atmosphere.
The candle jar has a simple minimalist label and sits beside an open book.
The background is softly blurred with beige and warm brown tones, evoking peace, warmth, and relaxation.
(style: lifestyle photography, warm tone, soft focus, cinematic lighting, cozy mood)

[AI 응답 4-3] 공방의 수제 향초 홍보 이미지 생성 사례

제2절 AI로 가격 전략 세우기

1. AI 활용 가격 전략

가격(Price) 전략은 수익성과 시장 경쟁력을 동시에 좌우하는 중요한 요소이다. 그런데 단순히 원가에 마진을 더하는 것만으로 가격을 정하는 시대는 지났다. 소비자가 느끼는 가치와 심리적 요인까지 고려하는 가치 기반 가격을 제시해야 하는 시대로 진화하고 있다. 가치 기반 가격 결정(Value-based pricing)이란 제품이나 서비스의 고객 가치에 초점을 맞춰 가격을 책정하는 방법이다. 즉, 소비자가 그 제품에서 얻는 편익이나 품질에 얼마만큼의 가치를 두는지를 고려한다.

이에 적정한 가격을 찾기 위해서는 원가, 경쟁사 가격, 소비자 선호를 균형 있게 고려해야 하는데, AI는 이러한 복잡한 요소들을 분석하여 데이터에 근거한 가격을 제안해줄 수 있다. 특히 고객 행동 데이터와 시장 동향을 학습한 AI는 가격에 대한 소비자 반응을 예측하거나, 매출 극대화를 위한 최적 가격대를 시뮬레이션할 수 있다.

2. AI 활용 효과적인 가격 전략 수립 방법

AI를 활용하여 가격 전략을 수립하는 방법은 다음과 같은 것들이 있다.

① 소비자 가치와 심리 분석: AI는 설문 결과나 소셜 미디어 여론을 분석해 소비자가 가격에서 느끼는 가치와 심리적 반응을 파악해준다. 예를 들어 소비자들이 구매를 망설이는 심리적 문턱 가격이 어디인지 밝혀 준다.

② 경쟁사 가격 및 시장 포지셔닝 분석: 크롤링 등을 통해 경쟁 제품들의 가격 정보를 수집하고 시장 평균 가격 대비 자사 제품의 포지셔닝을 평가한다. AI는 경쟁 환경을 고려해 너무 높지도 낮지도 않은 최적의 가격대를 찾는 데 도움을 준다.

③ 가격 시나리오 비교 및 적정 가격 도출: AI 시뮬레이션을 통해 가격을 높게 책정했을 때와 낮게 책정했을 때의 수요 변화를 비교해볼 수 있다. 이를 바탕으로 매출과 브랜드 이미지를 모두 고려한 적정 가격대를 산출한다.

3. AI 활용 가격 전략 수립 실습

수원시의 카페 '맞춤맞커피랩' 박 사장은 원가 2,000원인 새로운 메뉴 '말차크림라떼'를 출시하면서, 어느 정도 가격에 판매해야 할지 고민이다. 근처 경쟁 카페들의 유사 메뉴 평균 가격이 5,500원 정도인데, '너무 싸게 팔면 남는 이윤이 적고, 너무 비싸게 팔면 고객이 부담을 느낄까' 하는 염려가 있는 것이다. 박 사장은 ChatGPT를 통해 비용, 시장가격을 모두 반영한 가격 책정 조언을 받아보고 결정하기로 했다.

프롬프트

나는 수원에서 카페를 운영하고 있습니다. 새로 출시할 메뉴 '말차크림라떼'의 원가는 2,000원, 주변 경쟁 카페의 비슷한 메뉴 평균가는 5,500원입니다. 이 음료를 얼마에 팔면 좋을까요?
1. 원가와 마진을 고려한 적정 가격대
2. 경쟁 카페와 비교했을 때의 포지셔닝 전략

좋은 질문이에요
카페 운영에서 신메뉴 가격 책정은 **'원가 + 심리적 가격 + 시장 포지셔닝'** 세 가지 축을 함께 고려해야 합니다.
아래는 구체적인 분석과 함께 **판매가 제안**입니다.

1 원가·마진 기준으로 본 적정 판매가

- **원가:** 2,000원
- **목표 마진율:** 카페 음료 평균 60~70% 수준
  → 즉, 원가의 약 2.5~3.3배 수준이 일반적입니다.

적정 가격 범위 계산

기준	계산식	결과
최소 마진(60%)	2,000 ÷ (1 - 0.6)	**5,000원**
표준 마진(65%)	2,000 ÷ (1 - 0.65)	**5,700원**
여유 마진(70%)	2,000 ÷ (1 - 0.7)	**6,700원**

따라서 **5,500원~5,900원대**가 수익성과 시장 평균을 모두 고려한 **안정적 가격대**입니다.

2 경쟁 카페 대비 포지셔닝 전략

구분	가격대	의미	전략 포인트

[중략]

📌 **추천 포지셔닝:**

▶ "5,800원" — 소비자에게는 '6천원보다 저렴하게 느껴지는 심리적 가격대(Charm Pricing)'
▶ 동시에, 경쟁 카페보다 약간 높은 **프리미엄 포지션 확보** 가능

[중략]

[AI 응답 4-4] 카페의 신제품 가격 결정 사례 1

최근에 생성형 AI는 답을 하면서 추가적인 아이디어나 내용 검토를 제안한다. 위의 사례에서는 '원하신다면, 이 내용을 "AI 기반 카페 가격 전략 시트 (ChatGPT 분석 프롬프트 + 계산식 포함)" 형식으로 확장 구성해드릴까요?'라고 제안했다. 이럴 경우 사용자는 AI와 대화를 통해 더 나은 대안을 찾아갈 수 있을 것이다.

제3절 AI로 유통 전략 최적화하기

1. AI 활용 유통 전략 최적화

유통 전략(Place)은 제품을 어떤 경로로 고객에게 제공할지를 결정하는 영역이다. 온라인몰·소매점·도매유통 등 채널 관리와 물류 최적화까지 포괄한다. 효과적인 유통 전략을 세우려면 잘 팔리는 채널에 집중하고, 원활한 재고 공급과 빠른 배송을 실현해야 한다.

AI는 방대한 판매 데이터를 분석해 어느 지역, 어느 채널에서 판매 효율이 높은지 알려주고, 복잡한 물류 경로도 최적화하여 비용 절감과 서비스 개선을 도와준다. 또한 디지털 환경에서는 AI 추천 시스템을 통해 고객 맞춤형 상품 추천을 제공함으로써 온라인 채널의 효율을 극대화할 수 있다.

2. AI 활용 유통 전략 최적화 방법

AI를 활용한 유통 전략 최적화 방안은 다음과 같다.

① 채널 및 지역 성과 분석: AI는 지역별 매출, 채널별 판매량 등의 데이터를 종합 분석하여 가장 효과적인 유통 채널을 식별한다. 이를 통해 마케터는 어느 지역에 재고를 늘릴지, 어떤 판매 채널에 마케팅 예산을 집중할지 근거를 갖고 결정할 수 있다.

② 물류 경로 및 재고 관리 최적화: 배송 데이터와 지리 정보를 활용한 AI 알고리즘은 최적의 배송 경로를 찾아내 배송 시간을 단축하고 비용을 절감한다. 또한 지역별 수요 예측을 통해 재고를 효율적으로 배분함으로써 품절이나 과다 재고를 줄여 준다.

③ 디지털 스토어 개인화: 자체 온라인몰을 운영하는 경우 AI 기반 추천 시스템을 도입해 고객에게 관심 있을 만한 상품을 자동으로 보여줄 수 있다. 예를 들어 “이 상품을 본 다른 고객은 이런 것도 구매했어요”와 같은 개인화 추천은 구매전환율을 높여주는 효과적인 전략이다.

3. 유통 전략 수립의 AI 활용 실습

중소 패션 브랜드 '㈜멋들어져'는 오프라인 매장과 자체 온라인몰, 그리고 대형 온라인 마켓플레이스에서 동시에 판매하고 있다. [표 4-2]와 같은 지난 1년간의 판매 데이터를 분석해보니, 채널과 지역별로 매출 편차가 큰 것으로 나타났다.

[표 4-2] 지난 1년간 채널 · 지역별 매출

구분	판매 채널	지역	매출액 (만원)	판매수량 (건)	평균 객단가(원)	반품률 (%)
1	오프라인 매장	서울	8,200	410	20,000	3.5
2	오프라인 매장	부산	3,900	220	17,700	4.1
3	자체 온라인몰	서울	6,500	325	20,000	2.8
4	자체 온라인몰	경기	5,300	290	18,300	2.9
5	자체 온라인몰	지방 (기타)	2,700	155	17,400	3.2
6	오픈마켓 (쿠팡 · 지마켓 등)	전국	12,000	1,050	11,400	8.6
7	패션 전문 플랫폼	전국	9,100	620	14,700	6.3

마케팅 예산과 물류 자원을 어디에 우선 투자해야 할지 고민한 이 브랜드는 AI 도구의 도움을 받기로 했다. 데이터 분석에 익숙하지 않은 팀은 ChatGPT와 같은 AI 플랫폼에 매출 데이터를 업로드하고, 어느 채널이 가장 효율적인지 물었다.

프롬프트

나는 패션 브랜드 '(주)멋들어져의 기획팀에서 일하고 있습니다. 첨부된 데이터는 지난 1년간 판매 채널과 지역별 매출 데이터입니나. 이 데이터를 읽고,

1. 각 판매 채널(오프라인, 자체몰, 오픈마켓, 패션 플랫폼)의 매출 효율성과 특징을 요약해 주세요.
2. 어떤 채널이 마케팅 예산을 우선 투자할 만한 가치가 있는지, 그리고 그 이유를 알려주세요.
3. 물류나 재고 관리 관점에서 효율 개선이 필요한 채널도 함께 제안해주세요.

그래프와 간단한 설명을 포함해서 정리해 주세요."

📊 AI 판매채널 분석 보고서

대상: 패션 브랜드 *'멋대조㈜'*
기간: 최근 1년
분석 목적: 채널별 판매 효율, 투자 우선순위, 물류 개선 포인트 도출

1️⃣ 판매채널별 매출 효율 및 특징 요약

채널	매출(만원)	판매수량	평균단가(원)	반품률(%)	주요 특징
오프라인 매장	12,100	630	19,200	3.8	매출 대비 안정적 수익, 충성 고객 중심, 지역 편차 큼
자체 온라인몰	14,500	770	18,000	3.0	재구매율 높음, 반품률 낮음, 지역별 불균형 존재
오픈마켓 (쿠팡·지마켓 등)	12,000	1,050	11,400	8.6	판매량은 높으나 단가 낮고 반품률 높음, 대중형 채널
패션 전문 플랫폼 (무신사 등)	9,100	620	14,700	6.3	트렌드 소비층 중심, 브랜드 인지도 향상 효과

📈 **(그래프 설명: 채널별 매출 규모)**

```
매출 (만원)
오픈마켓     ██████████ 12,000
자체몰       ████████████ 14,500
```

[중략]

4️⃣ AI의 통합 제언 요약

항목	제언
핵심 성장 채널	자체 온라인몰 + 패션 플랫폼
단기 리스크 채널	오픈마켓 (높은 반품률, 낮은 단가)
투자 우선순위	① 자체몰 브랜드 마케팅 ② 플랫폼 협업 강화 ③ 오프라인 체험 마케팅
물류 개선 포인트	지방 재고 효율화, 반품 프로세스 자동화

[AI 응답 4-5] ㈜멋들어져의 판매 데이터 분석 사례

제4절 AI로 4P 믹스 전략 최적화

1. AI 활용 4P 믹스 전략 개요

마케팅의 핵심은 제품(Product), 가격(Price), 유통(Place), 촉진(Promotion)을 균형 있게 조합해 고객의 마음을 움직이는 것이다. 이 네 가지 요소를 종합적으로 설계하는 전략을 4P 믹스(Mix) 전략이라 부른다. 과거에는 마케터가 감과 경험에 의존해 4P를 조정했는데, AI와 데이터 분석의 출현으로 상황이 달라졌다. 즉 오늘날에는 AI가 데이터를 실시간으로 분석해 제품 - 가격 - 유통 - 홍보의 상호작용을 자동으로 파악하고 최적의 조합을 제안해 준다.

예를 들어, AI는 제품 콘셉트가 바뀌면 적정 가격대나 고객층이 어떻게 달라질지, 가격을 인상하면 판매 채널별 반응이 어떻게 변하는지를 예측해 데이터 기반의 전략적 의사결정을 가능하게 한다. 결국 AI는 4P를 하나의 통합된 흐름으로 연결해주는 전략 조정 파트너가 되는 것이다.

2. AI 활용 4P 믹스 전략 최적화 방법

AI를 활용한 4P 믹스 전략의 핵심은 '데이터의 연결'이다. 제품 데이터, 가격 반응, 유통 효율, 홍보 효과를 각각 따로 보지 않고 AI가 네 요소를 동시에 분석하고 시뮬레이션하는 구조로 설계해야 한다. [표 4-3]은 단계별 접근 방법을 요약한 것이다.

[표 4-3] AI 활용 4P 믹스 전략 추진 단계

단계	주요 목표	AI 활용 포인트
① 데이터 통합	제품・가격・유통・홍보 데이터 한눈에 보기	ChatGPT, Google AI Studio, Whisk를 활용해 텍스트・표・그래프 형태로 요약
② 상관관계 분석	4P 요소 간 영향 관계 파악	AI가 변수 간 상관도를 계산하고 시각화
③ 시나리오 예측	변화에 따른 매출 영향 예측	가격・프로모션 변경 시 예측 시뮬레이션
④ 전략 조정	최적의 조합 제안	생성형 AI의 프롬프트 분석을 통해 실질적 조정안 도출

예를 들어, AI에게 "우리 가게의 제품, 가격, 유통, 홍보 데이터를 종합 분석해 매출을 높이기 위한 4P 우선 조정안을 제안해줘."라고 요청한다. 그러면 AI는 이 한 문장으로 제품의 콘셉트, 가격 정책, 채널 효율, 홍보 반응률을 동시에 검토하고 최적화 방향을 제시해준다.

3. 4P 믹스 전략 수립의 AI 활용 실습

3절에서 카페 '맞춤맞커피랩'은 신메뉴 말차크림라떼를 출시했다고 했다. 출시 후 SNS 반응은 매우 좋았지만, 실제 매출은 기대에 미치지 못했다. 김 대표는 문제의 원인이 '제품'인지, '가격'인지, '홍보'인지 판단하기 어려워 ChatGPT에게 AI 기반 4P 분석을 요청했다.

프롬프트

우리 카페의 제품(말차크림라떼), 가격(5,800원), 유통채널(매장 중심), 홍보방식(SNS 중심)을 분석해 주세요.
1. 4P 요소 간의 불균형이 있는지 진단하고,
2. 매출 상승을 위한 우선 조정 순서를 제안해 주세요.
3. 각 4P별 개선 아이디어를 한 줄로 정리해 주세요.

1 4P 불균형 진단 (Diagnosis)

항목	현재 상황	AI 진단
Product (제품)	*말차크림라떼* — 비주얼과 맛은 우수, 프리미엄 감성 강조	콘셉트는 좋지만, **차별화 포인트(시즌/스토리/고객 경험)** 부족
Price (가격)	5,800원 (주변 경쟁 카페 평균 5,500원)	소폭 높은 가격으로 **품질 대비 가성비 인식 약함**, 첫 방문 유도력 낮음
Place (유통)	매장 중심 판매, 배달앱 미활용	접근성과 확장성 한계, **온라인 주문·배달 전환률 매우 낮음**
Promotion (촉진)	SNS 감성 홍보 중심 (사진 위주 콘텐츠)	노출은 활발하나 **방문·재구매 연결 부재**, 단골 관리 미흡

> **요약 진단:**
> 제품은 우수하나 유통과 홍보가 매출로 이어지지 못해
> **'접근성–전환성 불균형'**이 가장 큰 문제입니다.

2 매출 향상을 위한 4P 조정 우선순위

우선순위	조정 항목	이유
1 Place (유통)	배달앱 입점, 테이크아웃 프로모션으로 **고객 접근성 확대**	

[중략]

3 각 4P별 한 줄 개선 아이디어 요약

4P 항목	한 줄 개선 아이디어
Product (제품)	"말차의 진한 풍미에 계절 테마를 더한 '한정 시즌 라떼'로 감성 강화."
Price (가격)	"말차라떼+디저트 세트 구성으로 체감가를 낮추고 만족감은 높인다."
Place (유통)	"배달앱 입점 및 테이크아웃 10% 혜택으로 접근성과 편의성 확대."
Promotion (촉진)	"AI 자동 메시지·후기 이벤트로 재방문과 구전 홍보를 유도한다."

AI 결론 요약

- **핵심 문제:** 좋은 제품 대비 접근성과 재방문 유도 전략의 부재
- **조정 순서:** *Place → Promotion → Product → Price*
- **추천 전략:**
  "**감성 있는 제품을 더 쉽게 경험하게 만들고,**
  AI를 활용해 고객 관계를 꾸준히 이어가는 방향이 가장 효과적입니다."

[AI 응답 4-6] 말차크림라떼의 4P 믹스 사례

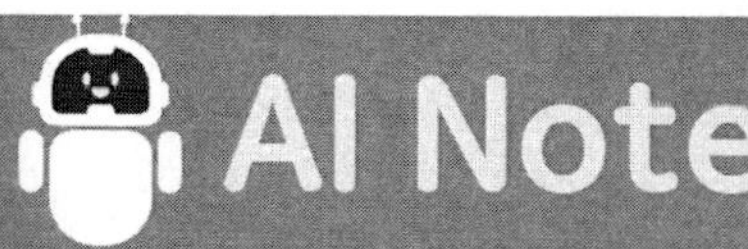
AI Note

제5장 소셜미디어 마케팅과 AI (이승희)

제1절 소셜미디어 생태계와 AI 트렌드의 이해

소셜미디어는 오늘날 브랜드와 소비자를 연결하는 핵심 마케팅 플랫폼으로 자리 잡고 있다. 특히, 소셜미디어인 인스타그램, 유튜브, 틱톡, X(트위터) 등은 소비자의 인식과 감정, 구매 의사결정에 직접적인 영향을 미친다. 이제 인공지능(AI)은 이러한 소셜미디어 생태계를 뒷받침하며, 실시간 데이터 분석·자동화·개인화 마케팅이 가능하다. 기업은 AI를 통해 방대한 양의 소셜 데이터를 분석하고, 콘텐츠를 자동 제작하며, 캠페인 효율성을 극대화함으로써 지능형 마케팅 의사결정을 실현할 수 있다.

1. 마케팅에서의 소셜미디어 역할

소셜미디어는 단순한 광고 매체에서 벗어나 소비자와 브랜드가 직접 상호작용하는 양방향 소통 공간으로 발전하였다. 감성적이고 시각적인 콘텐츠(사진, 영상, 후기 등)는 브랜드의 인지도와 호감도를 강화하고, 브랜드 이미지를 형성하는 핵심 요소로 작용한다.

소비자는 SNS 활동을 통해 신뢰감과 구매 의도를 형성하게 된다. 이러한 소비자와의 상호작용은 커뮤니티를 통해 구매 추천과 구전 효과를 확산시키는 역할을 한다. 이렇게 기업은 플랫폼별 도달률(Reach), 참여율(Engagement Rate), 공유율(Share Rate)과 같은 정량 데이터를 분석해 마케팅 효과를 측정한다.

이와 같이 AI는 데이터를 기반으로 소비자 반응을 실시간 분석하여 효율적인 콘텐츠 전략을 수립하도록 지원하는 역할을 하게 된다. 이러한 분석 결과를 활용해 타깃별 맞춤형 콘텐츠를 설계하고, 소비자 관여도를 극대화한다. 또한, 소셜미디어는 브랜드의 가치와 정체성을 전달하는 브랜드 커뮤니케이션 허브로서 기능을 하게 된다. AI 활용으로 게시물 추천, 광고 최적화, 감성 분석 등이 자동화되면서 더욱 정교하게 마케팅 의사결정을 할 수 있게 되었다.

[표 5-1] 소셜미디어의 유형

소셜미디어 유형	설명	대표 플랫폼(예시)	주요 활용 목적
SNS(Social Networking Service)	사람과 사람을 연결하고 관계 형성을 중심으로 하는 플랫폼	페이스북, 인스타그램, 트위터(X)	소통, 홍보, 브랜드 강화
UGC 플랫폼(User Generated Content Platforms)	사용자 생성 콘텐츠 중심의 플랫폼	유튜브, 틱톡, 네이버 블로그	영상 제작, 정보 공유, 바이럴
커뮤니티형 플랫폼 (Community Platforms)	공통 관심사를 가진 그룹이 모여 토론·소통하는 공간 네이버	네이버 카페, 디스코드, 레딧	고객 의견 수집, 커뮤니티 마케팅
메신저형 플랫폼 (Messaging Platforms)	개인·그룹 간 실시간 대화 중심 소셜미디어	카카오톡, 메신저, 왓츠앱	고객 상담, 공지, 챗봇 운영
라이브 스트리밍 플랫폼 (Live Streaming Platforms)	실시간 방송·실시간 소통 기반 플랫폼	유튜브 라이브, 인스타 라이브, 아프리카TV	라이브 커머스, 이벤트 진행
사진·이미지 중심 플랫폼 (Photo-Sharing Platforms)	시각 콘텐츠 중심의 플랫폼	인스타그램, 핀터레스트	이미지 기반 브랜딩, 제품 홍보

전문 네트워크 플랫폼 (Professional Networks Platforms)	직업・업무 기반 네트워킹을 위한 플랫폼	링크드인(LinkedIn)	B2B 마케팅, 인재 채용
리뷰・평점 플랫폼(Review Platforms)	사용자 리뷰 기반 정보 공유 플랫폼	구글 리뷰, 트립어드바이저	신뢰 확보, 고객 피드백 분석
소셜 쇼핑 플랫폼(Social Commerce Platforms)	소셜미디어 + 쇼핑 기능 결합 플랫폼	쿠팡라이브, 인스타그램 샵	제품 판매, 라이브 쇼핑

2. 소셜미디어 마케팅에서의 AI 활용

AI는 반복적인 업무를 자동화하거나 데이터를 기반으로 한 의사결정을 지원하여 정확하고 효율적인 소셜미디어 마케팅 운영을 가능하게 한다. 즉, 사용자의 관심사, 검색 이력, 시청 패턴 등을 분석해 맞춤형 콘텐츠와 광고를 자동으로 추천한다.

AI는 게시물 업로드의 최적 시간과 빈도를 계산해 자동으로 일정과 노출 빈도를 조정한다. 이를 통해 마케터는 소비자 참여율이 높은 시간대와 콘텐츠 유형을 실시간으로 파악할 수 있게 된다. 또한, 머신러닝 기반 세분화 알고리즘을 활용해 고객군을 분류하고, 반응 가능성이 높은 타깃층을 예측할 수도 있다.

이러한 AI 활용은 콘텐츠 전략을 데이터 중심으로 설계하고 캠페인 성과를 자동으로 개선할 수 있게 하였다. 결국 AI는 정밀한 타깃 마케팅과 마케팅 생산성 향상을 이끄는 핵심 도구로 자리 잡고 있다.

[표 5-2] 소셜미디어 마케팅에서의 AI 활용

구분	AI 활용 내용	설명
1. 반복 작업 자동화	콘텐츠 추천・광고	사용자 관심사, 검색 기록, 시청 패턴 분

	추천 자동화	석 → 맞춤형 콘텐츠·광고 자동 추천
2. 게시 시간 최적화	최적 시간·빈도 계산 후 자동 게시	AI가 참여율이 높은 시간대 분석 → 자동 업로드 스케줄 조정
3. 실시간 참여도 분석	고반응 콘텐츠 탐지	어떤 콘텐츠 유형이 참여율이 높은지 실시간 분석하여 전략 반영
4. 고객 세분화 (세그멘테이션)	머신러닝 기반 고객 그룹 분류	반응 패턴·행동 데이터를 기반으로 고반응 가능 고객군 자동 예측
5. 캠페인 자동 개선	데이터 기반 전략 자동 최적화	참여율·CTR 분석 후 성과 낮은 요소 개선, 성과 높은 요소 강조
6. 정밀 타깃 마케팅 지원	타깃 그룹 예측 및 효율성 강화	소비자 행동 기반 맞춤형 타깃팅 → 광고비 효율 및 전환율 증가
7. 마케팅 생산성 향상	운영 효율 개선 및 자동화	반복 작업 감소 + 데이터 기반 예측분석 강화 → 전체 마케팅 생산성 향상

3. 소셜 미디어를 위한 주요 AI 도구

AI 도구들은 콘텐츠 제작부터 일정 관리, 성과 분석까지 소셜미디어 운영 전 과정을 지원한다. ChatGPT(문구 생성)는 게시물 문구, 광고 카피, 고객 응대 문장을 자동 생성하여 커뮤니케이션 효율을 높인다. Canva AI(디자인 제작)는 브랜드 톤에 맞는 이미지, 썸네일, 템플릿을 자동 제작해 시각적 일관성을 유지한다. Hootsuite와 Buffer는 게시 일정 관리, 참여율 모니터링, 자동 보고 기능을 제공한다. 이러한 AI 도구들은 반복적인 작업을 줄이고 마케팅 운영을 체계화한다. 결국 AI는 소셜미디어 마케팅의 효율성과 정확성을 극대화하는 핵심 기술로 작용한다.

[표 5-3] 소셜미디어용 주요 AI 도구

AI 도구	핵심 기능	설명 / 활용 목적
ChatGPT (문구 생성)	게시글 문구 생성, 광고 카피 작성, 고객 응답 자동화	자연스러운 SNS 글・캡션・DM 답변을 자동 생성하여 커뮤니케이션 시간을 절감하고 품질을 일정하게 유지
Canva AI (디자인 생성)	이미지・썸네일・템플릿 자동 디자인, 브랜드 톤 반영	브랜드 일관성이 유지되는 시각 콘텐츠를 빠르게 제작하여 디자인 생산성을 향상
Hootsuite (스케줄 관리)	자동 게시 예약, 반응 (engagement) 모니터링, 자동 리포트 생성	여러 플랫폼의 게시 일정을 통합 관리하고 실시간 지표를 확인하여 운영 효율성을 높임
Buffer (스케줄・리포트)	게시 스케줄 설정, 참여도 분석, 간단한 성과 보고	단일 대시보드에서 다수 채널의 게시를 관리하고 반응 데이터를 분석하여 개선 방향 제시

4. 소셜미디어 마케팅에서의 AI 실습

한 카페 브랜드 “Cafe Mocha Cloud”는 인스타그램을 통해 신제품인 ‘딸기 크림라떼’를 홍보하려 한다. 하지만 어떤 문구와 이미지가 소비자의 참여를 유도할지 감을 잡지 못하고 있다. 마케팅 담당자는 AI 도구를 활용해 콘텐츠 문구 작성, 이미지 제작, 게시 일정 최적화를 시도하기로 한다. 이를 통해 AI 기반 SNS 마케팅 운영 프로세스를 직접 체험해보는 것이 실습의 목표이다.

프롬프트

“Cafe Mocha Cloud”는 인스타그램을 통해 신세품인 ‘딸기 크림라떼’를 친근하고 트렌디한 어조를 사용하고, 이모티콘 1개를 포함하고, 해시태그 3개를 제안하고 내용을 요약하세요.

● 캡션 내용 요약

> "봄의 달콤함이 가득한 🍓 *딸기 크림라떼*, 이제 카페 모카 클라우드에서 만나보세요!
> 한 모금의 상큼함으로 포근한 순간을 함께하세요 💕
> #CafeMochaCloud #StrawberryCreamLatte #SweetSpringVibes"

📊 **AI 분석 결과**

1. **톤 앤 매너(Tone & Manner):**
   부드럽고 트렌디한 어조로 소비자에게 **감성적인 공감**을 이끌어내는 포스트이다.
   제품의 계절감(봄)과 신선함을 강조하여 **감정적 친밀감**을 형성한다.
2. **이모티콘 활용 효과:**
   🍓 이모티콘은 제품의 상징성을 시각적으로 강조하며, **시즌 한정 제품의 생동감**을 더한다.
3. **해시태그 전략:**
   #CafeMochaCloud (브랜드 인지도), #StrawberryCreamLatte (제품명),
   #SweetSpringVibes (감성 키워드)로 구성되어 **검색 노출과 확산성**을 강화한다.
4. **소비자 반응 예측:**
   감성 중심의 문구와 계절 키워드가 결합되어 **좋아요·공유 등 참여율 상승**이 기대된다.
5. **종합 평가:**
   이 포스트는 브랜드 이미지 제고와 **소비자 감정 공감 유도에 최적화된 AI 기반 마케팅 콘텐츠**로 분석된다.
   특히 "감성 + 시각 + 계절" 요소의 조합이 **소셜미디어 참여도와 브랜드 호감도 향상**에 효과적이다.

[AI 응답 5-1] AI 도구를 활용한 인스타그램 캡션[2)]

2) 인스타그램 캡션은 사진이나 동영상 게시물과 함께 올리는 설명 글로, 게시물의 맥락을 더하거나, 자신의 생각이나 감정을 표현하고, 팔로워와 소통을 유도하는 역할을 한다. 캡션은 게시물을 보충하고, 브랜드 개성을 드러내며, 참여를 유도하는 문구이다.

제2절 AI 기반 소셜 리스닝과 감성 분석

AI 기반 소셜 리스닝(Social Listening)은 소비자들의 온라인 반응을 실시간으로 수집·분석하여 트렌드 변화와 브랜드 인식을 빠르게 파악하는 기술이다. 감성 분석(Sentiment Analysis)은 긍정·부정·중립의 감정을 구분하고, 마케팅 전략에 반영하는 핵심 과정이다. 이를 통해 기업은 소비자 인식 변화, 위기 징후, 캠페인 반응을 정량적으로 측정하고 의사결정에 활용할 수 있다.

1. 소셜 데이터 수집 (Social Data Collection)

AI 검색 도구(예: ChatGPT, Perplexity, Google Trends)를 활용하여 핫이슈, 해시태그, 브랜드 관련 언급을 자동 수집한다. 수집된 데이터는 텍스트, 댓글, 리뷰, 영상 캡션 등 다양한 형식으로 구성되며, 이를 정제(cleaning)하여 분석 가능한 형태로 변환한다. AI는 대용량 데이터 내에서 핵심 키워드, 연관 주제, 감정 변화 패턴을 자동 탐지하여 실시간 트렌드 분석을 가능하게 한다.

[표 5-4] 소셜 데이터 수집

구분	내용
AI 수집 도구	ChatGPT, Perplexity, Google Trends 등으로 인기 이슈・해시태그・브랜드 언급 자동 수집
데이터 유형	텍스트, 댓글, 리뷰, 영상 캡션 등 다양한 형태의 소셜 데이터
데이터 정제 과정	중복 제거, 불필요한 문구 삭제, 분석 가능한 구조로 자동 변환
실시간 트렌드 탐지	핵심 키워드・연관 주제 자동 탐지 및 실시간 업데이트
감정 변화 분석	긍정・부정・중립 감정 패턴 자동 분석
활용 목적	시장 흐름・소비자 반응을 빠르게 파악해 마케팅 전략에 즉시 반영

2. 감정 데이터의 마케팅 활용(마케팅에 감정 데이터 사용)

AI 기반 감성분석은 ChatGPT, 포옹 얼굴, 한국어 BERT와 같은 언어 모델을 활용하여 댓글이나 리뷰의 감정을 긍정·부정·중립으로 자동 분류하는 기술이다. 분석 전에는 텍스트를 정리하고 불필요한 단어를 제거하는 전처리 과정(텍스트 정제, 형태소 분석, 불용어 제거 등)이 이루어진다. AI는 단순한 단어 빈도가 아닌 문맥을 이해하여 감정의 뉘앙스와 의미를 파악한다. 이후 각 댓글에는 감정 점수가 부여되어 브랜드에 대한 전반적 인식과 평판 수준을 수치로 표현한다. AI 시스템은 시간이나 이슈별로 감정 변화를 그래프나 대시보드 형태로 시각화하여 쉽게 확인할 수 있도록 한다.

이를 통해 기업은 캠페인이나 제품별 감정 추세의 변화를 분석하고, 긍정과 부정 요인을 구체적으로 파악할 수 있다. 결과적으로 이러한 분석은 실시간 브랜드 평판 관리와 마케팅 전략 수정에 직접 활용될 수 있다.

[표 5-5] 감성 데이터의 마케팅 활용

구분	내용
AI 수집 도구	ChatGPT, Hugging Face, Korean BERT 등 언어모델 활용
분석 절차(전처리)	텍스트 정제(cleaning), 형태소 분석, 불필요한 단어 제거
감성 분석 방식	단어 빈도뿐 아니라 문맥·뉘앙스를 이해해 긍정·부정·중립 분류
감성 점수 부여	각 댓글·리뷰에 감성 점수(Positive/Neutral/Negative Score) 자동 부여
시각화 (Visualization)	시간대·이슈별 감정 변화를 그래프 및 대시보드로 표현
분석 활용 효과	분석 활용 효과 캠페인·제품별 감정 추세 파악, 긍정/부정 요인 조기 발견
마케팅 활용	실시간 브랜드 평판 관리, 메시지·전략 수정에 즉시 반영

3. 마케팅에서 감성 데이터 사용

AI 분석을 통해 마케터는 소비자의 감정 변화를 실시간으로 파악하고 그에 맞게 콘텐츠와 캠페인 전략을 조정할 수 있다. 감정 데이터는 광고 메시지와 콘텐츠 방향을 세밀하게 수정하여 소비자 정서에 맞춘 마케팅을 가능하게 한다.

긍정 감정이 높은 키워드는 강조하여 참여도와 브랜드 호감도를 강화한다. 반면, 부정 감정이 집중된 영역은 위기관리와 고객 커뮤니케이션 개선의 근거로 활용된다. AI는 이러한 감정 흐름을 지속적으로 추적해 위기 징후를 조기에 감지하고 대응 전략을 수립할 수 있게 한다. 또한, 예측 모델을 통해 고객 충성도, 신뢰도, 재구매 가능성을 추정할 수 있다. 이러한 감정 데이터의 활용은 개인화된 맞춤형 마케팅과 장기적 브랜드 관계 형성으로 이어진다.

[AI활용 사례] AI 기반 감성 분석

한 뷰티 브랜드는 소비자 댓글과 리뷰에 대한 AI 기반 감성 분석을 실시하여, 제품별로 소비자가 느끼는 긍정·부정 감정의 패턴을 파악하였다. 분석 결과, 특정 향수 제품군에서 "기분 좋아지는 향(Feel-good scent)"과 같은 긍정 감성 키워드가 지속적으로 등장하는 것을 발견하였다.

브랜드는 이러한 데이터 인사이트를 기반으로 광고 문구를 재구성하고, 소비자가 공감할 수 있는 감정적 표현을 중심으로 메시지를 강화하였다. 또한 긍정 감정이 높은 제품군을 중심으로 홍보 전략을 재배치하여 콘텐츠 제작 방향도 함께 최적화하였다.

그 결과, 캠페인의 참여율과 클릭률이 크게 증가했으며, 긍정적 감정에 반응한 고객층에서 구매 전환율 상승이 확인되었다. 전반적인 매출 역시 증가하여 감성 분석 결과가 실제 비즈니스 성과로 이어졌다.

이 사례는 AI 감성 데이터 분석이 단순한 텍스트 분석을 넘어서, 소비자 정서를 반영한 정교한 콘텐츠 전략 설계와 매출 성과 개선에 중요한 역할을 할 수 있음을 보여주는 대표적인 사례이다.

4. AI 기반 소셜 리스닝 및 감성 분석 실습

화장품 브랜드 “GlowBea”는 최근 출시한 ‘비건 톤업 크림’에 대한 소비자 반응을 분석하려 한다. 하지만 SNS 댓글과 리뷰가 너무 많아 수작업으로 감정을 분류하기 어려운 상황이다. 마케팅팀은 AI 기반 감성분석(Sentiment Analysis)을 활용해 소비자 의견의 전반적 분위기를 파악하려고 한다. 이를 통해 긍정·부정 의견의 비율을 확인하고, 마케팅 개선 포인트를 도출하는 것이 목표이다.

프롬프트

화장품 브랜드 “GlowBea”는 최근 출시한 ‘비건 톤업 크림’에 대한 최근 인스타그램 댓글 20개 분석하여 식별 자주 언급되는 세 가지 키워드와 마케팅 개선을 위한 하나의 짧은 통찰력을 제공하시오.

[결과 예]

AI 분석 결과 요약 (ChatGPT / Hugging Face 활용 예시)

- **긍정(긍정): 65%** – "자연스러운 마무리", "스키를 밝게 합니다.
- **중립(Neutral): 20%** – 제품 정보 문의, 사용 후기 공유
- **부정(부정): 15%** – "너무 건조함", "길지 않음-l

주요 키워드 (Top 3 Keywords)

1. *"밝은"* – 제품의 즉각적인 톤업 효과 강조
2. *「 내츄럴* – 인공적이지 않은 표현에 긍정적 반응
3. *"Dry"* – 개선 필요 포인트로 반복 언급

마케팅 인사이트 (Insight)

AI 분석 결과, 제품의 톤업 효과는 호평을 받고 있으나 **보습감 개선**이 주요 과제로 나타났다.
따라서 향후 캠페인에서는 "수분 강화형 비건 톤업"이라는 메시지를 강조하면 **긍정 감정 확장**이 기대된다.

학습 포인트 (Learning Focus)

- ChatGPT, Hugging Face를 활용한 **소셜 데이터 감정 분류 실습**
- 감성 점수(Sentiment Score)와 키워드 빈도 분석 방법 학습
- 데이터 기반으로 **제품 피드백 → 마케팅 전략 개선** 연결하는 과정 체험

[AI 응답 5-2] AI 도구를 활용한 감성분석 결과

제3절 AI를 사용하여 콘텐츠 생성 및 관리

AI는 마케팅 콘텐츠의 기획 - 제작 - 관리 - 개선 전 과정을 지원하며, 효율적이고 데이터 기반의 콘텐츠 운영을 가능하게 한다. 특히 ChatGPT, Midjourney, Canva AI, Buffer 등과 같은 도구를 활용하면 문구 작성, 시각 디자인, 게시 일정 관리, 반응 분석을 자동화할 수 있다. 이 절에서는 생성형 AI를 활용하여 맞춤형 콘텐츠를 제작하고 자동 게시 및 성과 개선까지 이어지는 통합형 워크플로우를 학습한다.

1. AI로 콘텐츠 제작하기 (Create Content with AI)

AI는 텍스트, 이미지, 영상 등 다양한 형식의 콘텐츠를 자동 생성하여 마케팅 효율을 크게 향상시킨다. ChatGPT를 활용하면 SNS 게시글 문구, 광고 카피, 해시태그, 고객 응대 댓글 등을 손쉽게 작성할 수 있다.

AI는 브랜드의 톤앤매너(Tone & Manner)를 학습하여 일관된 문체와 디자인을 유지한다. 이러한 기능은 다양한 채널에서 브랜드 정체성을 통일시키는 데 도움을 준다. 또한, AI는 제작 시간을 단축시키고, 인적 자원 소모를 줄여 콘텐츠 생산성을 극대화한다. 결과적으로 마케터는 AI를 통해 기획 - 제작 - 운영이 통합된 효율적인 콘텐츠 관리 시스템을 구축할 수 있다.

[AI활용 사례] 홍보 문구와 **SNS** 게시용 문장을 자동 생성

한 카페 프랜차이즈는 계절 한정 메뉴를 홍보하기 위해 AI 기반 콘텐츠 제작 도구를 적극적으로 활용하였다. 먼저 ChatGPT를 사용해 시즌 음료에 어울리는 홍보 문구와 SNS 게시용 문장을 자동 생성하여, 매장마다 달랐던 글쓰기 스타일을 브랜드 톤에 맞춰 통일했다. 이후 Canva AI를 이용해 해당 문구에 맞는 이미지 포스터와 홍보용 시각 콘텐츠를 제작했다. Canva AI의 템플릿 자동 생성 기능을 활용해 다양한 디자인 시안을 빠르게 만들었고, 이를 기반으로 브랜드 색상과 이미지 스타일을 일관성 있게 유지할 수 있었다.

최종 제작된 콘텐츠는 인스타그램과 블로그 등 소셜미디어 플랫폼에 즉시 업로드되었으며, 이를 통해 브랜드 비주얼 일관성 강화와 콘텐츠 완성도 향상이라는 효과를 동시에 얻을 수 있었다. 무엇보다 AI 도구를 활용한 결과, 기존 수작업 대비 전체 제작 시간이 약 70% 단축되면서 디자인·문구 작성 과정의 효율성이 크게 향상되었다. 이 사례는 AI 도구를 조합하여 활용하면 소셜 콘텐츠 제작 프로세스를 체계적이고 빠르게 개선할 수 있음을 보여주는 대표적인 실무적 예시이다.

2. 자동으로 게시물 계획 및 예약

AI는 과거 참여율 데이터를 분석해 게시물의 최적 시간대, 적정 게시 빈도, 적합한 플랫폼을 자동으로 산출한다. Buffer나 Hootsuite와 같은 도구를 활용하면 Instagram, YouTube, TikTok 등 여러 플랫폼에 콘텐츠를 자동 업로드할 수 있다.

AI는 사용자 활동이 증가하는 시간대를 예측하여 가장 높은 노출·반응이 기대되는 시간에 자동 스케줄링한다. 게시가 완료되면 좋아요·댓글·공유 같은 반응 데이터를 실시간으로 수집한다. 이 데이터를 기반으로 노출수, 참여율, 클릭률 등 주요 KPI(핵심성과지표)를 자동 계산한다. 분석 결과는 대시보드 형태로 시각화되어 운영자가 즉시 성과를 확인할 수 있다. 결과적으로 AI는 게시 - 분석 - 보고의 전 과정을 자동화하여 운영 효율성과 마케팅 성과를 동시에 향상시킨다.

한 뷰티 브랜드 예시에서 AI 분석을 통해 오후 7~9시 활동량이 가장 높음을 확인했다. 이를 바탕으로 모든 게시물을 해당 시간에 집중 업로드하여 참여율이 약 1.6배 증가했다. 또한, 자동 예약 기능 덕분에 마케터의 작업 시간이 60% 이상 절감되었다. 이 사례는 AI 기반 시간 분석과 자동 스케줄링이 실적 개선에 직접적인 영향을 주었다고 할 수 있다.

3. 콘텐츠 테스트 및 개선

AI는 A/B 테스트[3])를 통해 반응이 높은 콘텐츠를 분석하고, 데이터 기반의 개선 방향을 제시한다. 두 가지 버전의 게시물(문구, 이미지, 게시 시간)을 운영하여 참여율(Engagement Rate)과 클릭률(CTR)을 비교 분석하여 이 과정을 통해 어떤 요소가 더 효과적인지 객관적으로 평가할 수 있다.

한편, ChatGPT나 구글 애널리틱스 API를 연동하면 테스트 결과를 수치화하여 문체, 이미지 스타일, 구성요소 등 효과적 요인을 도출할 수 있다. AI는 실시간으로 결과를 학습하며 콘텐츠 성과에 영향을 미치는 변수를 파악할 수 있다. 이후 학습된 데이터를 바탕으로 문구 추천, 색상 톤, 게시 주기 등을 자동 조정한다.

[AI활용 사례] 지역 소상공인의 **AI** 기반 **A/B** 테스트 활용으로 **SNS** 참여율 제고

지역에서 디저트 카페를 운영하는 한 소상공인은 SNS 홍보 효과가 일정하지 않아 고민하고 있었다. 특히 게시 시간에 따라 "좋아요"와 댓글 수가 크게 달라지는 점을 확인하고, AI를 활용한 A/B 테스트 방식으로 '최적 게시 시간'을 찾아보기로 결정하였다. AI는 과거 3개월간의 인스타그램 참여 데이터를 분석해 A안(오후 3시)과 B안(오후 7시) 두 가지 시간대를 추천했다.

소상공인은 이를 토대로 동일한 콘텐츠를 두 시간대에 나누어 게시하여 A/B 테스트를 진행했다. 실험 결과, B안(오후 7시) 게시물이 A안 대비 댓글 1.7배, 저장 수 1.4배, 전체 참여율 약 1.6배 높은 결과를 보였다. AI가 분석한 것처럼, 저녁 시간대는 퇴근 후 고객의 휴식·SNS 이용 시간이 집중되는 구간이었기 때문이다. 이 데이터를 기반으로 소상공인은 모든 신메뉴·이벤트 콘텐츠를 오후 7시에 맞춰 업로드하는 방식으로 전략을 재정비하였다.

그 결과, 팔로워 증가 속도가 빨라지고, SNS에서 유입된 실제 매장 방문객도 눈에 띄게 증가하였다. 이 사례는 소상공인도 AI 기반 A/B 테스트를 활용해 '가장 효과적인 게시 시간'을 객관적으로 찾아낼 수 있으며, 이를 통해 SNS 반응률과 실제 매출까지 크게 개선할 수 있음을 보여주는 실무 중심의 사례이다.

---

3) AI 기반 A/B 테스트는 과거 데이터를 분석해 두 가지 버전(A안·B안)의 콘텐츠 차이를 자동으로 설계하고 테스트한다. 테스트 결과를 기반으로 어떤 제목·이미지·게시 시간·타깃이 더 높은 성과를 내는지 정밀하게 비교한다. 이를 통해 마케터는 가장 효과적인 요소만 선택해 콘텐츠 성과와 마케팅 효율을 빠르게 향상시킬 수 있다.

4. AI를 사용하여 콘텐츠 생성 및 관리 실습

지역에서 작은 디저트 카페를 운영하는 B 사장님은 직접 홍보 콘텐츠를 만드는 데 많은 시간과 비용이 들었다. 신메뉴 출시 시즌마다 포스터 디자인과 SNS 문구 작성이 어려워 홍보 타이밍을 놓치는 경우도 많았다. 이를 해결하기 위해 ChatGPT로 홍보 문구를 만들고, Canva AI로 포스터 디자인을 생성해보기로 결정했다. 제작된 콘텐츠는 Buffer를 활용해 SNS에 자동 업로드하여 운영 효율을 높이는데 목표를 둔다.

프롬프트

"우리 카페의 신메뉴 '바닐라 마시멜로 라떼'를 SNS 홍보용으로 소개하는 문구를 만들어줘. 톤은 따뜻하고 감성적인 분위기로 작성하고, 고객이 관심을 가질 만한 특징 3개를 포함해줘. 마지막에 해시태그 5개도 추천해줘."

📌 ChatGPT가 생성한 SNS 문구 예시

"따뜻한 겨울 향기가 담긴 *바닐라 마시멜로 라떼*가 새롭게 출시됐어요
부드러운 바닐라 향, 촉촉하게 녹는 마시멜로, 그리고 따뜻한 달콤함까지 한 컵에 담았습니다.
오늘 하루를 포근하게 감싸줄 작은 휴식을 맛보세요."

#디저트카페 #신메뉴 #바닐라마시멜로라떼 #겨울라떼 #카페추천

[Canva AI를 활용한 이미지 제작 시나리오]

- AI에 "따뜻하고 감성적인 겨울 카페 분위기, 바닐라 마시멜로 라떼를 강조한 포스터 디자인" 요청
- 브랜드 컬러에 맞춘 템플릿 자동 생성
- 소상공인의 디자인 능력과 상관없이 일관된 비주얼 콘텐츠 확보

[Buffer를 활용한 자동 업로드 결과]

- AI 분석 결과 **오후 7시**가 고객 반응이 가장 높은 시간대로 나타남
- Buffer에 게시물 예약 → 자동 업로드 실행
- 노출수 + 참여율(좋아요·댓글·저장)이 평소 대비 **1.4배 증가**

[종합 분석 결과]

1. 기존 수작업 대비 콘텐츠 제작 시간이 약 **65% 절감됨**
2. ChatGPT + Canva AI 조합으로 문구·디자인의 **브랜드 일관성 향상**
3. 자동 업로드 기능으로 홍보 타이밍을 놓치지 않음
4. 결과적으로 게시물 참여율 향상 → **SNS에서의 매장 방문 유입 증가**

[AI 응답 5-3] AI 도구를 활용한 SNS 문구

제4절 성능 측정 및 AI 최적화

소셜미디어 마케팅의 성공은 단순한 게시 횟수가 아닌 성과 지표(KPI)와 데이터 분석 결과로 평가된다. AI는 이러한 데이터를 실시간으로 분석하여 성과를 시각화하고, 개선 방향을 자동 제안함으로써 마케팅 효율을 극대화한다. 이 절에서는 핵심 지표 정의부터 대시보드 분석, AI 기반 전략 최적화까지의 과정을 학습한다.

1. 주요 소셜 KPI 및 지표 정의

AI 기반 소셜미디어 분석의 첫 단계는 측정 가능한 핵심 성과지표(KPI)를 명확하게 설정하는 것이다. 대표적인 지표 중 하나인 Engagement(참여도)는 좋아요, 댓글, 공유 수 등을 통해 콘텐츠에 대해 사용자가 얼마나 적극적으로 반응하는지를 보여주는 핵심 척도이다. 또한, 클릭률(CTR)은 게시물이 이용자의 관심을 얼마나 끌어 웹사이트나 랜딩페이지로 트래픽을 유도하는지를 평가하는데 활용된다.

더 나아가 전환율(Conversion Rate)은 클릭 이후 구매, 구독, 다운로드 등 실제 행동으로 이어진 비율을 의미하며, 마케팅 성과의 질을 판단하는 중요한 기준이 된다.

이러한 개별 지표들은 단순 숫자로 확인하는 것보다, 서로의 관계 속에서 캠페인 성과 흐름을 시각적으로 파악하는 종합 분석 과정이 필요하다. AI는 다양한 KPI 간의 상관관계를 분석하여 어떤 요소가 성과를 높였는지, 또는 어떤 부분이 개선되어야 하는지를 자동으로 도출한다. 결과적으로 AI 기반 KPI 분석은 마케터가 데이터 중심의 의사결정을 내리고 지속적으로 성과를 향상시키는 데 큰 도움을 주는 핵심 도구가 된다.

2. AI 기반 분석 대시보드

AI 기반 성과 분석 대시보드는 소셜미디어 마케팅의 핵심 데이터를 시각적으로 통합 관리할 수 있는 분석 도구이다. 구글 애널리틱스와 Looker 스튜디오를 활용하면 도달률(Reach), 클릭률(CTR), 전환율(Conversion Rate) 등 주요 지표를 실시간으로 모니터링할 수 있다.

AI는 각 플랫폼(인스타그램, 유튜브, 틱톡 등)에서 수집된 데이터를 자동으로 연동·갱신하여 캠페인별 성과 변화를 즉시 파악할 수 있게 한다. 이 과정에서 AI는 참여율, 유입 경로, 반응 패턴 등을 분석해 어떤 콘텐츠가 가장 높은 효과를 보이는지 진단한다. 또한, 머신러닝 기반 분석을 통해 지표 간의 상관관계를 파악하고, 성과를 향상시킬 수 있는 인사이트를 제공한다.

대시보드는 이를 그래프, 표, 지수 형태로 시각화하여 성과 흐름을 명확하게 표현한다. 마케터는 이 데이터를 통해 성과가 높은 채널을 우선 관리하고, 반응이 낮은 영역의 개선 방안을 수립할 수 있다. AI는 주기적으로 데이터를 학습하며 성과 예측 및 자동 리포트 기능을 제공한다. 이를 통해 수작업 보고서 작성이 줄어들고, 데이터 기반 의사결정 속도와 정확도가 향상된다. 결과적으로 AI 기반 대시보드는 마케팅 성과 측정, 시각화, 전략 개선을 통합적으로 지원하는 핵심 분석 플랫폼으로 활용된다.

[AI활용 사례] AI기반 대시보드

Google Analytics와 Looker Studio는 AI 기술을 기반으로 데이터를 자동 분석하고, 마케터가 한눈에 이해할 수 있도록 시각화된 대시보드를 제공한다.이 대시보드는 수많은 데이터 중 의미 있는 인사이트만 자동으로 추출해 보여주는 기능을 갖고 있어 정교한 데이터 분석 역량이 없는 사용자도 쉽게 활용할 수 있다.

먼저, Google Analytics의 AI 기능은 웹사이트 방문자 수, 페이지 체류 시간, 이탈률, 유입 채널 등 주요 지표를 자동으로 분류하고 분석한다. 특히 AI 기반 'Insights(인사이트)' 기능은 데이터 패턴을 스스로 탐지하여 갑작스러운 트래픽 변화, 특정 캠페인의 성과 급등·급락과 같은 이상징후를 자동으로 알려준다. 또한 AI는 사용자 세그먼트 간 행동 차이를 자동 비교하여 예를 들어 "신규 방문자는 모바일에서 주로 방문하며, 이탈률이 높다" 또는 "재구매 고객은 특정 시간대에 구매 전환율이 높다"와 같은 구체적이고 액션 가능한 분석 결과를 제시한다.

이러한 AI 기반 대시보드를 활용하면 마케터는 복잡한 데이터를 해석하는 시간을 절감하고, 중요한 변화나 기회를 놓치지 않고 의사결정에 반영할 수 있다. 결국 구글의 AI 분석 대시보드는 성과 추적·문제 탐지·전략 최적화를 자동화하는 핵심 도구로서 CRM, 이메일, SNS 마케팅 전반에서 폭넓게 활용된다.

3. AI를 활용한 지속적인 개선

AI는 과거 캠페인 데이터를 기반으로 자동 최적화 전략을 제시하여 지속적인 개선을 가능하게 한다. 먼저, 패턴 분석을 통해 높은 성과를 보인 시간대, 문구, 이미지 유형을 식별한다. 이후 학습된 데이터를 활용해 문구 수정, 색상 조정, 업로드 주기 등 구체적인 전략을 제안할 수 있다.

AI는 실시간으로 성과 데이터를 모니터링하며 반응이 낮은 요소를 자동 인식한다. 이 정보를 바탕으로 반복 학습(Iterative Learning)을 수행하여 콘텐츠 품질을 점진적으로 향상시킨다. AI는 개선 결과를 시각화하여 성과 변화를 정량적으로 평가하고, 최적화 방향을 자동 반영한다. 결과적으로 이러한 과정은 데이터 기반의 지속적 마케팅 개선과 효율적 운영 체계 구축으로 이어진다.

[표 5-6] AI를 활용한 지속적인 개선

구분	내용
기능 개요	AI가 과거 캠페인 데이터를 학습하여 지속적인 최적화 전략을 자동으로 제안함
패턴 분석	시간대별 성과, 문구 스타일, 이미지 유형 등 고성과 요소를 자동 식별
전략 제안	텍스트 수정, 색상 조정, 업로드 주기 등 구체적 개선 방향 제시
실시간 모니터링	반응률·참여율 등 성과 데이터를 실시간 모니터링하여 저성과 요소 자동 감지
반복 학습 (Iterative Learning)	반복 데이터 학습을 통해 개선 효과를 누적시키고 콘텐츠 품질을 점진적으로 향상
성과 시각화	성과 변화를 그래프·지표로 시각화하여 개선 결과를 명확하게 확인
자동 최적화 반영	분석 결과를 콘텐츠 전략에 자동 적용해 운영 시스템을 효율적으로 관리
최종 효과	데이터 기반 의사결정 강화, 지속적 성과 향상, 운영 자동화 체계 구축

4. AI 성능 측정 및 AI 최적화 실습

뷰티 브랜드 "LumiSkin"은 최근 진행한 인스타그램 광고 캠페인의 성과를 평가하려 한다. AI 기반 분석도구(Google Analytics, Looker Studio)를 활용해 좋아요, 댓글, 클릭률(CTR), 전환율(Conversion Rate)을 측정한다. 마케팅팀은 이를 통해 성과가 높은 게시물과 개선이 필요한 게시물을 식별하려 한다. 또한, AI의 추천 기능을 이용해 향후 캠페인 최적화 전략을 도출하는 것이 목표이다.

프롬프트

당신은 뷰티 브랜드 루미스킨(LumiSkin)의 디지털 마케팅 분석가이다. Google Analytics 또는 Looker Studio의 데이터를 활용해 최근 인스타그램 캠페인의 성과를 평가하세요. 좋아요, 댓글, 클릭률(CTR), 전환율(Conversion Rate) 등 핵심 성과 지표(KPI)를 제시하고, AI가 향후 캠페인의 콘텐츠 개선 또는 게시 시간 최적화를 어떻게 제안할 수 있는지 설명하세요.

**[AI 기반 인스타그램 캠페인 성과 분석 예시]

역할: LumiSkin 디지털 마케팅 애널리스트**

1. 핵심 성과지표(KPI) 분석

KPI 항목	측정값(예시)	해석
Likes(좋아요)	5,240회	이전 캠페인 대비 +18%, 비주얼 콘텐츠 선호도 증가
Comments(댓글)	642건	고객 의견·질문 증가 → 제품 관심도 상승
CTR(클릭률)	3.8%	업계 평균(약 1.5%) 대비 높음 → 썸네일·문구 효과적
Conversion Rate(전환율)	2.4%	랜딩페이지 이동 후 구매·기프트 세트 신청 증가

Google Analytics & Looker Studio 데이터에 따르면,
캠페인 유입의 67%가 **Instagram Reels**에서 발생했으며
가장 높은 반응이 기록된 시간은 오후 **7:00–9:00**였다.

Google Analytics & Looker Studio 데이터에 따르면,
캠페인 유입의 67%가 **Instagram Reels**에서 발생했으며
가장 높은 반응이 기록된 시간은 오후 **7:00–9:00**였다.

2. AI 분석 및 인사이트(Insights)

AI가 발견한 패턴

- *고반응 이미지*: "피부 결 개선 Before/After 이미지" 콘텐츠에서 참여율 1.6배 상승
- *고반응 문구 스타일*: "고민 해결"형 문구(예: **#모공관리 #트러블완화**) 사용 시 클릭률 증가
- *고반응 시간대*: 주중 **오후 8시**, 주말 **오후 10시** 참여율 최고

3. AI 추천 전략 (콘텐츠 및 시간 최적화)

(1) 콘텐츠 개선 제안

- "고민 해결형 키워드" 강화
- Before/After 이미지의 통일된 톤 & 컬러 유지
- CTA(Call to Action) 명확하게 변경
  - 기존: "더 알아보기"

4. 결론 및 다음 캠페인 방향

AI 분석 결과, LumiSkin의 인스타그램 캠페인은 **이미지 타입·문구 스타일·게시 시간대**에 따라 성과 차이가 매우 크게 나타났다.
향후 캠페인은

1. 고효율 이미지 사용,
2. 주요 시간대 집중 업로드,
3. AI 기반 A/B 테스트 실행,
4. 개인화된 CTA 적용

전략을 기반으로 운영하는 것이 가장 효과적인 것으로 분석된다.

[AI 응답 5-4] AI 기반 인스타그램 캠페인 성과 분석

AI Note

제6장 디지털 광고와 AI 자동최적화 (이서령)

제1절 디지털 광고의 기본 개념

1. 디지털 광고의 이해

디지털 광고는 인터넷을 기반으로 하는 모든 형태의 광고를 의미한다. 전통적인 오프라인 광고와 달리 실시간 데이터 추적, 정밀한 타겟팅, 즉각적인 성과 측정이 가능하다는 특징이 있다.

디지털 광고는 데이터가 의사결정을 주도한다는 점에서 전통 광고와 본질적으로 다르다. 캠페인은 사용자의 노출(Imp)과 클릭, 전환(Conversion)이라는 일련의 이벤트 스트림으로 관측되며, 각 단계의 효율을 지효화해 병목을 찾아내고 빠르게 수정한다. 성공적인 마케팅팀은 '브랜드 → 수요창출 → 전환 → 최적화 → 유지/재구매'의 풀 퍼널을 한 장의 대시보드로 연결해 예산의 흐름과 가치의 흐름을 일치시킨다. 핵심 질문은 세 가지다 (1) 누구에게(타깃) (2) 무엇을(크리에이티브와 제안), (3) 언제/어디서(매체/지면/타이밍) 보여줄 것인가. AI 자동화는 이 세 축을 실시간으로 재배열하며, 사람의 개입은 "목표설정과 가드레일"에 집중된다. 디지털 광고의 주요 유형으로는 크게 다음과 같은 다섯 가지를 제시할 수 있다.

[표 6-1] 디지털 광고의 주요 유형

주요 유형	내용
검색 광고(SEM)	사용자의 검색 의도에 맞춰 노출되는 광고

디스플레이 광고	배너, 이미지, 동영상 형태의 시각적 광고
소셜 미디어 광고	SNS 플랫폼을 활용한 광고
네이티브 광고	콘텐츠와 자연스럽게 융합된 광고
동영상 광고	YouTube 등 동영상 플랫폼의 광고

성과 측정을 위한 핵심 단위로는 다음과 같은 지표를 사용한다.

[표 6-2] 디지털 광고의 성과측정 단위

단위	설명
CPM (Cost Per Mille)	1,000회 노출 당 비용
CPC (Cost Per Click)	클릭당 비용
CPA (Cost Per Action)	전환당 비용(CPA)
CTR (Click Through Rate)	클릭률
CVR (Conversion Rate)	전환율(CVR)

2. AI활용 광고 캠페인 기획 방안

1) 시장 및 타겟 분석 자동화

AI 데이터 분석 도구를 통해 고객 세그먼트(나이, 성별, 지역, 관심사 등)를 자동 분류해 낼 수 있다. 특히 검색어 트렌드, SNS 반응, 구매 이력 등을 분석해 잠재 고객 인사이트를 도출해 냄으로써 훌륭한 마케팅 전략을 도출해 낼 수 있다. 대표적으로 활용할 수 있는 도구로 ChatGPT, Google Analytics, Meta AI Audience Insights 등을 들 수 있다.

2) 캠페인 전략 수립 지원

AI 예측 모델을 활용해 광고비 대비 매출(ROAS), 전환율 등을 사전에 예측해 낼 수 있다. 머신러닝 기반 예산 배분 최적화 및 매체 믹스 추천 자동화 등의 결과를 도출해 낼 수 있다. 주요 도구로는 Google Ads Smart Bidding, Meta Advantage+, Pmax 캠페인 등을 들 수 있다.

3) 크리에이티브 콘텐츠 생성

AI로 광고 문안, 이미지, 영상, 카피 문구를 빠르게 제작하고 테스트까지 할 수 있다. 특히, 생성형 AI를 활용해 여러 버전의 콘텐츠를 제작 후 A/B 테스트를 자동화시킬 수도 있다. 주요 도구로는 ChatGPT(카피 라이팅), Midjourney(이미지), Synthesia(영상) 등을 들 수 있다.

4) 실시간 성과 분석 및 자동 최적화

AI를 통해 실시간으로 데이터를 분석하고, 성과가 낮은 광고는 자동 중단시키는 등 효율적인 광고에 집중할 수 있다. 전환율, 클릭률(CTR), CPA 등을 기반으로 자동 입찰 및 타겟 조정 수행이 가능하다. 주요 도구로는 Google Ads AI Optimizer, Meta AI Learning System 등을 들 수 있다.

5) 개인화 마케팅 및 고객 여정 관리

AI 추천 엔진으로 관심사 기반 제품을 제안하는 등 고객별 맞춤형 광고를 제공할 수 있다. 챗봇과 AI 상담시스템으로 구매 여정 중 실시간 피드백과 전환을 유도해 낼 수 있다. 주요 도구로는 ChatGPT 기반 고객 상담, 추천 알고리즘(Amazon, Naver Shopping) 등을 들 수 있다.

3. 효과적인 광고 캠페인 기획을 위한 프롬프트 실습

화장품 회사 과장인 A씨는 프리미엄 스킨케어 제품의 시장 론칭 과업을 맡게 되었다. 이에 따른 광고 기획 중 가장 중요한 랜딩 페이지를 어떻게 제작할 것인지 고민하게 되었고, 챗 GTP의 도움을 받기로 하였다.

프롬프트

광고를 클릭한 고객이 도착할 랜딩 페이지 구조를 설계해 주세요. 랜딩 페이지에는 다음 요소들을 포함해 주세요. 그리고 페이지는 모바일 우선으로 설계하고, 스크롤 3회 이내에 주요 정보가 모두 전달되도록 해주세요.

1) 페이지 섹션별 구성 (히어로, 혜택, 후기, CTA 등)
2) 각 섹션의 카피 예시
3) 전환율을 높이기 위한 UX 요소
4) 신뢰도를 높이는 콘텐츠 요소

1) 페이지 섹션별 구성

① 히어로 섹션 (스크롤 0~0.5)

- **목적:** 첫 3초 안에 "무엇을 제공하는지"와 "왜 나에게 필요한지"를 명확히 전달.
- **구성 요소:**
  - 브랜드 로고(좌측 상단)
  - 강력한 헤드라인
  - 서브헤드라인 (구체적 혜택/문제 해결 포인트)
  - 주요 CTA 버튼 (예: "무료 체험하기")
  - 백그라운드: 단순하고 직관적인 이미지나 제품 사용 장면

카피 예시:

헤드라인: "3분 만에 당신의 시간을 절약하세요."
서브헤드라인: "AI가 대신 정리하는 업무 도우미 — 하루 1시간을 돌려드립니다."
CTA: "지금 무료로 시작하기 →"

② 혜택 섹션 (스크롤 1)

- **목적:** 사용자 입장에서 '왜 필요한지'를 시각적으로 설명.
- **구성 요소:**
  - 3가지 핵심 혜택를 아이콘 + 짧은 문장으로 나열
  - 각 혜택은 '결과 중심'으로 표현

카피 예시:

- "⏰ 업무 시간 30% 단축"

④ 최종 CTA 섹션 (스크롤 2.5~3)

- 목적: 사용자의 행동 유도(가입, 구매, 문의 등)
- 구성 요소:
    - 한 줄 요약 + CTA 버튼
    - 보조 CTA: 카카오톡 문의 / 전화 / 이메일 등
    - 약간의 긴박감 유도 문구 ("오늘만 무료 체험 제공")

📍 카피 예시:

> "지금 시작하면, 내일 더 가벼워집니다."
> **[무료 체험 시작하기]**

💡 UX 포인트:

- CTA 버튼은 상단, 중간, 하단 모두 배치 (스크롤 어느 위치에서도 클릭 가능)
- "Floating CTA" 버튼 사용 시 모바일 전환율 상승

💎 2) 전환율을 높이는 UX 요소

요소	설명
Sticky CTA 버튼	화면 하단에 항상 노출되어 즉시 행동 가능
짧은 입력 폼	이름 + 이메일 정도만 (가입 장벽 최소화)
시각적 대비 CTA	브랜드 컬러와 대비되는 버튼 색상 사용
로딩 속도 최적화	이미지 용량 축소, 첫 화면 2초 이내 로드
마이크로 인터랙션	버튼 클릭, 후기 슬라이드 전환 등 작지만 자연스러운 애니메이션

🧩 3) 신뢰도를 높이는 콘텐츠 요소

- 🔲 고객 후기 실명 및 직업 표기
- 🏆 언론 보도 / 수상 내역
- 💼 파트너사 / 고객사 로고
- 🔒 보안 인증 / 결제 안전 문구
- 👥 "이미 10,000명이 선택했습니다" 등의 사회적 증거
- 📞 실시간 상담 or 카카오 상담 배너

[AI 응답 6-1] 랜딩페이지 구조설계 사례

이상과 같이 ChatGPT를 활용하여 모바일 우선으로 설계한 광고 랜딩 페이지 구조가 도출하였다. 광고 클릭 후 스크롤 3회 이내(약 3~4개 섹션, 약 6~8초 내 핵심 정보 인지 가능)로 핵심 메시지와 전환 포인트를 전달하면서, 신뢰와 설득을 동시에 확보하는 것을 목표로 잘 정리된 것으로 평가된다. 나아가 이러한 구조를 시각적 와이어 프레임 형태(모바일 뷰)로도 도움을 받을 수 있다.

제2절 광고 플랫폼 전략

1. 광고 플랫폼의 진화와 특징

구글은 검색 기반 전환율이 높고, 메타는 관심사 타겟팅에 강하다. 네이버·카카오는 한국 시장 특화, 틱톡은 Z세대 도달력이 강하다. 플랫폼별 전략적 선택은 광고 성과 극대화의 출발점이 된다.

[표 6-3] 광고 플랫폼의 종류와 특징

광고 플랫폼 의 종류	특징
검색광고	키워드 전략, CPC 기반 경쟁 구조
디스플레이 광고	리타게팅, 배너 디자인 최적화
SNS 광고	인플루언서 협업, 관심사 기반 타겟팅
동영상 광고	콘텐츠 몰입도, 스킵형/논스킵형 전략
플랫폼 믹스	예산 배분 및 매체 간 시너지

2. 주요 광고 플랫폼의 특성

각 디지털 광고 플랫폼은 고유한 사용자층, 광고 형식, 과금 방식을 가지고 있다. 효과적인 마케팅을 위해서는 각 플랫폼의 특성을 이해하고 비즈니스 목표에 맞는 플랫폼을 선택해야 한다. 다음은 주요 광고 플랫폼과 각각의 주요 특성을 정리한 내용이다.

[표 6-4] 주요 광고 플랫폼의 특성

광고 플랫폼	Google Ads	Meta Ads	YouTube Ads	네이버 검색광고
주요 기능	검색/디스플레이	Instagram	콘텐츠 시점에	GFA(Glad for

			리얼타임 노출	Ads): 찾기 전에 도달하는 광고
핵심 전략	검색 의도가 명확한 고객에게 도달	시각적 콘텐츠 중심	동영상 콘텐츠로 깊은 메시지 전달	국내 시장에 최적화
타겟팅	키워드 중심의 타겟팅	인구통계학적 타겟팅에 강점	연령대별 세분화된 타겟팅	로컬 검색 의도에 강력
강점	높은 구매 의도, 상대적으로 높은 CPC	브랜드 인지도 구축과 커뮤니티 형성에 효과적	브랜딩과 교육 콘텐츠에 적합	쇼핑 검색과 통합된 전환 경로

최근에는 위 네가지 플랫폼들이 각각 지니고 있는 장점을 혼합하여 활용하는 크로스 플랫폼 전략이 떠오르고 있다. 단일 플랫폼보다는 고객 여정(Customer Journey)에 따라 여러 플랫폼을 조합하는 것이 효과적이다. 인지 단계에서는 YouTube/Instagram, 고려 단계에서는 Facebook, 구매 단계에서는 Google 검색광고를 활용하는 식이다.

3. AI활용 주요 광고 플랫폼 활용 방안

1) Google Ads

AI 자동 입찰 전략을 활용하는데 가장 많이 활용되고 있다. 전환당 비용(CPA), 광고수익률(ROAS) 목표를 AI가 자동으로 최적화하는데 “Target ROAS”, “Maximize Conversions” 전략을 활용할 수 있다. 또한, 퍼포먼스 맥스(Performance Max) 캠페인을 통하여 유튜브, 검색, 디스플레이, Gmail 등을 AI가 통합 분석하여 최적 채널을 자동 배분해 주는 기능도 활용할 수 있다. AI가 시기별 전환 가능성을 예측해 예산을 동적으로 조정하는 기능도 빼놓을 수 없는 기능이다.

2) Meta Ads (Facebook / Instagram)

이미지·영상·카피를 자동 조합하여 가장 높은 반응 조합을 탐색하는 AI 크리에이티브 매칭 기능, AI가 구매자 데이터 기반으로 유사 고객군을 자동 확장하는 룩얼라이크 타겟팅 강화 기능, 광고 세트별 실시간 성과를 AI가 분석해 예산을 자동으로 재배분하는 캠페인 예산 최적화(CBO) 등의 방안을 활용할 수 있다.

3) Naver Ads

광고 그룹별 클릭률·전환율 데이터를 기반으로 AI 추천 키워드 및 문안을 생성시킬 수 있으며, AI가 시간대·디바이스·지역별 클릭 패턴을 학습해 입찰가 실시간 조정 등 자동 입찰 최적화를 도입할 수도 있고, 쇼핑·콘텐츠·검색 데이터를 통합 분석해 맞춤형 광고를 노출시키는 스마트채널 연동 분석 방식을 도입할 수도 있다.

4) 통합 운영 전략

MMP, GA4, AppsFlyer 등의 도구를 사용하여 플랫폼별 성과를 통합하여 시각화 및 비교기능을 도출해 냄으로써 멀티플랫폼 데이터 통합 분석을 해낼 수 있다. AI가 고객 여정과 구매 가능성을 예측하여 광고 노출 순서 및 빈도를 조절하는 등의 예측 마케팅 (Predictive Marketing)을 해낼 수 있는 기능도 빠뜨릴 수 없으며, 카피·이미지·CTA를 자동으로 교차 테스트(A/B 테스트 자동화)해 ROI를 향상시킬 수 있는 전략도 구사할 수 있다.

4. 최적의 플랫폼을 선택하기 위한 실습

이러닝 전문회사인 E사는 블록체인 비즈니스와 관련된 온라인 강의 프로그램을 개발하였다. 주요 마케팅 요소는 B2C, 객단가 30만 원, 25-40세의 인구가 타겟이다. 이와 관련하여 적절한 광고 플랫폼을 찾고자 하여 ChatGPT의 도움을 받고자 한다.

프롬프트

블록체인 비즈니스 온라인 강의 프로그램(B2C, 객단가 30만원, 타겟: 25-40세)에 가장 적합한 주력 플랫폼 1개와 보조 플랫폼 2개를 추천해 주고, 예산 분배 비율, 플랫폼에서 사용할 광고 형식, 예상 CAC (고객획득비용)와 목표 ROAS를 제시해 주세요.

☑ 추천 플랫폼 구성

1. 주력 플랫폼: YouTube + Google Search

- 한국에서 유튜브(및 구글 검색)를 통한 영상/검색 접점이 매우 넓습니다. 예컨대 한국 내 유튜브 광고 도달 가능 인구가 전체 인구의 약 84% 수준이라는 자료가 있습니다. DataReportal +2
- 검색을 통해 "블록체인 강의", "암호화폐 입문", "디지털 자산 교육" 등 **의도(Intention)**가 있는 사용자에게 리치할 수 있어 전환 가능성이 높습니다.
- 영상 콘텐츠와 검색 랜딩을 결합하면 '인지 → 관심 → 등록' 흐름을 자연스럽게 만들 수 있습니다.
- 다만 암호화폐/블록체인 관련 광고는 플랫폼 정책상 주의가 필요하므로 "교육/학습 목적"임을 명확히 해야 합니다. 구글의 암호화폐/관련 제품 광고 정책 참고: DataReportal +1

2. 보조 플랫폼 1: Instagram (Meta Ads)

- 한국에서 Instagram 이용자 중 25-34세 연령층이 가장 많은 사용자군이라는 데이터가 있습니다. NapoleonCat +1
- 시각·스토리·리얼스 기반 콘텐츠가 온라인 강의의 "흥미유발" 및 "브랜드 인지도 강화" 단계에서 매우 유리합니다.
- 타겟 연령(25-40세)에 적합하며, SNS 기반 관심 유도 및 리마케팅 채널로 활용 가능성이 높습니다.

3. 보조 플랫폼 2: Naver Search Ads (예: 파워링크)

- 한국 검색엔진 시장에서 Naver의 점유율이 여전히 높습니다. 예컨대 최근 통계에서 Naver가 약 40%대 이상 검색 점유율을 갖고 있다는 자료가 있습니다. NapoleonCat
- 특히 "블록체인 강좌", "암호화폐 입문 강의" 등 키워드 검색 시 상단 노출을 통해 **의도가 있는 사용자 확보**에 강점이 있습니다.
- 검색 광고 → 랜딩 페이지 유입 → 등록까지의 흐름이 비교적 명확하며 전환 최적화가 비교적 쉬운 케이스입니다.

[중략]

[AI 응답 6-2] 최적의 플랫폼 선택 사례

제3절 자동 입찰 시스템 및 키워드 자동화

1. AI 기반 입찰 전략

자동 입찰(Automated Bidding)은 머신러닝 알고리즘이 실시간으로 입찰가를 조정하여 광고주의 목표(전환 최대화, 목표 ROAS 달성 등)를 달성하는 시스템이다. 따라서 목표 중심 전략과 노출 중심 전략으로 구성되어 있다.

목표 중심 전략은 예산 내에서 최대한 많은 전환을 획득하는 전환 수 최대화(Maximize Conversions) 전략과 전환의 양보다 가치를 우선하는 전환 가치 최대화(Maximize Conversion Value) 전략으로 나누어 볼 수 있다. 평가 지표는 설정한 고객획득 비용을 유지하는 목표 CPA(Target CPA), 광고비 대비 수익률 목표 달성이 어느 정도인지를 계산하는 목표 ROAS(Target ROAS)을 들 수 있다.

노출 중심 전략은 검색 결과 상단 노출 비율이 어느 정도 유지되는지 확인하고 실제로 조회된 노출에만 과금(CPM)하는 것이다. 자동 입찰의 학습 기간 대부분의 플랫폼은 7-14일의 학습 기간이 필요하다. 이 기간 동안 알고리즘은 전환 패턴을 학습하며, 충분한 데이터(일반적으로 30개 이상의 전환)가 필요하다.

한편, 신규 캠페인이나 데이터가 부족한 경우에는 수동 입찰로 시작하되 전환 데이터가 충분히 축적된 경우에는 자동 입찰로 전환하는 전략도 고려할 필요가 있고, 특수한 이벤트나 프로모션에는 수동 개입이 필요한 점도 감안해야 한다.

2. 키워드 자동화 전략

키워드 자동화는 AI와 머신러닝을 활용해 광고 성과를 최적화하는 핵심 기술이다. 다음과 같은 세 가지 방법이 주로 활용되고 있다.

1) 데이터 수집 및 분석

검색 쿼리 데이터, 클릭률(CTR), 전환율(CVR), 비용 데이터 수집
사용자 행동 패턴과 검색 의도 분석
경쟁사 키워드 및 시장 트랜드 모니터링

2) 머신러닝 기반 최적화
성과가 좋은 키워드 자동 발굴
입찰가 자동 조정 (Auto-bidding)
키워드 매칭 타입 최적화 (완전일치, 구문 일치, 확장 일치)

3) 자연어 처리(NLP)
검색어의 의미론적 유사성 분석
롱테일 키워드 자동 생성
부정 키워드 자동 추출

3. AI활용 자동입찰 전략 수립과 효과적인 키워드 발굴 방안

1) AI 기반 자동입찰 전략 수립

AI 자동입찰(Auto Bidding)은 머신러닝 알고리즘이 실시간 데이터를 분석해 전환율이 높을 것으로 예측되는 상황에 자동으로 입찰가를 조정하는 방식이다. 우선 tCPA(목표 전환당 비용), tROAS(목표 광고 수익률), 전환 수나 전환 가치를 최대화하는 목표 기반 입찰 전략 설정을 해야 한다. 다음으로 AI가 학습할 수 있도록 충분한 전환 데이터(최소 30~50건/월)를 확보하거나 실시간 피드백을 통한 성과 최적화(Conversion Tracking + Google Ads Signal)를 하는 등 데이터 기반 피드백 루프를 구축해야 한다. 마지막으로 성과가 높은 시간대·디바이스·지역에 입찰 우선순위를 부여하거나 모바일 전환율이 높을 경우 모바일 클릭 단가를 자동 상승시키는 등의

기기·시간·지역별 자동 조정 기능 등을 활용할 수 있다.

2) AI 활용 키워드 발굴 방안

AI는 방대한 검색 로그와 행동 데이터를 분석해 의도 중심의 키워드 세분화 및 신규 키워드 제안이 가능하다. 의도 분석 기반 키워드 분류로는 정보형(Information "방법", "비교", "추천"), 거래형(Transaction, "구매", "할인", "신청"), 탐색형(Navigation, "브랜드명", "사이트명") 등을 들 수 있다 AI 툴로는 Google Ads Keyword Planner + ChatGPT로 검색량·CPC를 예측하거나, SEMrush, Ahrefs, Moz의 AI 키워드 클러스터링 기능 활용 방안, 자체 생성형 AI로 연관·롱테일 키워드 자동 생성 방안 등을 들 수 있다. 마지막으로 성과 기반 키워드 학습방안으로, AI가 CTR, 전환율, 이탈률을 학습하여 고효율 키워드를 자동추천하거나 저성과 키워드 제거, 유사 키워드 확장을 자동화 시키는 방안도 고려해 볼 수 있다.

4. 자동입찰 전략 수립을 위한 실습

A사는 고가 B2B 제품을 보유하고 있다. 전환당 가치 차이가 상당히 커서(100만 원~1,000만 원) 월 5~10건의 전환을 목표로 자동입찰 전략을 수립하고자 한다.

프롬프트

전환당 가치 차이가 100만 원~1,000만 원인 B2C 제품에 대하여 월 5~10건의 전환을 목표로 가장 적합한 Google Ads 자동 입찰 전략을 추천하고, 그 이유와 함께 초기 설정값을 제시해 주세요.

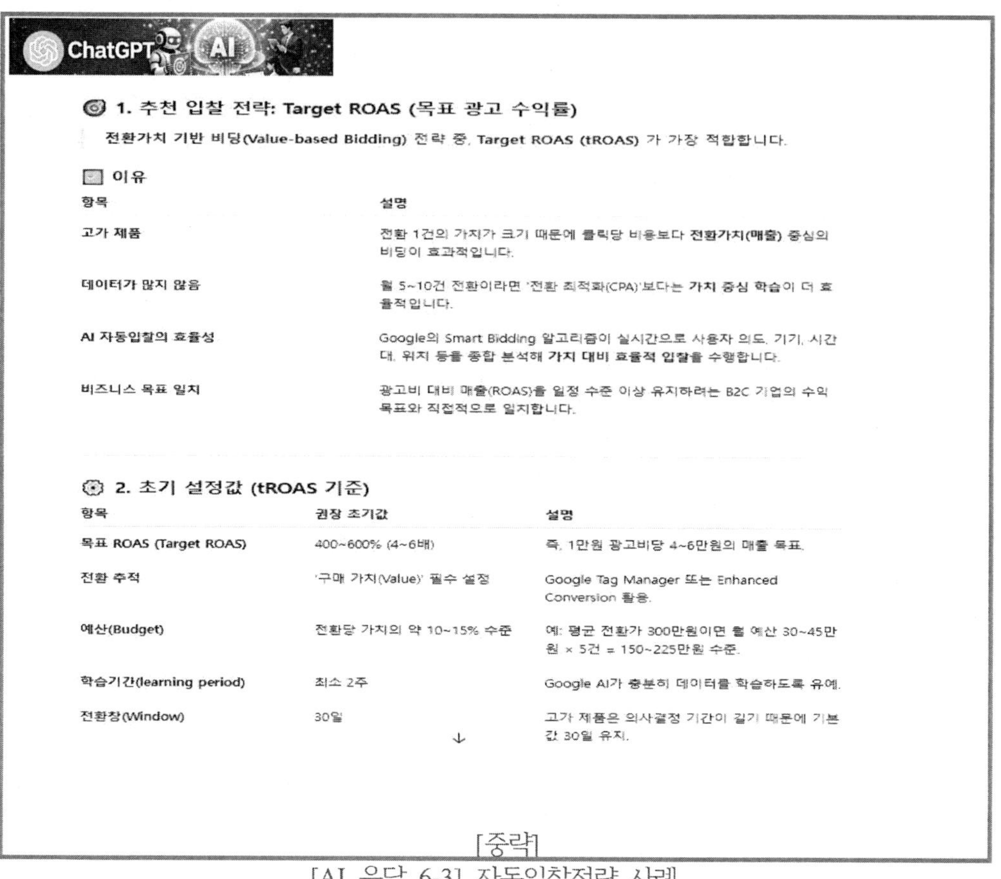

ChatGPT AI

1. 추천 입찰 전략: Target ROAS (목표 광고 수익률)

전환가치 기반 비딩(Value-based Bidding) 전략 중, **Target ROAS (tROAS)** 가 가장 적합합니다.

이유

항목	설명
고가 제품	전환 1건의 가치가 크기 때문에 클릭당 비용보다 **전환가치(매출)** 중심의 비딩이 효과적입니다.
데이터가 많지 않음	월 5~10건 전환이라면 '전환 최적화(CPA)'보다는 **가치 중심 학습**이 더 효율적입니다.
AI 자동입찰의 효율성	Google의 Smart Bidding 알고리즘이 실시간으로 사용자 의도, 기기, 시간대, 위치 등을 종합 분석해 **가치 대비 효율적 입찰**을 수행합니다.
비즈니스 목표 일치	광고비 대비 매출(ROAS)을 일정 수준 이상 유지하려는 B2C 기업의 수익 목표와 직접적으로 일치합니다.

2. 초기 설정값 (tROAS 기준)

항목	권장 초기값	설명
목표 ROAS (Target ROAS)	400~600% (4~6배)	즉, 1만원 광고비당 4~6만원의 매출 목표.
전환 추적	'구매 가치(Value)' 필수 설정	Google Tag Manager 또는 Enhanced Conversion 활용.
예산(Budget)	전환당 가치의 약 10~15% 수준	예: 평균 전환가 300만원이면 월 예산 30~45만원 × 5건 = 150~225만원 수준.
학습기간(learning period)	최소 2주	Google AI가 충분히 데이터를 학습하도록 유예.
전환창(Window)	30일	고가 제품은 의사결정 기간이 길기 때문에 기본값 30일 유지.

[중략]

[AI 응답 6-3] 자동입찰전략 사례

5. 효과적인 키워드 발굴을 위한 실습

화장품 제조 회사인 B사는 최근 유기농 스킨케어제품을 개발하였다. 민감성 피부로 고민을 하고 있는 30~40대 여성을 대상으로 구매 전환을 위한 목표를 세우고자 한다.

프롬프트

민감성 피부로 고민을 하고 있는 30-40대 여성을 대상으로 유기농 스킨케어 제품으로의 구매 전환을 유도하고자 합니다. 이를 바탕으로 핵심 키워드 20개 추출, 롱테일 키워드 30개 생성, 각 키워드의 검색 의도 분류 (정보형/거래형/네비게이션 형), 부정 키워드 15개 제안, 키워드 그룹을 3-5개 캠페인으로 구조화까지 해 주세요.

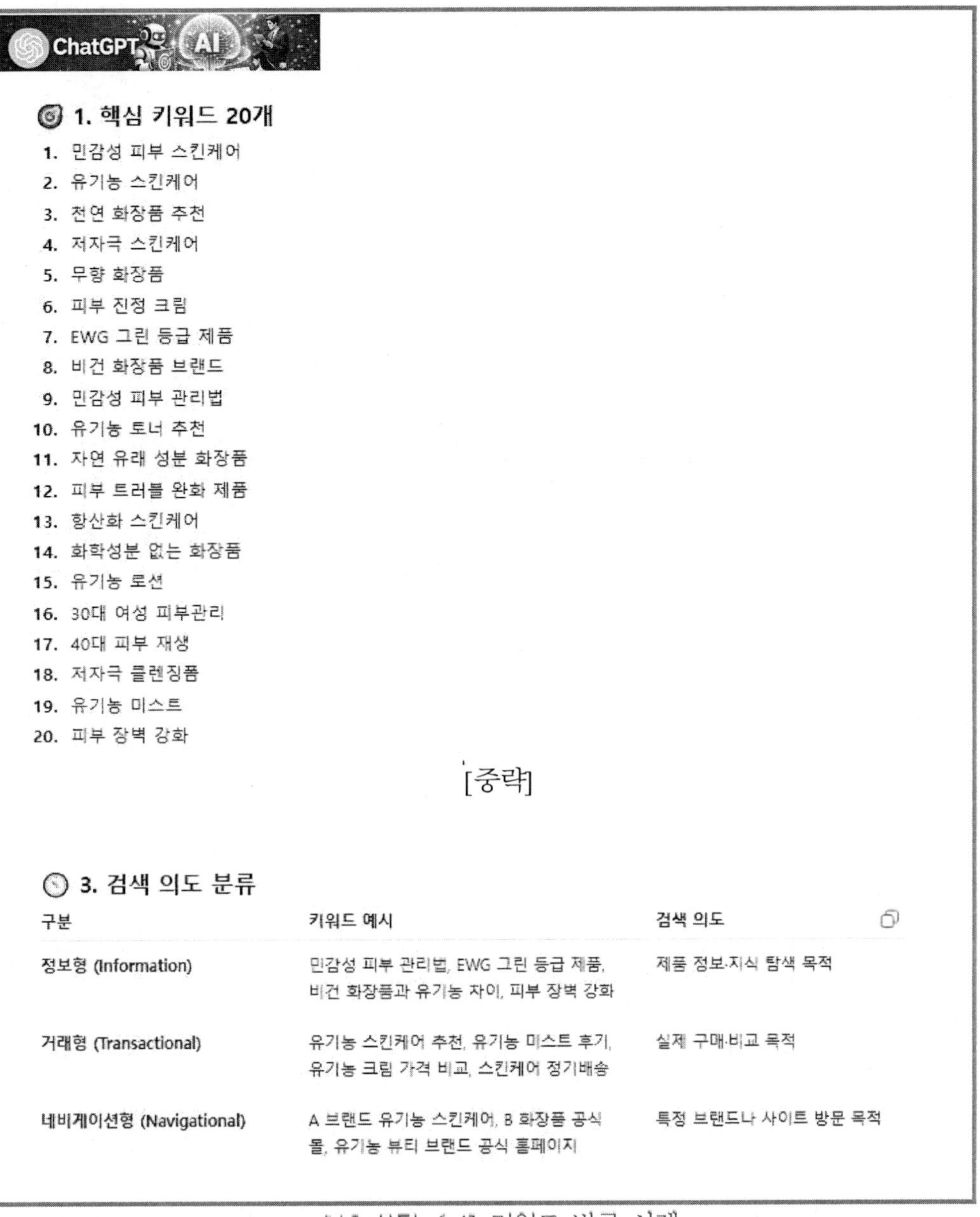

구분	키워드 예시	검색 의도
정보형 (Information)	민감성 피부 관리법, EWG 그린 등급 제품, 비건 화장품과 유기농 차이, 피부 장벽 강화	제품 정보·지식 탐색 목적
거래형 (Transactional)	유기농 스킨케어 추천, 유기농 미스트 후기, 유기농 크림 가격 비교, 스킨케어 정기배송	실제 구매·비교 목적
네비게이션형 (Navigational)	A 브랜드 유기농 스킨케어, B 화장품 공식몰, 유기농 뷰티 브랜드 공식 홈페이지	특정 브랜드나 사이트 방문 목적

[AI 응답 6-4] 키워드 발굴 사례

이상과 같은 다섯 가지의 내용을 알아보기 쉽게 표로 정리하고 각 키워드의 예상 경쟁도(상/중/하)까지 표시해 줄 것을 추가적으로 요청할 수 있다.

제4절 성과 분석을 통한 ROAS 향상

1. 데이터 기반 의사결정

ROAS(Return On Ad Spend)는 광고비 대비 매출을 나타내는 핵심 지표이다. ROAS = (광고로 인한 매출 / 광고비) × 100%로 계산되며, 예를 들어 100만 원을 광고비로 써서 300만 원의 매출이 발생했다면 ROAS는 300%이다.

ROAS 분석은 계층 구조를 띄고 있다. 우선 캠페인 레벨 전체적인 마케팅 전략의 효율성을 평가한다. 채널별, 시즌별 비교가 가능하다. 다음으로 광고그룹 레벨 타겟팅이나 주제별 성과를 확인한다. 어떤 세그먼트가 효율적인지 파악할 수 있다. 마지막으로는 키워드/소재 레벨 상 가장 세밀한 분석이 이루어지는 단계가 이어진다. 이때 개별 키워드나 광고 소재의 기여도를 측정한다. 주요 분석 지표는 다음과 같은 4가지가 있다.

[표 6-5] 주요 분석 지표

광고 플랫폼 의 종류	특징
직접 ROAS	해당 채널에서 직접 발생한 전환만 계산
간접 ROAS	전환에 기여했지만 최종 클릭이 아닌 경우 포함
증분 ROAS	광고가 없었다면 발생하지 않았을 순수 증분 매출
생애가치(LTV) 기반 ROAS	고객의 장기적 가치를 반영

코호트 분석으로 특정 기간에 유입된 고객 그룹을 추적하여 시간에 따른 가치 변화를 분석한다. 첫 구매 시점의 ROAS보다 3개월, 6개월 후의 누적 ROAS가 더 중요할 수 있다.

2. AI 활용 성과분석 방안

1) 성과 데이터 자동 수집 및 통합

Google Ads, Meta Ads, Naver 등 여러 플랫폼의 데이터를 AI가 자동으로 수집·통합해 실시간 대시보드로 시각화 해 낼 수 있다. 수동 리포팅 시간 단축, 데이터 정확도 향상 등의 효과를 기대할 수 있다.

2) 성과 예측 및 트랜드 분석

과거 광고비·전환율 데이터를 기반으로 ROAS·CPA·전환 수 예측 모델을 구축할 수 있다. 이를 통하여 향후 캠페인 예산과 목표 설정을 데이터 기반으로 최적화 할 수 있다.

3) 성과 요인 분석 (Attribution & Causal AI)

예산 배분의 효율성 극대화를 위하여 각 채널(검색, SNS, 디스플레이 등)이 매출에 미치는 영향을 정량적으로 분석하여 기여도 기반 성과 평가를 수행해 낼 수 있다.

4) AI 기반 세분화 및 퍼포먼스 인사이트

고객 행동 데이터·전환 패턴을 분석해 성과가 높은 고객군 자동 식별 및 맞춤형 전략 등을 제안할 수 있다. 고효율 타겟 군에 집중하여 전환율 향상 및 광고 낭비를 줄일 수 있는 효과를 볼 수 있다.

5) 자동 리포트 생성 및 이상 감지

일간·주간 리포트를 자동 생성하고, 성과 급락·급상승 구간을 AI가 자동 감지해

알림을 받음으로서 빠른 대응과 성과 관리를 체계화 할 수 있다.

3. 고급 성과 분석을 위한 프롬프트 실습

마케팅 팀의 팀장을 맡고 있는 C씨는 전년도 하반기의 판매실적을 가지고 올 1/4 분기의 매출을 예측하여 사장님에게 보고하려고 한다. 이를 위해 ChatGPT를 통하여 예측 모델링 및 예산 최적화 방안을 도출하려고 한다.

프롬프트

다음의 데이터를 기반으로 향후 3개월(2025년 1월~3월)의 마케팅 성과를 예측하고, 최적의 예산 배분 계획을 수립해 주세요.

과거 6개월 데이터 (2024년 7월~12월):

7월: 광고비 800만원, 전환 180건, ROAS 380%

8월: 광고비 850만원, 전환 195건, ROAS 390%

9월: 광고비 900만원, 전환 210건, ROAS 395%

10월: 광고비 950만원, 전환 215건, ROAS 385%

11월: 광고비 1000만원, 전환 240건, ROAS 400%

12월: 광고비 1200만원, 전환 275건, ROAS 390%

추가 고려사항:

- 1월~2월은 비수기 (작년 대비 -20% 매출)
- 3월 중순부터 성수기 진입
- 경쟁사 광고 투자 15% 증가 예상
- 신규 제품 라인 2월 출시 예정

2. 계절성과 외부요인 반영 예측

(1) 비수기 효과 (1~2월)

- 매출 감소 -20% 예상 → ROAS 약 320~340% 수준으로 하락 예상
- 전환율도 약 15% 감소 가능

(2) 신규 제품 효과 (2월)

- 신제품 라인 출시로 2월 후반 전환수 10~15% 상승 가능
- 브랜드 검색량 및 클릭률 증가 → ROAS 회복 가능성

(3) 경쟁사 광고비 15% 증가

- 클릭 단가 상승 예상 (CPC 약 10% 인상 추정)
- **효율 유지 위해 스마트 입찰 or 타겟 ROAS 전략 필요**

(4) 3월 성수기 진입

- ROAS 400% 이상 회복 가능
- 신규 고객 유입 증가, 전환 15~20% 상승 전망

---

3. 예측 모델 기반 추정치 (선형 추세 + 계절보정)

월	광고비(만원)	예상 전환수	예상 ROAS	예상 매출(만원)
1월	1000	205	330%	3,300
2월	1100	225	350%	3,850
3월	1300	280	410%	5,330
합계 (1~3월)	**3,400**	**710건**	**평균 363%**	**12,480만원**

---

4. 최적 예산 배분 전략

[중략]

[AI 응답 6-5] 예측 모델링 및 예산 최적화 실습

이와 같은 결과물에 덧붙여 의사결정권자를 설득할 수 있는 근거와 함께 사업 계획서 형식으로 작성해 달라고 요청하여 보다 향상된 자료를 받아볼 수 있다.

AI Note

제7장 생성형 AI 콘텐츠 마케팅 이해 (강대훈)

제1절 생성형 AI 콘텐츠 마케팅 개요

1. 생성형 AI 콘텐츠 개요

생성형 AI 콘텐츠 마케팅은 사람이 구상한 전략을 기반으로 AI가 다양한 버전의 콘텐츠 초안을 빠르게 만들어내는 운영 방식이다. 핵심은 '직접 제작'에서 벗어나, 기획자가 콘텐츠 흐름과 기준을 설계하고 AI가 이를 실행하는 구조로 전환된다는 점이다. 핵심은 "콘텐츠를 직접 만드는 팀"에서 "콘텐츠를 지휘하고 감독하는 팀"으로 역할이 이동한다는 점이다. 즉, 기획자는 전략과 기준, 품질을 정의하고, AI는 대량의 변형 버전을 빠르게 제안한다. 이로써 아이디어–초안–수정–배포의 선형 흐름이, 반복, 병렬, 버전링 중심의 모형으로 재편된다.

1) 전통적 마케팅과의 차별점

AI 도입 이후 콘텐츠 운영은 네 가지 측면에서 달라진다.
첫째, 메시지의 버전링을 빠르게 실험할 수 있고,
둘째, 기획 - 초안 - 시각화 흐름이 시간 단위로 단축되며,
셋째, 역할이 '제작자'에서 '편집·감독자' 중심으로 이동하고,
넷째, 브랜드 언어·금지 요소가 시스템 안에 선반영된다.

2) 생성형 AI 콘텐츠 유형

콘텐츠 유형	주요 특징	설 명
브랜드 감성 콘텐츠	- 브랜드정체성 - 감성 - 이미지 중심	- 브랜드 스토리와 철학을 감성적으로 전달하는 콘텐츠 - 이미지・색감・문장 등 톤을 일관되게 유지하여 고객의 '감정적 공감'을 유도 - 인스타그램 스토리용으로 활용
정보・교육형 콘텐츠	- 실용 지식 - 가치 전달 중심	- 고객의 문제를 해결하거나 유용한 팁을 제공하는 형태 - AI가 복잡한 내용을 인포그래픽이나 짧은 카드뉴스 형식으로 요약・생성함
프로모션형 콘텐츠	- 이벤트 - 상품 - 홍보 중심	- 직관적 이미지와 짧은 카피로 표현 - AI는 고객 반응 데이터를 학습하여 다양한 버전(A/B 테스트용)을 자동 생성함
참여형・인터랙티브 콘텐츠	- 고객 참여 - 공감 - 유도 중심	- 설문, 퀴즈, 투표 등 고객이 직접 반응하도록 설계된 콘텐츠 - 생성형 AI는 반응 데이터를 분석해 피드백형 콘텐츠로 확장가능
트렌드・AI형 콘텐츠	- 실험적 - 창의적 - 이미지 중심	- AI가 직접 만든 시각 자료나 프롬프트를 콘텐츠로 활용 - 브랜드가 혁신적이고 미래지향적 이미지를 구축할 때 적합

3) 생성형 AI 의 마케팅의 장점과 단점

구분	생성형 AI 의 마케팅의 장점과 단점
장점	- 양산성: 아이디어 1 → 변형 100을 저비용, 고속으로 생산
	- 개인화: 페르소나/여정 단계별 미세 타깃 카피나 비주얼을 자동화

	- 학습 루프: 실험→성과→재생성의 실험 가능
단점	- 브랜드 일관성: 스타일 가드・금지어・예시 문장을 프롬프트에 포함
	- 저작권/라이선스: 이미지・폰트 요소의 권리 확인 필요 → 소스・라이선스 메타데이터를 관리
	- 사실성/검증: 카피 속 사실 오류 위험 → 팩트 체크 규칙과 출처 표기를 병행
	- 프라이버시/윤리: 개인 데이터 학습・노출 위험 → 비식별화・민감정보 금지 명시

2. 생성형 AI 콘텐츠 마케팅의 개념 및 결과물 구조

1) 생성형 AI 콘텐츠는 어떤 마케팅인가?

생성형 AI 콘텐츠 마케팅은 “AI는 콘텐츠를 ‘대신’ 만드는 존재가 아니라, 기획자가 설계한 전략을 다양한 형태의 초안으로 확장해주는 도구다. 실제 방향성과 품질의 기준은 여전히 기획자의 판단에 의해 결정된다.
즉, 기획자는 전략(무엇을, 왜, 누구에게)을 정하고, AI는 형태(어떻게, 어떤 표현으로)를 자동 생성한다. 생성형 AI 콘텐츠 마케팅은 다음과 같은 특징이 있다.

① 생성형 AI 콘텐츠 마케팅은 인간이 해야 할 모든 제작 과정을 기계에게 넘기는 것이 아니라, 콘텐츠 기획자가 전체 흐름을 설계하고 AI가 이를 구현하도록 조율하는 방식이다.
② 기획자는 먼저 목표 고객, 메시지 방향, 전달 맥락을 정하고, 그다음에 AI에게 형태, 톤, 구성, 시각 표현을 요청해 다양한 버전을 받아본다.
③ AI는 한 번의 지시로 여러 초안을 병렬적으로 생성해, 기획자가 더 효율적으

로 선택·편집할 수 있도록 돕는다.

④ 이러한 방식은 기존의 '한 번 만들고 끝내는 콘텐츠'가 아니라, 테스트와 개선이 반복되는 순환형 제작 구조를 가능하게 한다.

⑤ 실제 실무에서는 기획자가 전략을 세우면, AI가 카피·이미지·영상 등 다양한 형태의 결과물을 빠르게 제시하고, 사람은 그중 가장 브랜드와 맞는 버전을 선택해 정제한다.

⑥ 생성형 AI 콘텐츠 마케팅의 핵심은 콘텐츠를 만드는 손이 아니라, 콘텐츠를 조율하는 두뇌 역할을 강화하는 데 있다.

⑦ 과정에서 기획자는 프롬프트 설계, 품질 기준 정의, 브랜드 톤 관리 등 콘텐츠의 품질을 지휘하는 감독자(Director) 역할을 맡게 된다.

⑧ 콘텐츠 제작은 '느리고 선형적인 흐름'에서 '빠르고 병렬적인 제작 체계'로 바뀌고, 브랜드는 더 많은 실험과 데이터 기반 의사결정을 수행할 수 있다.

⑨ 생성형 AI 콘텐츠 마케팅은 속도를 빠르게 하는 기술이 아니라, 브랜드 메시지의 정확성과 일관성을 확장시키는 전략적 도구로 활용된다.

⑩ AI는 콘텐츠를 대신 만드는 존재가 아니라, 콘텐츠 기획자의 의도를 더 풍부하게 표현해주는 협력자로 자리 잡는다.

2) 생성형 AI 콘텐츠는 무엇을 활용하는가?

① 텍스트: ChatGPT / Jasper 등으로 문구, 슬로건, 해시태그 생성

② 이미지: DALL·E / Midjourney로 감성 시각자료 제작

③ 디자인: Canva / Adobe Express로 편집

④ 영상: Runway ML/ Invideo A로I 영상 편집의 대표이며, 인스타그램·유튜브 쇼츠 활용

⑤ 음악: Suno /Soundful로 브랜드송·캠페인 테마 음악 제작, 유튜브·팟캐스트·쇼츠용 음악

생성형 AI 콘텐츠가 활용하는 요소의 특징은 다음과 같다.

① 텍스트 생성 도구는 브랜드가 전달하려는 말의 톤과 구조를 안정적으로 유지하도록 돕는 핵심 장치다. 카피·해시태그·슬로건처럼 브랜드 언어를 형상화할 때 특히 유용하다. ChatGPT나 Jasper는 슬로건·문구·해시태그처럼 짧은 메시지뿐 아니라, 콘텐츠의 톤앤매너까지 일관되게 유지하는 문장 생산이 가능하다.

② 이미지 생성 도구는 브랜드가 표현하고 싶은 분위기·감정·상징을 한 장의 화면으로 압축해주는 역할을 한다. 기획자의 언어적 설명을 '보이는 메시지'로 전환하는 통로라고 볼 수 있다. DALL·E나 Midjourney는 프롬프트만으로 분위기·색감·질감을 조정해 브랜드의 정체성을 이미지 한 장에 담아낼 수 있다.

③ 디자인 도구는 AI 이미지에 '구조와 완성도'를 부여한다. Canva·Adobe Express는 텍스트 배치·레이아웃 구성·브랜드 키트 적용 등을 통해 AI가 만든 초안을 실제 광고물 수준으로 다듬어준다.

④ 영상 생성 도구는 복잡한 촬영 과정을 디지털 시뮬레이션으로 대체한다. Runway ML이나 Invideo AI는 컷 구성, 전환, 색보정까지 자동으로 처리해 인스타그램·유튜브 숏폼 영상 제작을 빠르게 완료할 수 있다.

⑤ 음악 생성 도구는 브랜드의 '청각적 아이덴티티'를 만든다. Suno와 Soundful은 음색·장르·분위기를 자유롭게 조절해 브랜드 테마송, 쇼츠용 BGM, 팟캐스트 오프닝 등을 즉시 제작한다.

⑥ 문구·이미지·영상·음악을 조합하면 '완전 자동화된 콘텐츠 패키지'가 구축된다. 각각의 AI 도구가 다른 역할을 하면서, 하나의 스토리로 결합될 때 브랜드 캠페인의 일관성이 크게 향상된다.

⑦ AI 도구들은 다양한 버전의 초안을 동시에 생산할 수 있어 실험성이 높다. 한 개의 프롬프트로 여러 후보안을 비교·검토할 수 있으므로 콘텐츠 테스트(A/B 테스트) 환경이 자연스럽게 만들어진다.

⑧ AI가 만드는 결과물은 즉시 수정·재생산이 가능해 실행 속도가 빨라진다. 교정이 필요하면 문구·톤·이미지 일부만 바꿔 프롬프트를 조정하면 같은 콘셉트의 새로운 버전을 빠르게 얻을 수 있다.

⑨ 각 도구는 서로 다른 포맷을 지원해 플랫폼 최적화를 쉽게 한다. 예를 들어, 텍스트는 블로그·SNS, 이미지는 피드·포스터, 영상은 릴스·쇼츠처럼 플랫폼별 요구에 맞춰 자동 변환이 가능하다.

⑩ AI 콘텐츠 생성 도구는 '기획-제작-편집-배포'의 경계를 흐리게 만든다. 기획자가 의도를 정하면 텍스트·이미지·영상·음악이 한 흐름으로 연결되어 콘텐츠 생산이 단일 시스템처럼 작동한다.

3) 결과물 구조 및 지역카페 홍보 인스타그램 실습

결과물 구조는 다음과 같은 프로세스를 통해 생성형 AI콘텐츠 활용의 결과를 만든다. 콘텐츠 제작은 ① 기획 요약 → ② 프롬프트 설계 → ③ 초안 생성 → ④ 보정 → ⑤ 리비전의 순서로 진행되며, AI는 ③·④ 단계에서 가장 큰 속도 이점을 제공한다.

지역 카페 '강 브루어리'의 대표 강사장은 계절 한정 메뉴 '오렌지 플라워 시럽티'를 출시하며, 인스타그램을 통해 브랜드의 감성·자연·힐링 이미지를 강화하고자 한다. 기존 카드뉴스나 광고 영상 제작은 비용과 시간이 많이 들어, 그는 생성형 AI를 활용한 콘텐츠 자동화를 도입하기로 결정했다. 목표는 브랜드 감성과 계절 분위기가 담긴 이미지·문구를 빠르게 생산하는 것이며, 이를 위해 CHATGPT(DALL·E), Canva를 통합적으로 활용하되, 우선 CHATGPT로 초기 콘셉트와 문구 생성을 진행한다.

프롬프트

"감성 수제청 카페 신메뉴 '오렌지 플라워 시럽티' 인스타그램 홍보 문구 5개를 만들어주세요.

톤앤매너: 따뜻함·자연·힐링, 오렌지 플라워 시럽티 출시를 소개

타깃: 20 - 30대 여성

슬로건: '봄의 향기로 하루를 채우다'."

ChatGPT AI

3 핵심 학습 요약

구분	AI 도구	생성 결과
ChatGPT	텍스트 프롬프트 → 카피 문구 + 해시태그 생성	브랜드 톤 정의와 문장 일관성 관리
DALL·E	이미지 프롬프트 → 감성 시각 콘텐츠	브랜드 감성 시각화 능력 확보
Canva	AI 이미지 + 문구 조합 디자인	인스타 피드 레이아웃 디자인 자동화
Metricool	게시 후 반응 데이터 분석	데이터 기반 콘텐츠 최적화 프로세스 이해

[AI 응답 7-1] 지역카페 홍보 인스타그램 마케팅 실습 사례

제2절 생성형 AI 툴 실습 - 텍스트 콘텐츠(블로그 마케팅)

1. 텍스트 콘텐츠 제작 프레임(블로그 마케팅)

1) 블로그용 생성용 AI 마케팅 실습하기

카페 브랜드 '강 브루어리'는 자사 블로그를 통해 "수제청 제조 과정과 브랜드 철학"을 고객에게 전달하려고 한다.
하지만 긴 문장을 쓰거나 콘텐츠 흐름을 설계하는 것이 어려워 대표는 ChatGPT를 활용하여 AI가 스토리형 블로그 포스트를 자동 초안화하는 시스템을 시도한다.

프롬프트

다음 정보를 바탕으로 지역 카페의 텍스트 콘텐츠 제작 프레임 중 블로그마케팅 콘텐츠를 작성해 주세요.
제목: '한 잔의 시럽에 담은 계절의 향기'
구성: 서론-제조 비밀-브랜드 가치-고객 후기-마무리 팁
톤앤매너: 따뜻하고 진정성 있게
각 소제목 아래 SNS용 1줄 요약도 넣어줘."

마무리 | 루미에르의 다짐
우리는 앞으로도 감성과 기술이 공존하는 브랜드로 남겠습니다.
AI가 만든 것이 아닌, AI와 함께 만든 '진짜 수제청'을 여러분께 전합니다.

> #루미에르브루어리 #감성카페 #수제청 #AI콘텐츠 #힐링라이프 #브랜드스토리 #디지털핸드메이드 #감성마케팅 #봄의향기 #LumiereStory

4 핵심 학습 정리

단계	사용 도구	역할	학습 포인트
① 기획	ChatGPT	주제 구조, 문체, SEO 문장 설계	브랜드 스토리의 핵심 서사 구성
② 시각화	DALL·E	썸네일 이미지 자동 생성	감성 일관성 확보
③ 편집 및 게시	Notion AI	문장 다듬기, 태그 추천	가독성 + SEO 최적화

[중략]

□ 3 **ChatGPT 출력 예시**

제목:
한 잔의 시럽에 담은 계절의 향기 – 루미에르 브루어리의 이야기

서론 | 봄의 향기를 담은 한 병의 시작
창밖의 햇살이 부드럽게 들어오는 오후, 우리는 한 병의 수제청에 계절의 온도를 담습니다.
루미에르 브루어리의 시럽은 단순한 음료가 아니라 '하루를 쉬게 하는 향기'입니다.

> *"수제청 한 병이 하루의 감정을 바꾼다."*

본론 ① | 정성의 제조 과정
우리의 시럽은 인공 향료를 배제하고, 오렌지·레몬·로즈메리 등 천연 재료만을 사용합니다.
AI 기반 레시피 관리 시스템을 통해 매일 일정한 맛과 향을 유지하며,
소규모 수제 방식의 장점을 데이터로 표준화합니다.

> *"아날로그의 손맛과 디지털의 정밀함이 만나는 지점."*

본론 ② | 브랜드의 가치와 철학
우리가 추구하는 것은 '감성의 지속 가능성'입니다.
바쁜 도시 속에서도 따뜻한 여유를 찾을 수 있도록,
AI는 감성을 더 효율적으로 표현하는 도구로 사용됩니다.

> *"AI는 인간의 감성을 더 멀리 전달하는 손길이다."*

[AI 응답 7-2] 지역카페 홍보 블로그 마케팅 실습 사례

2. 동영상 콘텐츠 제작 프레임(유튜브 마케팅)

1) 유튜브용 생성용 AI 마케팅 실습하기

강 브루어리는 신메뉴 '오렌지 플라워 시럽티'를 유튜브 숏폼 영상으로 홍보하고자 한다. 대표는 영상 제작 경험이 없기 때문에 ChatGPT 기획 - 스크립트 - 시각화 - 음악 삽입 전 과정을 AI로 실습해 본다.

프롬프트

다음 정보를 바탕으로 지역 카페의 동영상 콘텐츠 제작 프레임 중 유튜브 마케팅 콘텐츠를 작성해 주세요.

(1) ChatGPT - 스크립트 생성

"유튜브 Shorts용 15초 영상 스크립트를 만들어줘.
주제는 '한 모금의 봄, 오렌지 플라워 시럽티'.
오프닝-제품컷-감성 메시지-브랜드 로고 순으로 구성해.
대사는 짧고 감성 있게, 배경음악 지시어도 함께 표시해줘."

[중략]

[장면 4 – 로고 및 엔딩 (12~15초)]

- *영상:* 카페 로고가 부드럽게 나타나며 화면 페이드아웃.
- *자막:* "루미에르 브루어리 | Lumière Brewery"
- *배경음악:* 피아노 솔로로 마무리.

🎧 추가 제안 (ChatGPT 자동 생성 문장)

> "이 영상은 봄 시즌 한정 신메뉴 '오렌지 플라워 시럽티' 홍보용 콘텐츠입니다.
> 15초 내 감성 메시지 중심 구성으로 유튜브 쇼츠 및 인스타 릴스 병행 게시가 가능합니다.
> 추천 해시태그: #AI콘텐츠 #감성카페 #오렌지플라워티 #루미에르브루어리 #봄한잔 #브랜드스토리"

핵심 학습 포인트

항목	설명
AI 활용 구조	ChatGPT → 대사/스토리라인 생성 → Pika Labs로 영상 변환 → Beatoven.ai로 음악 삽입
교육 목표	스토리 설계–장면 분할–음향 연출을 AI 협업으로 완성
교재 활용법	학생은 ChatGPT 프롬프트를 직접 수정해 자신만의 브랜드 스크립트를 제작할 수 있음

[중략]

□ **ChatGPT 출력 예시**

🎬 **영상 스크립트 (15초)**

[장면 1 – 오프닝 (0~3초)]

- *영상:* 창문 너머로 봄 햇살이 들어오는 카페 내부.
- *자막:* "봄의 향기가 머무는 곳, 루미에르 브루어리."
- *나레이션:* "오늘, 당신의 컵에 계절이 피어납니다."

[장면 2 – 제품컷 (3~8초)]

- *영상:* 유리컵 속 오렌지 슬라이스와 꽃잎이 천천히 내려앉는 장면.
- *자막:* "오렌지 플라워 시럽티 🌼"
- *사운드:* 피아노 멜로디와 부드러운 기타 스트로크.
- *나레이션:* "한 모금의 달콤함, 하루의 쉼표."

[장면 3 – 감성 메시지 (8~12초)]

- *영상:* 고객이 창가에 앉아 미소 지으며 한 모금 마시는 장면.
- *자막:* "오늘의 감성을 마시다."
- *나레이션:* "당신만의 봄을 담은 한 잔."

[AI 응답 7-3] 지역카페 홍보 유튜브 마케팅 실습 사례

3. 카드광고 콘텐츠 제작 프레임(카드뉴스 마케팅)

1) 짧은 광고용 카드뉴스 생성용 AI 마케팅 실습하기

감성 수제청 카페 '강 브루어리'는 고객에게 브랜드의 진정성과 실용적 정보를 함께 전달하기 위해 카드뉴스 형 콘텐츠 마케팅을 기획한다. 이번 주제는 "수제청을 더 맛있게 보관하는 3가지 방법"으로 대표는 ChatGPT로 가드 기획인을 설계하고, DALL·E로 감성 이미지를 생성, Canva에서 최종 디자인 편집을 진행한다. 그의 목표는 다음 세 가지다.

먼저, 시각적으로 정돈된 정보 콘텐츠를 단시간 내 제작하고, 브랜드 감성을 살린 색상·이미지 일관성 확보에 집중하고, SNS 게시용 카드뉴스 5장 세트를 자동화 생산한다.

프롬프트

다음 정보를 바탕으로 "수제청 카페 고객을 위한 '수제청을 더 맛있게 보관하는 3가지 방법' 카드뉴스 기획안을 작성해 주세요.

"수제청 카페의 고객을 대상으로 '수제청을 더 맛있게 보관하는 3가지 방법'과 5장 카드뉴스 기획안을 만들어주고,
각 카드작성내용: 제목·핵심 메시지(1문장)·설명(2줄 이내),행동 유도 문장(Call to Action)을 포함, 톤앤매너는 따뜻하고, 신뢰감 있게."

□ 3 **ChatGPT 출력 예시**

카드 1 – 표지 카드

제목: "수제청을 더 맛있게 보관하는 3가지 방법"
핵심 문장: "작은 습관이 맛을 바꾼다."
설명: 감성 수제청의 풍미를 오래 유지하는 비밀,
지금부터 3가지 방법으로 알려드릴게요.
오늘 바로 냉장고를 점검해보세요!

카드 2 – 첫 번째 팁: 공기와의 거리 두기

제목: "첫 번째, '공기 차단'이 핵심이에요."
핵심 문장: "뚜껑을 꼭 닫는 순간, 신선함이 잠긴다."
설명: 개봉 후에는 반드시 밀폐용기에 옮겨 담고,
공기 노출을 최소화해야 색과 향이 오래가요.
오늘 사용 후 바로 닫는 습관을 들이세요.

ChatGPT에게 묻기

카드 3 – 두 번째 팁: 냉장고 온도 체크

제목: "두 번째, 온도가 맛을 지켜요."
핵심 문장: "6°C의 안정된 온도, 수제청의 황금 구역."
설명: 너무 낮으면 당이 결정화되고,
너무 높으면 발효가 빨라져요. 5~7°C를 유지하세요.
온도계 하나면 완벽해요.

중략

카드 4 – 세 번째 팁: 사용 후 청결 유지

제목: "세 번째, 깨끗한 스푼으로."
핵심 문장: "하루 한 번, 위생이 맛을 완성한다."
설명: 젖은 숟가락으로 퍼내면 곰팡이가 생길 수 있어요.
건조한 도구로 덜어 사용하는 것이 기본이에요.
작은 습관이 큰 차이를 만듭니다.

카드 5 – 마무리 카드

제목: "당신의 시럽, 오늘도 향기로."
핵심 문장: "감성을 담은 한 병, 관리도 감성적으로."
설명: 루미에르 브루어리는 수제청의 '감성'과 '지속 가능성'을 함께 연구합니다.
AI와 함께 만드는 감성 생활, 지금 시작하세요.

[DALL·E 이미지 생성 프롬프트 예시]

ChatGPT에게 묻기

"밝은 주방 배경, 유리병 속 과일 시럽이 햇살을 받아 반짝이는 장면.
따뜻한 베이지톤 컬러, 감성적이고 자연스러운 구도.
카드뉴스용 정사각형 이미지로 제작해줘."

4 핵심 학습 정리

단계	사용 도구	주요 기능	학습 포인트
① 기획 및 스토리 작성	ChatGPT	카드별 핵심 메시지 및 CTA 자동 생성	정보 구조화와 톤앤매너 통일
② 이미지 시각화	DALL·E	감성적 주제 이미지 생성	콘텐츠 몰입감 향상
③ 디자인 완성	Canva	카드 조합, 폰트·컬러 조정	브랜드 일관성 유지 및 시각 완성도 향상

[AI 응답 7-4] 지역카페 홍보 카드뉴스 마케팅 실습 사례

제3절 생성형 AI 툴 실습 - 이미지 콘텐츠 마케팅

1. 이미지 콘텐츠 제작 프레임(이미지 광고 마케팅)

1) 이미지 광고 제작 구조

이미지 광고는 한 장의 시각 자료로 브랜드의 핵심 기획자는 광고 목적(브랜드 인지도, 신제품 홍보, 감성 후킹 등)을 설정하고, 생성형 AI는 이에 맞는 톤·색감·조명·구도 등 시각 요소를 자동으로 구현한다. 핵심 특징은 다음과 같다.

① 텍스트보다 먼저 시각적 인상을 남기므로 중요한 브랜드 요소를 한 화면에 농축한다.
② 제품 매력, 감정선, 시즌 메시지를 이미지 요소로 치환할 기준을 설계한다.
③ 색감과 조명은 감성 톤과 분위기 강도를 설정하는 핵심 변수다.
④ 구도는 시선 흐름을 조절하며, 제품 중심 또는 라이프스타일 중심 여부를 결정한다.
⑤ 배경은 브랜드 정서를 강화하는 장치이며, 자연/우드톤 등과 일관성을 유지한다.
⑥ 생성형 AI는 여러 대체 이미지 버전을 즉시 제공해 비교·수정 과정을 빠르게 할 수 있게 한다.
⑦ 기획자는 브랜드 톤과 일치하는 이미지를 선택해 디테일을 조정한다.

이미지 광고 제작은 단순한 시각 미화가 아니라 "브랜드 메시지를 설득력 있게 전달하는 전략적 시각 언어 설계"이며, 최종 이미지는 SNS, 포스터, 메뉴보드 등 다양한 매체 규격에 맞게 변환하여 활용한다.

2) 이미지 광고 제작 흐름

① 핵심 메시지 정의: 감성 중심인지, 정보 중심인지 명확히 설정
② 시각 변수 설계: 색감·조명·배경 톤·계절감·제품 강조 방식 선정

③ 매체 최적화: 인스타그램(1:1), 릴스(9:16), 블로그(3:2), 포스터(A3/A4) 등 규격화

AI는 이 구조를 바탕으로 이미지와 카피 초안을 자동 생성하며, 기획자는 그중 가장 적합한 버전을 선택·보완한다.

3) 이미지 광고 기획 요소

이미지 광고는 다음 4가지 요소가 조합되어 구성된다.

① 감성 톤(Mood): 따뜻함·청량함·프리미엄 등 브랜드 정서 표현

② 시각 중심 요소(Focus): 제품 중심/라이프스타일 중심 구도 설정

③ 메시지 밀도: 이미지 중심(미니멀) 또는 짧은 카피 포함 여부 결정

④ 브랜드 아이덴티티(BI): 로고·컬러·패턴·시즌 요소 일관성 유지

이 네 가지 요소는 첫인상, 광고 설득력, 브랜드 인식 형성에 직접적으로 작용한다.

2. 생성형 AI 이미지 광고 실습 프로세스(4단계)

① 전략 정의

- 신제품 메시지 및 콘셉트 결정
- 타깃 선호 시각 톤·계절감·감성 기준 설정

② AI 이미지 생성

- ChatGPT로 카피/이미지 설명 프롬프트 작성
- DALL·E·Midjourney로 텍스트 없는 시각 이미지 생성

③ 디자인 편집

- Canva/Adobe Express로 이미지 편집
- 한글 카피·로고 삽입, 비율 조정, A/B 테스트 버전 제작

④ 매체 적용

- 인스타그램, 블로그, 포스터, 메뉴보드 등 플랫폼별 사이즈로 내보내기
- Metricool 등으로 성과 측정

이 프로세스는 "전략 → 생성 → 편집 → 적용" 흐름을 통해 학습자 이해도를 높이는 구조다.

3. 이미지 콘텐츠 제작 프레임(이미지 광고 마케팅)

1) 이미지 광고 마케팅 개념

이미지 광고는 브랜드의 정보를 글보다 먼저 시각적으로 전달하는 전략으로, 소비자는 이미지 한 장을 통해 감성·가치·분위기를 직관적으로 받아들인다. 생성형 AI의 발전으로 기획자는 디자인 툴을 직접 다루지 않아도 되며, 아이디어 중심 설계가 가능해졌다. 결과적으로 이미지 광고는 "감성을 전략적으로 시각화하는 것"이며, AI는 이를 신속하게 구현하는 도구이다.

2) 이미지 콘텐츠 광고 특징(10가지)

(이미지 중심 인지 효과, 감성 전달, SNS 호환성, 빠른 버전링, BI 일관성 등 주요 10개 항목은 원문과 동일함.)

3) 이미지 광고 생성용 AI 마케팅 실습하기

감성 수제청 브랜드 '강 브루어리'는 봄 시즌 신제품 '오렌지 플라워 시럽티' 출시와 함께 비주얼 광고 캠페인을 준비하고 있다. 강 사장은 기존 포스터 제작에 많은 시간과 비용이 든다고 판단해 ChatGPT－DALL·E－Canva를 활용한 AI 기반 이미지 광고 자동 생성 프로세스를 도입하기로 결정했다. 그강 브루어리의 목표는 세 가지다.

① 신메뉴가 가진 계절감과 핸드메이드 감성을 한눈에 보이도록 시각화하고,
② 온라인·오프라인 어디에서도 통일된 톤으로 활용할 수 있는 기준 이미지를 만

들며,

③ 짧고 명확한 문장을 중심으로 다양한 버전의 광고 시안을 빠르게 확보하는 것이다.

프롬프트

다음 정보를 바탕으로 지역 카페의 이미지 광고 콘텐츠 제작 프레임 중 이미지 광고 마케팅 콘텐츠를 작성해 주세요.
(1) ChatGPT - 스크립트 생성
"감성 수제청 브랜드의 신제품 '오렌지 플라워 시럽티' 광고용 문구 3가지를 만들어줘.
핵심 메시지는 '봄의 향기, 한 잔의 여유',
문체는 부드럽고 감성적이며, 10단어 이내로 작성해줘.
각 문구마다 DALL·E로 시각화하기 좋은 이미지 설명도 함께 제시해줘."

중략

□ 3 **ChatGPT 출력 예시**

구분	광고 카피 문장	DALL·E 이미지 설명
①	"햇살 한 모금, 마음이 따뜻해지는 오후."	부드러운 햇살이 비치는 창가 테이블, 투명한 유리잔에 오렌지 슬라이스가 떠 있는 감성 장면. 파스텔 톤 배경.
②	"오늘의 기분, 오렌지의 향기로 채우다."	오렌지빛 찻잔이 창가에 놓여 있고, 배경에는 꽃잎이 흩날리는 봄의 분위기. 미세한 빛 표현 강조.
③	"봄은 오렌지의 향기로 시작된다."	밝은 베이지 배경, 카페 인테리어와 함께 오렌지꽃과 유리병이 어우러진 광고용 이미지. 제품 로고 공간 확보.

4 **[DALL·E 이미지 생성 프롬프트 예시]**

> "오렌지 플라워 시럽티를 홍보하는 감성 광고 이미지를 만들어줘.
> 투명한 유리컵에 오렌지 슬라이스와 시럽이 반짝이며,
> 따뜻한 자연광이 들어오는 창가 배경으로 표현.
> 인스타그램·포스터용 정사각형(1:1) 이미지로 제작하고,
> 톤은 파스텔 오렌지 + 화이트로 통일해줘."

[AI 응답 7-5] 지역카페 홍보 이미지 마케팅 실습 사례

제8장 AI 디자인 마케팅과 시각 전략 (임소연)

제1절 AI 디자인 마케팅

1. AI 디자인 마케팅의 개념

AI 디자인 마케팅은 디자인 작업을 대신해 주는 도구를 사용하는 것에 그치지 않는다.

실제 마케팅 현장에서는 제한된 시간과 예산안에서 얼마나 빠르게 시각 콘텐츠를 제작하고, 브랜드 이미지를 일관되게 유지할 수 있는지가 중요한 과제가 된다. 이러한 맥락에서 AI 디자인 마케팅은 디자이너가 없는 환경에서도 기본적인 브랜드 시각 요소를 직접 구성하고, 반복되는 디자인 작업의 부담을 줄이기 위한 실무적 선택으로 활용되고 있다. 본 교재에서는 AI 디자인 마케팅을 '디자인 제작을 자동화하는 기술'이 아니라, 마케팅 실행 속도와 일관성을 높이기 위한 실무 전략으로 접근한다.

2. AI 디자인 마케딩의 종류

AI 디자인 마케팅은 실무에서 활용되는 기능의 성격에 따라 여러 유형으로 구분할 수 있으며, 각 유형은 제작 목적과 활용 상황에 따라 다르게 사용된다.

[표 9-1] AI 디자인 마케팅의 종류

구분	내용	대표 활용 사례	대표적인 예
이미지 생성 기반 디자인	텍스트 설명만으로 이미지와 일러스트를 자동 생성하는 방식	광고 이미지 생성, 제품 사진 제작, 배경 이미지 생성	Canva, Midjourney, DALL·E 등
자동 레이아웃·템플릿 디자인	콘텐츠 내용을 분석해 AI가 적합한 레이아웃·템플릿을 추천하거나 자동 배치	포스터·전단·썸네일 자동 구성, 카드뉴스 레이아웃 추천	캔바의 '스타일 적용', '자동 정렬', '템플릿 추천' 기능 등
이미지 편집 보정 디자인	사진의 배경 제거, 색감 보정, 확장 등 자동 편집 기능	배경 제거, 배경 확장, 색상 보정, 인물·제품 강조	캔바의 '배경 제거', '매직 에디트(Magic Edit)' 같은 기능 등
텍스트 기반 시각 디자인	AI가 문구·카피를 생성하고 해당 문구에 맞는 시각 요소를 자동 구성	광고 카피 생성, 카드뉴스 문구 자동 생성, SNS 문구 자동 삽입	캔바의 'Magic Write(매직 라이트) 등
브랜드 자동화 디자인	로고·컬러·폰트를 AI가 인식해 모든 디자인에 자동 적용하는 방식	브랜드 키트 생성, 색상 팔레트 추천, 브랜드 톤 자동 적용	캔바의 'Brand Kit' 등
영상 기반 디자인	영상 편집·자막·효과·템플릿을 AI가 자동 처리	쇼츠·릴스 제작, 자막 자동 생성, 오프닝·홍보영상 생성	Runway 등

제2절 캔바 기반 시각 디자인 전략

1. 캔바 시각 디자인 개념

다양한 AI 디자인 도구 중에서도, 캔바(Canva)는 실제 마케팅 실무에서 가장 널리 활용되는 대표적인 이미지 디자인 플랫폼이다
캔바는 로고, 배너, 포스터, 카드뉴스, 썸네일 등 마케팅에서 가장 많이 사용되는 핵심 시각물을 빠르고 일관성 있게 제작할 수 있도록 설계된 도구로, 전문 디자이너가 아니어도 브랜드의 시각 정체성을 쉽게 구현할 수 있다는 점이 특징이다.

특히, 이미지 기반 콘텐츠 제작에 필요한 기능(레이아웃 추천, 자동 정렬, 색상 팔레트, 배경 제거, 스타일 적용 등)을 AI가 지원해 주기 때문에, 복잡한 프로그램을 익히지 않아도 브랜드의 분위기와 메시지를 시각적으로 정확하게 표현할 수 있다.
이러한 특성은 소상공인, 교육기관, 중소기업 등 디자인 지원 인력이 부족한 조직에서 실무적으로 매우 큰 장점이 된다.

본 절에서는 캔바를 활용해 브랜드 이미지를 구축하고 마케팅 메시지를 효과적으로 전달하기 위해 필요한 시각 디자인 전략을 다룬다.
앞 절에서 설명한 AI 디자인 마케팅의 개념과 종류를 기반으로, 실제 현장에서 가장 많이 활용되는 이미지 디자인 유형을 중심으로 캔바의 구조와 작동 방식, 시각적 구성 요소의 원리를 이해하는 과정을 다룰 예정이다.

2. 캔바의 기능

캔바는 크게 디자인 제작 기능, 영상 제작 기능, 문서 제작 기능, 마케팅 콘텐츠 기능, AI 기능 등이 있다

1) 디자인 제작 기능

[표 9-2] 캔바의 디자인 제작 기능

분류	기능명	설명
이미지 디자인	로고 제작	AI 로고 생성, 직접 디자인, 폰트·컬러 적용 가능
	썸네일 제작	유튜브·블로그용 1280×720 / 1920×1080 사이즈 템플릿 제공
	포스터	매장 홍보, 행사 안내용 A3/A4 포스터 제작
	배너	옥외·매장용 배너, 롤업배너 디자인
	전단지	A5/A4 사이즈의 홍보용 전단지 제작
	메뉴판	카페·식당 메뉴판, 테이블 텐트 메뉴 제작
	현수막 디자인	행사·오픈 안내용 대형 현수막 디자인
	명함	개인·브랜드용 명함 템플릿 제공
	인포그래픽	데이터·정보를 시각화하는 그래픽 제작
	카드뉴스	인스타·블로그용 1080×1080 정사각형 카드뉴스 제작
	브로셔	2·3단 접지 브로셔 및 기업 소개서 제작
	리포트/제안서	회사 보고서, 기획안, 제안서 템플릿 제공

2) 영상 제작 기능

[표 9-3] 캔바의 영상 제작 기능

분류	기능명	설명
영상 디자인	단편 영상 만들기	5-60초 홍보 영상, 짧은 스토리 영상 제작
	유튜브 영상	오프닝・클로징・카드 삽입 등 영상 편집 가능
	쇼츠/릴스	세로형 9:16 비율 영상 제작
	슬라이드형 영상	카드뉴스를 애니메이션 영상으로 변환
	자막 자동 생성	음성 인식 자막 자동 생성(한국어 가능)
	배경 음악・효과음 삽입	무료 음원・효과음 제공

3) 문서 제작 기능

[표 9-4] 캔바의 문서 제작 기능

분류	기능명	설명
문서 디자인	프레젠테이션(PPT)	강의, 발표용 슬라이드 제작
	워크시트/양식	수업용・기업용 워크시트 템플릿 제공
	보고서 양식	회사 보고서, 연구 보고서, 분석 보고서 제작
	계획서/플래너	월간 계획표, 체크리스트 등 제작
	이력서・포트폴리오	구직용 이력서, 작업 포트폴리오 제작

4) 마케팅 콘텐츠 기능

[표 9-5] 캔바의 마케팅 콘텐츠 기능

분류	기능명	설명
마케팅	SNS 콘텐츠 제작	인스타그램 피드, 스토리, 하이라이트 커버 제작
	광고용 이미지	페이스북·인스타 광고 이미지 제작
	브랜드 키트	로고·컬러·폰트 일괄 저장 후 자동 적용
	템플릿 자동 리사이즈	하나의 디자인을 다른 크기로 자동 변환
	QR코드 생성	URL 기반 QR코드 생성 기능
	목업(Mockup)	스마트폰·노트북·컵·포스터에 디자인 씌우기

5) AI 기능

[표 9-6] 캔바의 AI 기능

분류	기능명	설명
AI 디자인	캔바 AI 디자인 생성	텍스트로 포스터/배너/카드뉴스 자동 생성
AI 이미지	이미지 생성	문장 기반 이미지 생성
AI 텍스트	매직 라이트	글쓰기·요약·카피 문구 자동 생성
AI 편집	배경 제거	사진 배경을 한 번에 제거
AI 편집	이미지 확장/보정	주변 확장, 색상 보정 자동 처리
AI 편집	자동 정렬·스마트 레이아웃	레이아웃 자동 배치 기능

6) 팀·공유 기능

[표 9-7] 캔바의 팀 · 공유 기능

분류	기능명	설명
협업	팀 초대	팀 디자인 협업 가능
	댓글 기능	디자인 위에 직접 댓글 남기기
	디자인 공유 링크	수정 가능 링크 · 보기 링크 생성

3. 캔바 디자인 제작 기능

[표 9-8] 캔바 디자인 제작 기능

기능명	목적	주요 구성 요소	활용 사례
로고 제작	브랜드의 첫인상 형성, 정체성 확립	브랜드명, 슬로건, 색상, 심볼	카페 · 매장 로고, 브랜드 키트 생성
배너 제작	오픈 · 행사 · 매장 홍보를 위한 시각적 안내물 제작	제목, 보조문구, 배경 이미지, 매장 정보	오픈 배너, 행사 배너, 매장 앞 홍보물
브로셔 제작	브랜드 · 메뉴 · 서비스 정보를 종합적으로 전달	브랜드 소개, 대표 메뉴, 전체 메뉴, 케이터링 안내	매장 비치용 브로셔, 홍보용 리플렛
인포그래픽 제작	복잡한 정보를 한 장에 시각적으로 요약	브랜드 스토리, 메뉴 요약, 원두 정보, 매장 안내	매장 내부 안내물, SNS 정보 이미지
카드뉴스 제작	SNS에서 핵심 내용을 짧게 전달	장별 제목, 짧은 문구, 이미지 · 아이콘	인스타그램 · 블로그 홍보 카드뉴스
썸네일 제작	온라인 콘텐츠의 첫 시선을 끌기 위한 대표 이미지 제작	메인 제목, 보조문구, 배경 사진, 로고	블로그 썸네일, 유튜브 섬네일

제3절 캔바 실습

이 절에서는 이러한 전략적 기반 위에서 하루커피라는 가상의 브랜드 사례를 활용해 로고, 배너, 브로셔, 인포그래픽, 카드뉴스, 썸네일 등 실전 제작 과정을 단계별로 따라가며 실제 디자인을 완성해 보는 실습을 진행한다.

소상공인 김사장님은 스페셜티 커피 전문점 '하루커피'를 새롭게 창업하였다. 매장은 정식 오픈을 앞두고 있었지만, 브랜드 로고, 매장 홍보 배너, 서비스 안내 브로셔, 인포그래픽 콘텐츠, SNS용 카드뉴스, 홍보용 썸네일 등 마케팅에 필요한 디자인 자료가 하나도 준비되어 있지 않은 상황이었다. 김사장님은 전문 디자이너를 따로 고용하기 어려워 직접 ChatGPT와 Canva를 활용하여 브랜드 디자인 패키지를 만들어보기로 결정한다.

ChatGPT에서는 브랜드 콘셉트 정의, 메시지·슬로건 문구, 각 디자인에 들어갈 텍스트 구성을 도움받고, Canva에서는 로고 제작, 배너 디자인, 브로셔 구성, 인포그래픽, 카드뉴스, 썸네일을 차례대로 제작해 나가는 것이 목표다. 이제 김사장님은 ChatGPT에 첫 질문을 하며 '하루커피' 브랜드 디자인 제작을 본격적으로 시작하려고 한다.

1. 로고와 브랜드 키트

프롬프트

카페를 이제 막 오픈하려고 하는데 먼저 로고가 필요합니다. 브랜드 이름은 '하루커피'이고 전체적으로 따뜻하면서도 조금은 프리미엄 느낌이 나는 방향으로 로고를 만들고 싶습니다. 이 분위기에 맞는 슬로건 문구를 5가지 정도 알려주시고 로고 색상으로 사용할 만한 색상 3가지도 함께 알려주세요. 또 브랜드와 잘 맞는 핵심 키워드도 함께 알려주세요.

■ **슬로건 제안**

- 하루의 온도를 담습니다
- 당신의 오늘을 따뜻하게 합니다
- 천천히 머무는 한 잔을 전합니다
- 매일 다른 풍미, 같은 편안함을 제공합니다
- 하루를 채우는 커피 한 모금을 전합니다

■ **추천 색상**

- 다크브라운(#5A3A2E)
- 크림베이지(#F4E7D3)
- 딥그린(#2F4E3E)

■ **브랜드 키워드**

- 따뜻함
- 편안함
- 내추럴 감성
- 핸드드립 전문성
- 프리미엄 이미지

↓

[중략]

[AI 응답 9-1] 로고와 브랜드 키트 사례

2. 배너(=현수막)

프롬프트

로고까지는 만들었는데 이제 매장 앞 배너가 필요합니다. 오픈 초기에 손님들 매장을 처음 볼 때 가장 먼저 시선이 가는 것이 배너니까 매장이 어떤 분위기인지 어떤 콘셉트인지 한눈에 전달할 수 있는 배너를 재작해주세요. '하루커피'와 어울리고 따뜻한 느낌을 주는 오픈 배너 문구를 2~3줄 정도로 알려주세요.

말씀하신 것처럼 오픈 배너는 매장을 처음 보는 손님에게 브랜드 인상을 전달하는 핵심 요소입니다.
간결하면서도 카페의 분위기를 자연스럽게 보여주는 문장을 사용하는 것이 좋습니다.
'하루커피'의 따뜻하고 편안한 콘셉트에 맞춰 아래 문구를 제안합니다.

배너 문구 제안 1

하루커피 GRAND OPEN
하루의 온도를 담습니다
오픈기념 전 메뉴 1+1(3일간)

배너 문구 제안 2

하루커피 GRAND OPEN
오픈기념 전 메뉴 1+1(3일간)
따뜻한 하루를 채우는 커피 한 잔, 하루의 온도를 담습니다

[중략]

[AI 응답 9-2] 베너제작 사례

3. 브로셔(=리플렛)

프롬프트

이제 매장 앞 배너까지 만들었는데, 가게를 조금 더 자세히 설명할 수 있는 브로셔도 하나 있으면 좋겠다는 생각이 듭니다. 손님들에게 하루커피가 어떤 곳인지, 어떤 메뉴와 서비스가 있는지 말로만 설명하기보다는 간단한 브로셔를 하나 건네주는 편이 더 기억에 남을 것 같습니다. 하루커피 매장을 소개하고, 대표 메뉴와 케이터링 가능 여부까지 한눈에 보여줄 수 있는 A4 두 장짜리 브로셔 구성을 잡고, 안에 들어갈 문구를 예시로 만들어 주세요.

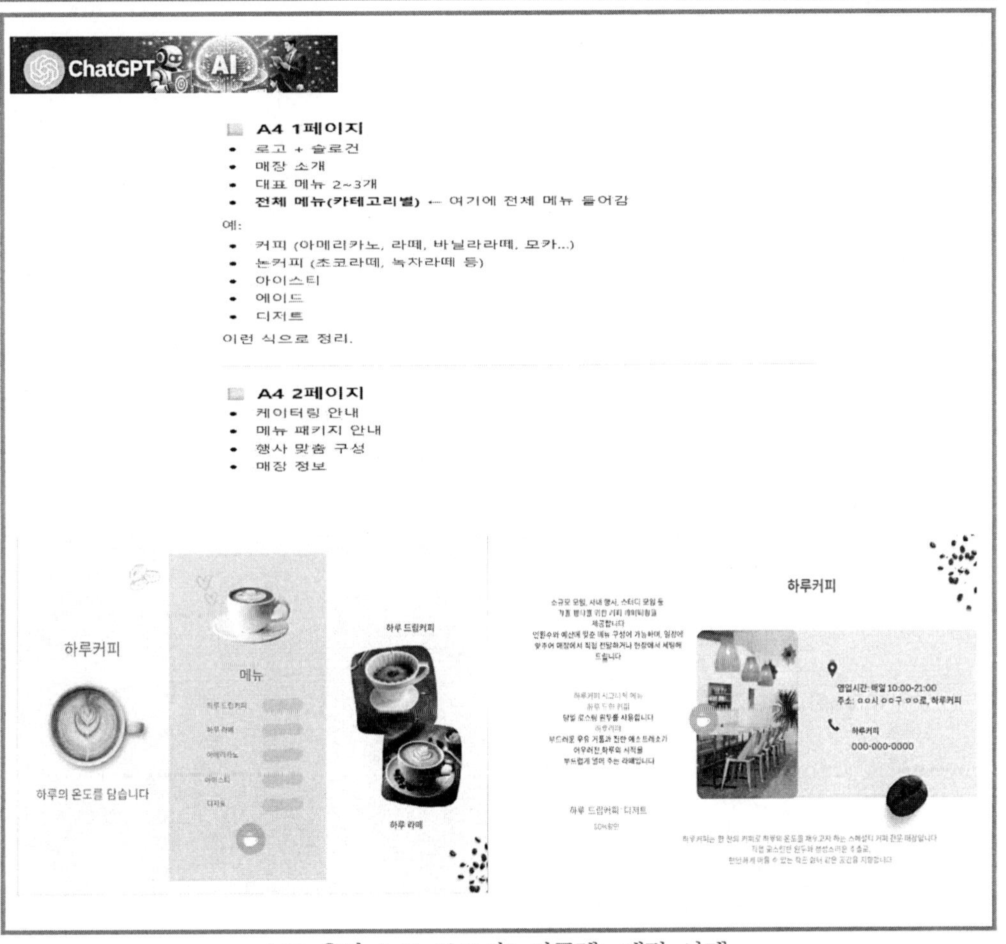

[AI 응답 9-3] 브로셔(=리플렛) 제작 사례

4. 인포그래픽

프롬프트

하루커피의 정보를 손님에게 한눈에 보여줄 수 있는 인포그래픽이 필요합니다. 브로셔는 내용이 길어서 매장 안에서는 간단하게 보기 어려워 보입니다. 그래서 브랜드 소개, 메뉴 요약, 원두 정보, 케이터링 안내까지 한 장에 정리된 형태로 만들고 싶은데 구성안을 추천해 주세요.

인포그래픽은 하루커피의 핵심 정보를 한눈에 정리해 전달하기에 적합한 형식입니다. 한 장 안에서 브랜드 이미지와 메뉴 구성을 명확하게 보여주기 위해 아래와 같은 구성을 제안합니다.

1) 상단: 인포그래픽 제목 + 로고

· 제목: 하루커피 한눈에 보기
· 슬로건: 하루의 온도를 담습니다

[중략]

5) 하단: 케이터링 안내 및 매장 정보

소규모 모임, 행사, 스터디 모임 등을 위한 커피 케이터링을 제공합니다.
인원수와 예산에 맞춰 메뉴 구성이 가능하며, 일정에 따라 매장에서 직접 전달하거나 현장에서 세팅하는 방식으로 진행합니다.

매장 안내
영업시간: 매일 10:00–21:00
주소: ㅇㅇ시 ㅇㅇ구 ㅇㅇ로 ㅇㅇ, 하루커피
문의: 000-000-0000

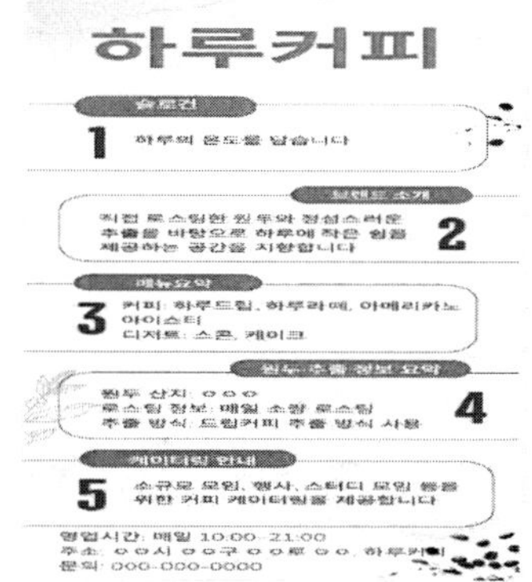

[AI 응답 9-4] 인포그래픽 제작 사례

5. 카드뉴스

프롬프트

온라인에서 하루커피를 소개하기 위한 카드뉴스를 만들어 주세요. 인스타그램이나 블로그에서 짧고 명확하게 내용을 전달할 수 있는 내용으로 하루커피 브랜드 이야기와 메뉴 소개, 공간 분위기 등을 3~5장의 카드뉴스로 만들고 싶은데 어떤 내용으로 해야 되는지 알려주세요.

카드뉴스는 온라인에서 하루커피의 정보를 짧고 명확하게 전달하기 좋은 형식입니다. 한 장씩 넘기면서 자연스럽게 이어지는 스토리를 구성하면 브랜드 이미지와 분위기를 효과적으로 보여줄 수 있습니다. 아래는 하루커피에 맞는 4장 구성 카드뉴스 예시입니다.

하루커피 카드뉴스 구성 예시(4장)

1장 – 하루커피 브랜드 소개

제목: 하루의 온도를 담습니 ❞ ChatGPT에게 묻기
내용: 하루커피는 따뜻함과 편안함을 중심으로 하루에 작은 쉼을 전하고 싶은 마음에서 시작했습니다.

[중략]

4장 – 공간 소개 및 방문 안내

제목: 잠시 쉬어갈 수 있는 공간
내용: 따뜻하고 편안한 분위기에서 커피 한 잔을 즐길 수 있는 작은 쉼터입니다.
영업시간 10:00–21:00
주소 ㅇㅇ시 ㅇㅇ구 ㅇㅇ로 ㅇㅇ, 하루커피
문의 000-000-0000

[AI 응답 9-5] 카드 뉴스 제작 사례

6. 썸네일

프롬프트

온라인에서 하루커피를 소개하려고 하는데 카드뉴스뿐만 아니라 썸네일도 필요합니다. 블로그나 유튜브에 올릴 때 가장 먼저 시선이 가는 부분이 썸네일이라서 브랜드 분위기와 핵심 내용을 한눈에 보여줄 수 있는 이미지가 필요합니다. 하루커피의 따뜻한 느낌을 유지하면서 메뉴나 공간 분위기를 강조할 수 있는 썸네일을 만들고 싶은데 어떤 구성으로 만들면 좋을지 알려주세요.

ChatGPT:

썸네일은 온라인에서 가장 먼저 고객의 시선을 끄는 요소라서 하루커피의 분위기와 핵심 정보를 짧고 강하게 전달하는 것이 중요합니다. 아래는 하루커피 브랜드에 맞는 썸네일 구성 예시입니다.

하루커피 썸네일 구성 예시

1) 큰 제목(핵심 문구)

· 오늘 하루, 따뜻한 한 잔
· 하루의 온도를 담은 커피
· 편안함이 머무는 하루커피

짧고 강한 한 문장이 가장 효과적입니다.

[중략]

4) 브랜드 요소

· '하루커피' 로고
· 브랜드 색상(브라운·크림·아이보리 계열)
· 간단한 아이콘(커피잔, 드립포트 등)

과하지 않게 구석에 배치하는 형태가 좋습니다.

[중략]

하루커피
하루의 온도를 담습니다
하 루 커 피
오늘 하루,
따뜻한 한 잔
하루드립 · 하루라떼 ·
디저트

[AI 응답 9-6] 썸네일 제작 사례

AI Note

제9장 CRM·이메일·리텐션 자동화 (이승희)

제1절 AI기반 CRM 활용

CRM(Customer Relationship Management)은 기업이 고객과의 관계를 장기적으로 유지하고 강화하기 위해 운영하는 전략적 관리 시스템이다. CRM의 핵심 목적은 단순히 고객 정보를 저장하는 데 그치지 않고, 고객의 행동과 선호를 분석하여 지속적인 만족과 충성도를 높이는 것에 있다. 이를 위해 기업은 구매내역, 관심상품, 웹사이트 방문기록, 고객 상담 이력 등 다양한 형태의 데이터를 수집하고 이를 통합적으로 관리한다.

수집된 고객 데이터는 고객 세분화, 개인화 마케팅, 이탈 고객 예측 등 여러 의사결정에 활용되며, 특히 고객의 선호 패턴을 분석하면 맞춤형 메시지 발송, 추천상품 제시, 재구매 유도 전략 등 효과적인 리텐션 활동이 가능해진다. 관련하여 AI 기반 CRM 도구들은 이러한 작업을 더욱 효율적으로 수행하도록 돕는다.

1. CRM(고객 관계 관리)의 이해

CRM은 고객과의 지속적이고 가치 있는 관계를 구축하여 장기적인 충성도를 높이기 위한 관리 시스템이다. 고객 데이터를 기반으로 고객의 니즈와 행동 패턴을 분석하여 더 나은 경험을 제공하는 것이 핵심이다. 개인화된 서비스와 메시지를 통해 고객과의 관계를 강화할 수 있다. CRM은 반복 구매와 추천을 유도해 고객 생애 가치(LTV, Life Time Value)를 높이는데 기여한다.

기업은 CRM을 활용해 지속적인 관계를 유지와 안정적인 매출 기반을 만들 수 있다. 충성 고객 확보는 신규 고객 유치보다 비용이 적게 들기 때문에 CRM은 높은 경제적 가치를 가진다. 데이터 기반 관리 방식은 기업의 전략 수립을 더욱 정확하고 효율적으로 만든다. 고객 행동과 감정 정보를 분석하면 고객의 문제를 빠르게 파악하고 대응할 수 있다. 맞춤형 서비스와 경험 제공을 통해 고객 만족도와 신뢰도가 향상된다. 결과적으로 CRM은 기업의 장기적 성장과 경쟁력 확보에 필수적인 핵심 전략이다.

2. 고객 데이터 유형 및 활용

고객 데이터는 구매 이력, 선호도, 행동 데이터, 고객 지원 기록 등으로 구성되며 CRM의 핵심 기반이 된다. 구매 이력은 구매 빈도, 구매 금액, 제품 카테고리 등을 포함하여 고객의 소비 성향을 파악하는 데 활용된다. 선호도 데이터는 고객이 관심을 보인 상품, 클릭 패턴, 반응이 좋은 콘텐츠 등으로 개인화 전략의 핵심 자료가 된다. 행동 데이터는 웹사이트 방문 기록, 페이지 체류 시간, 장바구니 이탈 기록 등 고객의 실제 행동 흐름을 보여준다. 고객 지원 기록에는 상담 내용, 불만 및 요청 사항, 고객만족(CS) 처리 결과가 포함되어 고객 경험의 문제점을 진단할 수 있다.

이러한 데이터는 구매 패턴과 선호도를 기준으로 고객을 세분화(Segmentation)하는 데 사용된다. 또한, 고객별 맞춤 메시지 발송, 추천 상품 제시 등 개인화(Personalization) 마케팅에 적극 활용된다. 행동 변화를 분석하면 이탈 가능성이 높은 고위험 고객을 예측하는 이탈 예측(Churn Prediction)이 가능하다. 캠페인 반응 분석을 통해 어떤 메시지와 발송 시간이 효과적인지 파악하여 전략을 최적화할 수 있다. 결국 고객 데이터 분석은 사용자 경험(UX, User Experience) 향상, 소비자 중심 의사결정 강화로 이어진다.

[표 9-1] 고객 데이터 유형 및 활동 목적

구분	내용	주요 활동 목적
① 구매 이력 (Purchase History)	구매 빈도, 구매 금액, 제품 카테고리	소비 성향 분석, 핵심 고객군 파악

② 선호도 데이터 (Preference Data)	관심 상품, 클릭 패턴, 반응이 좋은 콘텐츠	개인화 추천, 맞춤형 메시지 생성
③ 행동 데이터 (Behavior Data)	웹사이트 방문 기록, 체류 시간, 장바구니 이탈 기록	고객 여정 분석, 이탈 위험 탐지
④ 고객 지원 기록 (CS Data)	상담 내용, 불만/요청, 처리 결과	고객 문제 해결, 만족도 향상 전략 설계

3. 생성형 AI 기반 CRM 활용 사례

친환경 생활용품 브랜드 “Eco Living”은 최근 VIP 고객들의 재구매율이 감소하고 있는 문제를 발견했다. 마케팅팀은 생성형 AI(ChatGPT)를 활용해 고객별 행동 데이터 기반 개인화 리텐션 메시지를 만들고자 한다. 데이터에는 고객의 선호 제품, 최근 관심 카테고리, 장바구니 이탈 기록 등이 포함되어 있다. 목표는 AI가 고객의 감정과 니즈를 반영하여 재구매를 유도하는 맞춤형 이메일을 자동 생성하는 것이다.

프롬프트

“당신은 Eco Living의 CRM 전문가입니다. 고객의 구매이력(에코 클리너), 관심 제품(천연 아로마 제품), 장바구니 이탈 상품(허벌 섬유 유연제)을 바탕으로 따뜻한 어조의 개인화 리텐션 이메일을 작성하세요. 이모지 1개 포함, 교차 추천 제품 2개 제안, 장바구니로 돌아오도록 하는 CTA(Call To Action, 행동유도) 문구를 넣으세요.”

📌 고객 데이터 기반 분석 결과

항목	분석 내용	이메일 적용 포인트
구매 이력	친환경 청소용품(eco cleaners)을 이전에 구매	"지속적인 친환경 선택을 응원"하는 메시지, 브랜드 가치 강조
관심 상품	자연 아로마 제품(natural aroma products)	추천 제품 중 아로마 계열 포함, 향/자연성 강조
장바구니 이탈 상품	허벌 패브릭 소프트너(herbal fabric softener)	이메일 핵심 CTA: "장바구니로 돌아가기"
톤 & 목적	Warm, personalized retention	고객 이름 가정(First Name), 감사 & 응원 메시지

💌 개인화 리텐션 이메일 (한국어 버전)

제목: 자연의 향기를 담은 선택, 아직 기다리고 있어요 🌿

[고객명]님 안녕하세요,

항상 Eco Living과 함께 친환경 라이프스타일을 실천해 주셔서 감사합니다.
최근에 구매하신 **친환경 청소용품**을 통해 [고객명]님의 집이 더 건강하고 지구 친화적으로 바뀌고 있다는 사실이 참 기쁩니다 💚

또한 **자연 아로마 제품**에 관심을 보여주셨더군요.
마침, 장바구니에 담아 두신 **허벌 패브릭 소프트너**가 아직 기다리고 있어요.
부드럽고 은은한 허브 향으로, 세탁 시간에 한층 더 편안한 느낌을 더해줄 거예요 🌿

함께 사용하면 더 좋은 추천 제품 두 가지도 준비해봤어요.

- **시트러스 그로브 아로마 미스트** — 상큼한 자연 향으로 실내 공간을 산뜻하게
- **라벤더 카밍 디퓨저 오일** — 편안한 밤과 휴식을 위한 은은한 라벤더 향

✨ **지금 주문을 이어서 진행해보실까요?**

👉 **[장바구니로 돌아가기]**

[고객명]님의 친환경 여정을 항상 응원합니다.
Eco Living은 자연을 위한 작은 선택이 모여 큰 변화를 만든다고 믿습니다 🌍

따뜻한 마음을 담아,
Eco Living 팀 드림

[AI 응답 9-1 AI 도구를 활용한 고객 데이터 기반 분석 결과]

제2절 이메일 마케팅 자동화

이메일 마케팅 자동화는 AI 기술을 활용해 고객에게 맞춤형 이메일을 자동으로 작성하고 발송함으로써, 참여율과 운영 효율을 동시에 높이는 전략이다. 이메일은 여전히 높은 도달률과 전환율을 가진 핵심 마케팅 채널이며, AI는 메시지 개인화, 발송 타이밍 최적화, 콘텐츠 품질 향상을 지원한다.

1. 이메일 마케팅 기본 이해 (Email Marketing Basics)

이메일 마케팅은 고객과 직접적으로 소통할 수 있는 효율적인 채널로, 개인의 관심사와 행동에 기반한 개인화 메시지 전달이 가능하다는 장점이 있다. 기업은 고객의 구매 이력, 선호도, 웹사이트 행동 등을 활용해 맞춤형 콘텐츠를 구성하여 더 높은 참여율과 전환을 유도한다. 따라서, 효과적인 이메일 마케팅을 위해서는 고객 데이터 분석을 기반으로 한 타깃 메시지 작성 능력이 중요하다.

이메일 마케팅은 기업이 고객과 직접적으로 연결될 수 있는 가장 안정적이고 신뢰도 높은 디지털 채널 중 하나이다. 소셜미디어나 검색광고와 달리, 이메일은 고객 개인의 수신함(Inbox)으로 메시지가 전달되기 때문에 도달률이 높고, 고객이 스스로 콘텐츠를 열람하는 자발적 참여(Opt-in Engagement)가 이루어진다는 점에서 큰 장점을 가진다. 이메일 마케팅의 핵심은 고객의 특성과 상황에 맞추어 개인화된 메시지(Personalized Messaging)를 전달하는 데 있다.

고객의 구매 이력(어떤 제품을 얼마나 자주 구매했는지), 선호도(자주 클릭하는 카테고리), 웹사이트 행동 패턴(무엇을 조회하고 장바구니에 담았는지) 등 구체적인 데이터를 기반으로 메시지를 구성할 수 있다. 예를 들어, 최근 특정 카테고리를 여러 번 조회한 고객에게는 관련 제품 추천 이메일을, 이전 구매 주기가 다가온 고객에게는 리필 제품 알림 이메일을 보낼 수 있다. 기업은 이러한 데이터를 활용해 고객에게 관심 기반의 맞춤형 콘텐츠를 전달함으로써 이메일 오픈율(열람률), 클릭률, 전환율을 크게 높일 수 있다.

이는 단순히 광고를 보내는 것이 아니라 “고객이 필요로 할 정보를 적절한 시점에 제공하는 것"으로, 고객 경험을 향상시키고 브랜드 신뢰도를 높이는 데 중요한 역할을 한다. 따라서, 효과적인 이메일 마케팅을 수행하기 위해서는 고객 데이터 분석을 통해 고객의 니즈를 정확히 파악하고, 그에 기반한 타깃 메시지(Targeted Messaging)를 작성하는 능력이 필수적이다. 데이터를 바탕으로 한 메시지가 일반적이고 포괄적인 문구보다 훨씬 높은 반응을 이끌기 때문에, 기업은 AI와 CRM 시스템을 활용하여 메시지를 보다 빠르고 정교하게 개인화하는 전략을 중점적으로 운영하고 있다.

2. 자동화된 이메일 캠페인 구축

이메일 자동화는 고객의 행동이나 조건이 충족되면 이메일이 자동 발송되도록 설정하는 시스템으로, MailerLite·HubSpot 같은 도구를 사용해 운영 효율을 크게 높일 수 있다. 대표적인 자동화 유형은 첫 인상을 만드는 웰컴 이메일, 장바구니에 상품을 남겨둔 고객에게 보내는 장바구니 이탈 알림 이메일, 그리고 휴면 고객을 다시 참여시키는 재참여(Re-engagement) 이메일이다.

각 이메일은 고객의 상황과 여정을 고려해 맞춤형 메시지를 전달하도록 설계된다. AI는 고객의 구매 기록, 관심 분야, 행동 패턴을 분석해 개인화된 문구와 추천 제품을 자동 생성한다.

자동 워크플로우(Workflow)를 구성하면 신규 가입 → 관심 고객 → 구매 고객 → 휴면 고객까지 단계별로 적절한 메시지를 자동으로 보낼 수 있다. 결과적으로 자동화 이메일은 운영 시간을 절감하고, 참여율·전환율·고객 유지율을 향상시키는 효과적인 CRM 전략이다.

[표 9-4] 자동화 이메일 유형

이메일 유형	설명	주요 목적
웰컴 이메일 (Welcome E-mail)	신규 구독·회원가입 시 자동 발송되는 첫 인사 이메일	브랜드 첫 인상 형성, 초기 참여 유도

장바구니 이탈 알림 이메일(Cart Abandonment E-mail)	장바구니에 상품을 담고 결제하지 않은 고객에게 자동 발송	구매 재고려 유도, 전환율 증가
재참여 이메일 (Re-engagement E-mail)	일정 기간 활동이 없는 휴면 고객에게 자동 발송	고객 관계 회복, 재방문·재구매 유도

3. 마케팅에서 감성 데이터 사용

AI는 이메일 제목(Subject Line) 작성, 본문 콘텐츠 품질 개선, 문장 톤 조정 등 다양한 글쓰기 작업을 자동으로 지원한다. 고객의 이름, 관심 상품, 과거 구매 제품 등을 반영한 개인화 카피를 자동 생성해 메시지의 공감도를 높일 수 있다. 또한, 고객의 활동 시간, 이메일 열람 패턴, 클릭 데이터 등을 분석하여 최적 발송 시간(Best Send Time)을 계산한다.

AI는 수천 개의 데이터 포인트를 기반으로 고객이 가장 이메일을 열람할 확률이 높은 시간대를 자동 추천한다. 이 기능은 고객별로 서로 다른 시간에 이메일을 보내는 맞춤형 발송(Personalized Send Time) 전략을 가능하게 한다. AI는 A/B 테스트 결과도 자동 분석하여 어떤 문구나 구조가 높은 반응을 유도했는지 판단한다. 이를 통해 제목의 단어 선택, 메시지 길이, CTA(Call-To-Action/구체적이고 명확한 행동 지시) 문구까지 최적화할 수 있다.

AI 기반 지원은 마케터의 시간을 절약하고, 반복적인 작성 작업을 자동화해 운영 효율을 크게 높인다. 또한, 고객의 행동 기반으로 메시지를 최적화하므로 이메일 오픈율과 클릭률이 향상되는 효과가 있다. 전반적으로 AI는 이메일 품질, 발송 타이밍, 반응률을 모두 개선하여 캠페인 성과를 극대화하는 핵심 도구로 기능한다.

4. 이메일 마케팅 자동화 실습

온라인 홈퍼퓸(Home Fragrance, 방향제) 브랜드 “AromaHome”은 최근 신규 가입 고객의 첫 구매 전환율이 낮아 고민하고 있다. 마케팅팀은 AI 기반 이메일 자동화 도구를 활용하여 신규 고객을 위한 '웰컴 이메일 시리즈(Welcome Workflow)'를 설정하려 한다. 특히, ChatGPT를 이용해 개인화 문구를 자동 생성하고, 고객의 행동 데이터(관심 카테고리, 웹사이트 체류 시간)를 기반으로 최적 발송 시간을 찾는 것이 목표다. 이를 통해 첫 구매를 유도하고 초기 고객 충성도를 높이고자 한다.

프롬프트

"당신은 AromaHome의 이메일 마케팅 담당자입니다. '아로마 디퓨저' 카테고리를 많이 조회한 신규 구독자를 위한 개인화 웰컴 이메일을 작성하세요. 따뜻하고 환영하는 어조로 작성하고, 이모지 1개 포함, 연관 제품 2개 추천, 첫 구매를 유도하는 강한 CTA(Call To Action, 행동유도) 문구를 넣으세요. 또한, 일반적인 고객 행동 패턴을 고려해 최적 발송 시간을 제안하세요."

3. AI 생성 결과 예시 (AI Output Example)

"AromaHome에 오신 걸 환영합니다
고객님이 관심 있게 보신 *아로마 디퓨저*와 어울리는
'허브 릴랙스 오일'과 '내추럴 우드 스틱' 제품을 추천드립니다.
은은한 향기가 가득한 공간을 경험해보세요!
지금 첫 구매하시면 특별한 웰컴 혜택을 받으실 수 있습니다.
첫 구매 혜택 받기 (Go to Shop)

추천 발송 시간: 저녁 **7시~9시**, 고객의 조회·클릭 활동이 가장 많은 시간대."

4. 결과 분석 (Result Analysis)

① 개인화 강화(Personalization)

- 고객의 관심 카테고리(아로마 디퓨저)를 반영하여 **연관 제품 추천**이 자연스럽게 이루어짐.
- 웰컴 이메일이 고객 개개인에게 맞춤형으로 보이도록 설계됨 → **초기 신뢰 형성**.

② 감성 기반 커뮤니케이션(Tone & Emotion)

- 따뜻한 어조와 자연친화적 이모지 사용이 브랜드 이미지와 잘 부합.
- 감성적 접근으로 **고객의 첫 클릭·첫 구매 가능성 증가**.

③ 전환율 최적화(Conversion Optimization)

- 명확한 CTA(첫 구매 혜택 받기)를 통해 행동 유도 가능성 증가.
- 추천 제품 제공으로 첫 구매 장벽을 낮추며 **업셀링 가능성**도 확대됨.

④ AI 기반 발송 시간 추천(Best Send Time)

- 고객의 웹사이트 활동 패턴을 반영해 저녁 시간대 발송을 추천함.
- 일반적인 신규 방문자 행동(퇴근 후 모바일 사용 증가)에 기반해 **오픈율·클릭률 향상 기대**.

⑤ 운영 효율성 증가(Automation Efficiency)

- 이메일 작성·추천·개인화·발송 시간 설정을 AI가 자동 처리해
  마케팅팀의 **시간 절감 + 메시지 일관성 유지**가 가능함.

[AI 응답 9-2] AI 도구를 활용한 이메일 자동화 분석 결과

제3절 AI를 활용한 콘텐츠 생성 및 고객 유지 관리

AI 기반 콘텐츠 생성 기술은 고객에게 전달되는 메시지의 품질을 높일 뿐만 아니라, 고객의 장기적인 유지(retention)와 충성도(loyalty)를 강화하는 데 중요한 역할을 한다. AI는 고객의 행동 데이터와 관심사를 분석하여 개인화된 마케팅 콘텐츠를 자동으로 생성하고, 이를 통해 고객의 만족도와 재방문율을 높이는 전략적 도구로 사용된다.

1. 리텐션(Retention)과 충성도(Loyalty)의 이해

기존 고객을 유지하는 것은 신규 고객을 확보하는 것보다 비용 측면에서 훨씬 효율적이다. 일반적으로 신규 고객 확보 비용은 기존 고객 유지 비용의 5~7배에 이른다. 충성 고객은 재구매 확률이 높고, 주변에 브랜드를 자발적으로 추천해 추가 매출을 만든다.

따라서, 기업은 기존 고객이 지속적으로 긍정적인 경험을 할 수 있도록 관리해야 한다. 구매 후 케어 메시지, 리뷰 요청, 혜택 안내 등은 고객 경험을 유지하는 핵심 요소이다. 이러한 소통은 고객의 전체 여정(Customer Journey)에 맞추어 단계적으로 이루어져야 한다.

고객이 불편함을 느끼거나 관심이 감소하는 초기 신호를 파악하는 것이 중요하다. AI는 고객 행동 데이터를 분석해 이탈 조짐을 빠르게 감지할 수 있다. 또한, AI는 고객에게 필요한 대응이나 혜택을 자동으로 제안하여 실질적인 유지 전략을 지원한다. 결국 리텐션 관리의 핵심은 고객이 브랜드와 긍정적인 관계를 지속하도록 만드는 것이다.

[표 9-5] 리텐션 활동으로 충성도 강화

구분	내용
기존 고객 유지의 중요성	신규 고객 확보 비용은 기존 고객 유지 비용의 5~7배에 달함

충성 고객의 특징	재구매 가능성이 높고, 자발적 추천을 통해 추가 매출을 창출
리텐션 핵심 목표	고객이 지속적으로 긍정적 브랜드 경험을 하도록 관리
주요 고객 관리 활동	구매 후 케어 메시지, 리뷰 요청, 혜택 안내 제공
고객 여정 기반 커뮤니케이션	고객 행동 단계에 맞춘 맞춤형 메시지 전달 필요
이탈 신호 감지의 필요성	관심 감소·불편 경험 등 초기 신호를 조기에 발견해야 함
AI의 역할: 데이터 분석	고객 행동 데이터를 통해 이탈 위험을 자동 분석
AI의 역할: 대응 제안	고객에게 적합한 혜택, 메시지, 행동 유도 방안을 자동 추천
장기 관계 강화 효과	지속적 만족 제공 → 고객 충성도 상승 및 재구매 증가
최종 목표	고객이 브랜드와 긍정적인 관계를 지속하며 이탈을 방지하는 것

2. AI 기반 리텐션 절차

AI 기반 리텐션 절차는 고객의 행동 데이터를 종합 분석하여 이탈 위험 고객(Churn Risk Customer)을 자동으로 예측한다. 분석 데이터에는 방문·구매 간격 증가, 장바구니 담기 후 미결제 패턴, 특정 제품군에 대한 관심 감소 등이 포함된다. 또한, 고객 클레임 기록과 부정 감정(negative sentiment)도 AI가 감지하는 중요한 이탈 신호이다.

[표 9-6] AI 기반 리텐션 절차

구분	내용
AI의 핵심 역할	고객 행동 데이터를 분석하여 이탈 위험 고객(Churn Risk Customer)을 자동 예측
분석하는 주요 데이터	방문·구매 간격 증가, 장바구니 미결제 패턴, 특정 제품 관심 감소, 클레임 및 부정 감정 데이터
이탈 신호 예시	비정상적으로 긴 방문 간격, 반복된 장바구니 이탈, 제

	품 카테고리 관심도 하락, CS 불만 증가
AI가 제안하는 대응 ①	관심 감소 고객 → 관련 콘텐츠 자동 제공
AI가 제안하는 대응 ②	가격 민감 고객 → 맞춤형 할인 쿠폰 제공
AI가 제안하는 대응 ③	이탈 위험 고객 → 재참여(Re-engagement) 이메일 발송
AI가 제안하는 대응 ④	VIP 고객 → 우선 혜택·전용 이벤트 제공
리얼타임 데이터 업데이트	고객 행동 데이터를 실시간 반영하여 참여도 점수(Engagement Score) 자동 계산
자동화된 리텐션 실행	마케터가 즉각 대응하지 못해도 자동으로 적절한 유지 전략 실행
기대 효과	고객 유지율 증가, 충성도 강화, 장기 매출 안정성 확보

이러한 데이터를 바탕으로 AI는 고객에게 필요한 개입(Action)을 자동으로 제안한다. 예를 들어 관심이 줄어든 고객에게는 관련 콘텐츠를 제공하여 흥미를 다시 유도한다. 가격 민감 고객에게는 할인 쿠폰을 제공하여 구매 장벽을 낮출 수 있다. 이탈 위험이 높은 고객에게는 재참여(Re-engagement) 이메일을 자동 발송한다. VIP 고객에게는 우선 혜택을 제공하여 충성도를 더욱 강화할 수 있다. AI는 모든 고객 데이터를 실시간으로 업데이트하며 참여도 점수(Engagement Score)를 계산한다. 이 덕분에 마케터가 즉각 대응하지 못해도 AI가 자동으로 리텐션 전략을 실행해 고객 유지 효과를 극대화한다.

3. 개인화 혜택·리워드

AI 기반 추천 시스템은 고객의 구매력, 취향, 행동 패턴을 분석해 고객별로 가장 효과적인 혜택과 보상을 자동 설계한다. 특정 제품군을 자주 구매하는 고객에게는 해당 카테고리 전용 쿠폰을 발행하여 재구매를 유도한다. 오랫동안 구매하지 않은 고객에게는 재참여 유도용 10% 할인 쿠폰을 제공해 복귀를 촉진할 수 있다.

취향 기반 추천을 통해 고객이 좋아하는 향·색상·스타일에 맞춘 맞춤형 상품을 제안할 수 있다. 예를 들어 “쿠폰 제공 시 재구매 증가”와 같은 패턴이 확인되면 해당 혜택의 비중을 강화한다. 반응이 낮은 혜택은 자동으로 수정하거나 다른 보상 형태로 대체해 프로그램의 효율을 높인다. 이 과정은 고객의 만족도를 높이고 브랜드와의 감정적 유대감을 강화하는 데 기여한다.

4. 리텐션 마케팅 자동화 실습

라이프스타일 브랜드 "Calm&Home"은 고객 유입은 많지만, 최근 60일 동안 구매가 없거나 활동이 줄어든 고객이 증가하고 있다. 마케팅팀은 AI를 활용하여 고객의 이탈 가능성을 예측하고, 고객별로 최적화된 혜택을 제공해 충성도를 높이는 리텐션 프로그램을 구축하고자 한다. AI는 고객의 구매 이력, 선호 제품 카테고리, 클릭 패턴, 페이지 체류 시간 등을 분석하여 이탈 위험 고객을 자동으로 분류하고, 고객 맞춤형 혜택을 추천하며, 장기적 충성도 향상을 위한 메시지를 자동 생성하는 역할을 한다. 목표는 고객에게 자연스럽게 브랜드로 돌아올 이유를 제공하고, 개별 고객의 취향을 반영한 맞춤형 리워드 전략을 자동화하는 것이다.

프롬프트

"당신은 Calm&Home의 CRM 담당자이다. 60일 동안 구매가 없는 고객에게 보낼 재참여(Re-engagement) 이메일을 작성하세요. 고객이 과거 자주 관심을 보였던 카테고리(홈 프래그런스)를 언급하고, AI 분석 기반으로 고객에게 가장 효과적인 맞춤형 혜택을 제시하세요. 이모지 1개 포함, 연관 제품 2개 추천, 그리고 왜 이 혜택이 이 고객에게 적합한지 행동 데이터를 기반으로 간단히 설명하세요."

3. AI 생성 결과 예시 (AI Output Example)

"고객님, 다시 향기로 채워드릴게요

지난 60일 동안 잠시 떠나 계셔서 아쉬웠어요.
고객님이 즐겨보셨던 *홈 프래그런스 라인*의 인기 제품들이 새롭게 추가되었습니다.

Calm&Home이 준비한 **특별 맞춤 혜택 – 12% 재구매 쿠폰**을 드릴게요: *BACKHOME12*
추천 제품:
• '화이트 머스크 리드 디퓨저'
• '허브 앤 그린티 홈 스프레이'

AI 분석 결과, 고객님은 향기 제품 카테고리에서 클릭율이 높고,
할인 혜택이 제공될 때 구매 전환율이 증가하는 패턴이 나타났습니다.
그래서 이번 혜택은 고객님께 가장 적합한 선택으로 제안드립니다.

4. 결과 분석 (Result Analysis)

① 리텐션과 충성도 관점 분석

- 60일 동안 활동이 없는 고객에게 자동으로 재참여 이메일을 발송함으로써 **이탈 방지 효과** 발생
- 과거 관심 카테고리(홈 프래그런스)를 활용한 개인화 문구로 **고객 감정적 연결 강화**

② AI 기반 행동 분석 반영

- AI는 고객의 클릭 패턴, 관심 제품군, 프로모션 반응을 기반으로
  → "할인 혜택"이 효과적이라는 패턴을 발견
- 이에 따라 **12% 맞춤형 할인 쿠폰**을 제공하여 전환 가능성 최적화

③ 개인화된 제품 추천 효과

- 고객이 선호했던 향기 라인에서 두 가지 제품을 추천하여 부담 없이 탐색할 수 있도록 지원
- 클릭 가능성과 구매 확률 증가

[AI 응답 9-3] AI 도구를 활용한 리텐션 자동화 분석 결과

제4절 CRM 성과 측정 및 개선

CRM 성과 측정은 고객과의 관계 관리 활동이 실제 마케팅 성공으로 이어지고 있는지를 판단하는 핵심 과정이다. 이 과정에서 기업은 명확한 성과 지표(KPIs)를 설정하고, 데이터 기반의 분석 도구를 활용하여 캠페인의 효과성을 지속적으로 모니터링해야 한다. 또한, AI는 과거 데이터를 분석하여 전략적 개선 방향을 제안함으로써 CRM 활동의 정확성과 효율성을 크게 향상시킨다.

1. KPI 및 성과 지표 설정

CRM 성과를 정확하게 평가하기 위해서는 먼저 측정 가능한 핵심 성과 지표(KPI)를 정의해야 한다. 오픈율은 고객이 이메일을 확인한 비율로, 콘텐츠 도달력과 관심도를 파악하는 지표이다. 클릭률(CTR)은 이메일 내 링크를 클릭한 비율로, 메시지의 매력도와 참여도를 보여준다. 전환율은 클릭 후 실제 구매·가입·다운로드 등 행동으로 이어진 비율을 의미한다. 리텐션율은 기존 고객이 브랜드와 계속 관계를 유지하는 정도를 평가하는 중요 지표이다. LTV(Life Time Value/고객 생애 가치)는 고객이 장기적으로 기업에 기여하는 총 가치로, CRM의 궁극적인 성과를 보여준다. 이탈률(Churn Rate)은 고객이 브랜드 관계를 중단하는 비율로, 리텐션 전략의 필요성을 판단할 수 있다. 이러한 KPI는 캠페인의 성공 여부를 객관적으로 평가할 수 있는 기준을 제공한다. 성과 측정 결과에 따라 메시지 수정, 고객 세그먼트 조정, 혜택 전략 변화와 같은 개선이 가능하다. 결론적으로 KPI 설정은 CRM 전략을 고도화하고 지속적인 성과 개선을 이끄는 핵심 단계이다.

[표 9-7] KPI 및 성과 지표 설정

KPI 지표	설명	의미 / 활용 목적
오픈율 (Open Rate)	이메일을 열어본 비율	콘텐츠의 도달률 및 고객 관심도 평가
클릭률 (CTR)	이메일·메시지 내 링크 클릭	메시지 매력도·참여도 측정

	비율	
전환율 (Conversion Rate)	클릭 후 구매·가입 등 행동으로 이어진 비율	캠페인의 실제 성과·매출 기여도 평가
리텐션율 (Retention Rate)	기존 고객이 계속 브랜드와 상호작용하는 비율	고객 유지 효과 및 장기 관계 지표
고객 생애 가치 (LTV)	고객이 전체 기간 동안 기업에 기여한 총 가치	CRM 전략의 최종 성과 및 고객 가치 평가
이탈률 (Churn Rate)	브랜드를 떠난 고객 비율	리텐션 전략 필요성 및 위험도 판단
KPI 설정 목적	측정 가능한 평가 기준 수립	캠페인의 성공 여부 판단 및 개선 방향 도출
측정 결과 활용	메시지 개선, 타깃 세분화, 혜택 전략 조정	CRM 운영 최적화 및 성과 향상

2. 대시보드 및 리포트 활용

Looker Studio, Google Analytics 등 시각화 도구를 활용하면 CRM 성과 데이터를 한눈에 보기 쉽게 정리할 수 있다. 대시보드는 오픈율, 클릭률, 전환율 등 핵심 지표를 실시간으로 모니터링할 수 있도록 제공한다. 또한, 사용자 여정(User Journey) 분석을 통해 고객이 어떤 페이지를 어떤 순서로 이동하는지 파악할 수 있다.

신규 고객, 휴면 고객, VIP 고객 등 고객 세그먼트별 성과 비교도 쉽게 구현된다. 캠페인별 반응 패턴을 시간대별로 분석해 어떤 메시지·시간대가 효과적인지 확인할 수 있다. 대시보드를 이용하면 CTR, 전환 흐름, 방문 행동 등 중요한 데이터를 시각적으로 명확하게 이해할 수 있다. 보고서 자동 생성 기능을 통해 주간·월간 리포트를 자동으로 만들어 업무 효율을 높일 수 있다.

특정 메시지의 효과를 비교하거나 고객 반응률 변화를 추적하는 데 매우 유용하다. 데이터를 기반으로 더 빠르고 정확한 마케팅 의사결정을 내릴 수 있는 환경을 제공한다. 결론적으로 대시보드는 CRM 성과 분석과 지속적 개선에 필수적인 도구이다.

3. AI를 활용한 지속적인 개선

AI는 CRM 성과 데이터를 기반으로 과거 캠페인의 성공·실패 요소를 학습해 더 정교한 개선 전략을 자동으로 제안한다. 고객의 이메일 열람 가능성이 가장 높은 시간대를 분석하여 최적 발송 시간(Best Send Time)을 추천한다.

제목, 이미지, 문장 스타일 등 콘텐츠 요소를 비교 분석해 CTR을 높이는 콘텐츠 조합을 찾아낸다. 고객 세그먼트별 반응 패턴을 분석해 가장 효과적인 타깃 그룹(Targeting)을 자동 식별한다. A/B 테스트 데이터를 자동 분석하여 성과가 더 높은 메시지·이미지·CTA를 선택한다. 고객 행동 변화와 감정 데이터 기반으로 이탈 위험 고객을 조기에 예측한다. 성과가 낮은 메시지, 시간대, 혜택 등은 자동으로 교체하거나 수정해 최적화한다. 성과가 높은 요소는 강화하여 캠페인의 효율을 지속적으로 높인다. AI는 실시간 데이터를 반영하여 학습을 반복하며 CRM 전략을 자동 고도화한다. 결과적으로 AI는 CRM 성과 개선을 지속적으로 수행하여 운영 효율성과 고객 유지 효과를 극대화한다.

[표 9-8] AI 기반 지속적 개선

구분	내용
AI의 역할	과거 CRM 성과 데이터를 학습하여 전략 개선 방향을 자동 제안
최적 발송 시간 예측	고객이 이메일을 열람할 가능성이 가장 높은 시간대를 분석해 추천
콘텐츠 최적화	제목·이미지·문장 스타일을 분석해 CTR을 높이는 조합 도출
세그먼트 기반 타기팅	고객 그룹별 반응 패턴을 비교해 가장 효과적인 타깃 선정
A/B 테스트 자동 분석	두 버전 중 성과가 높은 메시지·이미지·CTA를 자동 선택
이탈 위험 고객 조기 예측	행동 변화·감정 데이터 분석으로 이탈 신호를 조기에 탐지
캠페인 자동 조정	성과 낮은 요소는 수정·교체, 성과 높은 요소는 강화
실시간 데이터 반영	지속적인 학습을 통해 최신 고객 행동 패턴에 맞춰 최적화
CRM 효율 극대화	자동화된 최적화로 운영 효율·참여율·유지율 향상

4. 성과 측정 및 AI 최적화 실습

라이프스타일 브랜드 "Calm&Home[4]"은 최근 이메일 캠페인의 오픈율과 클릭률이 감소하는 문제가 발생하고 있다. 기존 고객 유지율(Retention Rate) 또한 하락하며, 특정 세그먼트(휴면 고객, VIP 고객)의 반응률도 낮아지고 있다. 이에 CRM 팀은 Looker Studio와 Google Analytics를 활용하여 각 캠페인의 성과를 시각적으로 분석하고, AI를 활용해 더 정확한 발송 시간, 콘텐츠 스타일, 대상 타기팅을 개선하려고 한다. 목표는 현재 CRM 지표를 정확히 측정하고 대시보드로 성과를 비교하며, AI 인사이트를 적용해 다음 캠페인을 자동 최적화하는 것이다.

프롬프트

"당신은 Calm&Home의 CRM 분석 담당자이다. 최근 캠페인의 오픈율, 클릭률(CTR), 전환율, 리텐션율 데이터를 검토하고 약점 요소를 파악하세요. 분석된 데이터를 기반으로 다음 캠페인에 사용할
① 개선된 제목(Subject Line),
② 최적 발송 시간(Best Send Time),
③ 효과적인 타깃 세그먼트(Target Segment) 를 제안하세요.
마지막으로 결과를 명확한 요약으로 제시하세요."

4) The Calm Home Company : 영국 런던·중앙부 지역에서 활동하는 전문 정리(수납/디클러터) 서비스 업체

3. AI 생성 결과 예시 (AI Output Example)

① KPI 분석 결과

- **오픈율(Open Rate)**: 18%로 낮음 → 제목 매력도 부족
- **CTR**: 2.1%로 업계 평균보다 낮음 → 콘텐츠와 CTA 개선 필요
- **전환율**: 0.6% → 클릭 후 행동 유도 부족
- **리텐션율**: 62% → 휴면 고객 증가 추세 감지

② AI가 제안한 개선 요소

개선된 제목(Subject Line) 예시

> "놓치지 마세요 새로운 향기로 집을 채우는 오늘의 특별 추천!"

최적 발송 시간(Best Send Time)

> *오후 7시~9시*
> (고객 열람·클릭 활동이 가장 높게 나타난 시간대)

더 효과적인 타깃 세그먼트

- 최근 30일 내 웹사이트 방문 고객
- 홈 프래그런스 카테고리 클릭 경험 고객
- 장바구니 이탈 이력이 있는 중간 이탈 위험군

③ 종합 추천 문구

> "고객 활동 데이터를 기반으로 콘텐츠 관심도가 높은 세그먼트를 우선 타깃팅하고,
> 저녁 시간대 발송과 감성적 키워드 중심 제목을 적용한 이메일이 더 높은 참여율과 전환율을 기대할 수 있습니다."

4. 결과 분석 (Result Analysis)

① KPI 기반 약점 파악

- 낮은 오픈율 → 제목의 매력 부족
- 낮은 CTR → 콘텐츠 스타일 및 CTA의 설득력 부족
- 낮은 전환율 → 클릭 후 행동 흐름 개선 필요

② 대시보드 시각화 분석 효과

[AI 응답 9-4] AI 도구를 활용한 성과 측정 및 AI 최적화 결과

제10장 성과 분석과 대시보드 자동화 (박강민)

제1절 마케팅 성과, 왜 분석해야 할까?

1. 감이 아닌 숫자로 말하기

과거의 마케팅은 종종 '감(Gut Feeling);에 의존했다. "왠지 이 광고 디자인이 요즘 유행하는 것 같아", "이번 행사는 사람들이 좋아할 것 같아"와 같은 주관적인 느낌이나 경험이 중요한 의사결정의 기준이 되곤 했다. 하지만 이런 '감'은 사람마다 다르고, 성공하더라도 왜 성공했는지 정확히 설명하기 어려우며, 실패했을 때는 무엇이 문제였는지 파악하기가 불가능에 가까웠다. 무엇보다, 이 방식을 다른 사람에게 가르쳐주거나 성공 공식을 복제할 수가 없었다.

이제 시대가 바뀌었다. 우리가 하려는 '인공지능 마케팅'의 가장 기본 전제는 바로 '데이터 기반 의사결정(Data-Driven Decision-Making)'이다. 아주 간단히 말해, '감'이나 '느낌'이 아닌 '숫자(데이터)'를 보고 판단하자는 의미다. 이는 마치 지도나 GPS 없이 어렴풋한 기억에 의존해 운전하던 것에서, 실시간 교통 정보가 반영된 내비게이션을 켜고 운전하는 것으로 바뀐 것과 같다. 데이터는 우리에게 "지금 어디쯤 와 있는지", "얼마나 빨리 가고 있는지", "어느 길이 가장 효율적인지"를 객관적으로 알려준다.

특히, 디지털 마케팅 환경에서는 고객의 모든 행동이 데이터로 기록된다. 고객이 광고를 몇 번 보았는지(노출), 몇 번 클릭했는지(클릭률), 우리 웹사이트에 들어와서 얼마나 머물렀는지(체류 시간), 그리고 최종적으로 물건을 구매했는지(전환율)까지 모든 것이 숫자로 남는다. 따라서 현대 마케터의 가장 중요한 역량은 멋진 광고를

'만드는 것'에서 그치는 것이 아니라, 그 광고가 '얼마나 효과가 있었는지'를 숫자로 '증명'하는 것이 되었다.

2. 무엇을 잘했고, 무엇을 못했나?

그렇다면 우리가 데이터를 분석하는 근본적인 이유는 무엇일까? 수많은 복잡한 용어와 보고서가 있지만, 그 핵심 목표는 아주 단순하다. 바로 "무엇을 잘했고(What worked?), 무엇을 못했나(What didn't work?)"에 대한 명확한 답을 얻기 위해서다.

'무엇을 잘했는지'를 파악하는 것은 단순히 기분 좋자고 하는 일이 아니다. 이는 우리의 '성공 공식'을 찾아내기 위한 과정이다. 예를 들어, 우리가 인스타그램과 네이버에 똑같이 100만 원씩 광고비를 썼다고 가정해 보자. 데이터를 분석해 보니, 인스타그램 광고를 통해서는 100명의 신규 고객이 가입했고, 네이버 광고를 통해서는 10명의 고객만이 가입했다. 이 데이터는 우리에게 "인스타그램 광고가 네이버 광고보다 10배 더 효율적이었다"라는 명확한 사실을 알려준다. 이것이 바로 우리가 '잘한 것'이다. 그럼 다음 달 마케팅 예산을 짤 때 우리는 어떤 결정을 내려야 할까? 당연히 네이버 광고 예산을 줄이고, '잘한 것'으로 증명된 인스타그램에 예산을 더 투입해야 한다. 반대로 '무엇을 못했는지'를 파악하는 것은 실패를 질책하기 위함이 아니라, '낭비를 줄이고' '개선점을 찾기' 위함이다. 위 예시에서 네이버 광고에 쓴 100만 원은 10명의 고객을 데려왔으니, 1명당 10만 원을 쓴 셈이다. 만약 우리 제품 가격이 5만 원이라면, 이 광고는 고객 1명을 데려올 때마다 5만 원씩 손해를 보는 '못한' 마케팅 활동이다.

이 쓰라린 사실을 알려주는 것 또한 데이터의 역할이다. 데이터가 없었다면 우리는 "그래도 10명이나 가입했네"라며 다음 달에도 똑같이 100만 원을 낭비했을지도 모른다. 하지만 데이터를 통해 '못한 것'을 확인한 우리는 즉시 이 광고를 중단하거나, 광고 문구와 이미지를 완전히 새롭게 바꾸는 개선 활동을 할 수 있다.

결국 성과 분석의 기본 목표는 '잘한 것은 더 많이 하도록 만들고, 못한 것은 중단하거나 개선하도록 만드는 것'이다. 이 과정을 통해 마케팅은 정답 없는 '비용'이 아니라, 투입 대비 성과가 명확히 측정되는 '투자' 활동으로 발전하게 된다. 10장에서는 바로 이 '성과 분석'의 가장 기초적인 방법론을 학습하게 된다.

제2절 좋은 목표 세우기 (KPI 설정)

1. KPI란 무엇인가?

앞에서 우리는 마케팅 성과를 '숫자'로 말해야 한다고 배웠다. 그렇다면 우리가 매일 확인해야 할 그 '숫자'는 무엇일까? 세상에는 우리가 추적할 수 있는 숫자가 수백, 수천 가지(방문자 수, 클릭 수, 좋아요 수, 댓글 수 등)나 된다. 이 모든 숫자를 매일 확인하는 것은 불가능할 뿐만 아니라, 불필요하다. 마치 자동차를 운전할 때 타이어 공기압, 엔진오일의 화학 성분, 좌석 시트의 무게까지 실시간으로 확인할 필요가 없는 것과 같다. 우리는 그저 '속도', '남은 연료', '엔진 온도'처럼 가장 중요한 몇 가지만 보면 된다. 이처럼 우리의 최종 목표 달성에 가장 핵심적인 역할을 하는 숫자 지표를 바로 KPI(Key Performance Indicator, 핵심 성과 지표)라고 부른다. KPI는 단순히 '성과 지표(PI)'가 아니라 '핵심(Key)' 성과 지표다. 즉, "다른 건 몰라도 이 숫자만큼은 반드시 관리해야 한다" 또는 "이 숫자가 좋아지면 우리 비즈니스가 올바른 방향으로 가고 있다고 확신할 수 있다"는 의미를 담고 있다. 이 둘의 차이를 표로 정리하면 다음과 같다.

[표 10-1] 일반지표와 핵심 성과 지표 차이

구분	일반 지표 (Metric / PI)	핵심 성과 지표 (KPI)
정의	성과를 측정하는 '모든' 숫자	최종 목표 달성에 '가장 핵심적인' 숫자
목적	현상 모니터링 (예: "오늘 몇 명이 왔나?")	전략적 의사결정 (예: "목표에 얼마나 가까워졌나?")
비유	자동차의 모든 부품 수치 (예: 타이어 공기압)	자동차의 핵심 계기판 (예: 속도, 남은 연료)
예시	'좋아요' 수, '댓글' 수, '페이지 뷰'	'구매 전환율', '신규 회원 가입 수'

KPI를 설정하는 것은 우리가 어디로 가야 할지 알려주는 '내비게이션의 목적지'를 설정하는 것과 같다. 만약 우리가 "열심히 마케팅하자"라고만 말한다면, 그것은 "그냥 열심히 운전하자"라고 말하는 것과 같다. 어디로 가야 할지, 얼마나 왔는지 알 수 없다.

하지만 "이번 달 신규 회원 가입 1,000명 달성"이라는 KPI를 설정하면, 우리의 목적지가 명확해진다. 오늘 50명을 가입시켰다면, 우리는 목표를 향해 5% 나아간 것이고, 앞으로 950명이 더 필요하다는 것을 정확히 알 수 있다. 이처럼 KPI는 우리 팀 전체가 같은 목표를 바라보게 하고, 우리가 지금 잘하고 있는지 아닌지를 객관적으로 판단하게 해주는 '기준점'이 된다.

2. 우리 서비스에 맞는 KPI 찾기

그렇다면 이 중요한 KPI는 어떻게 찾아야 할까? KPI는 모든 서비스에 동일하게 적용되지 않는다. 병원의 KPI(환자 완치율)와 식당의 KPI(테이블 회전율)가 다르듯이, 마케팅에서도 서비스의 비즈니스 모델과 목적에 따라 KPI는 완전히 달라져야 한다. 초보 마케터가 가장 많이 하는 실수가 바로 이 지점이다. 다른 사람들이 중요하다고 하니까, 혹은 가장 보기 쉬운 숫자라는 이유만으로 잘못된 KPI를 설정하는 것이다.

가장 이해하기 쉬운 두 가지 예를 들어보자. 바로 '쇼핑몰'과 '콘텐츠 블로그'다. 첫째, 쇼핑몰의 최종 목표는 무엇일까? 바로 '매출', 즉 물건을 파는 것이다. 이런 쇼핑몰에서 만약 "웹사이트 방문자 수"를 KPI로 삼는다면 어떻게 될까? 방문자가 하루에 10만 명이 와도, 아무도 물건을 사지 않는다면 그 쇼핑몰은 망하게 된다. 따라서 쇼핑몰의 KPI는 방문자 수가 아니라, 방문한 사람이 '얼마나 많이 구매했는지'를 나타내는 '구매 전환율(Conversion Rate)'이나 '객단가(1인당 평균 구매 금액)'가 되어야 한다. '구매 전환율'이란 방문자 100명 중 몇 명이 실제로 구매까지 완료했는지를 보여주는 비율이다. 이 숫자가 높아야만 쇼핑몰이 돈을 벌고 있다는 뜻이므로, 이것이 바로 쇼핑몰의 '핵심' 지표다.

둘째, 광고 수익으로 운영되는 콘텐츠 블로그(혹은 언론사 사이트)의 목표는 무엇일까? 이곳은 물건을 파는 곳이 아니다. 이들의 주 수입원은 사이트에 붙어있는 '광고'다. 광고 수익은 '얼마나 많은 사람이 광고를 보았는가(노출)' 또는 '클릭했는가'에 따라 결정된다. 이런 서비스에서 '구매 전환율'을 KPI로 삼는 것은 아무 의미가 없다. 이곳의 KPI는 광고를 볼 사람, 즉 '웹사이트 순수 방문자 수(UV, Unique Visitor)'나 한 사람이 몇 개의 글을 읽었는지를 나타내는 '페이지 뷰(PV, Page View)'가 되어야 한다. 방문자가 많을수록, 더 많은 글을 읽을수록 광고 노출이 늘어나고 수익이 증가하기 때문이다.

이처럼 '우리 서비스는 근본적으로 무엇으로 돈을 버는가?' 혹은 '고객이 우리 서비스에서 꼭 해야 하는 행동은 무엇인가?'를 먼저 질문해야 한다. 그 질문에 대한 답이 바로 여러분의 서비스에 맞는 올바른 KPI를 찾아주는 열쇠가 된다.

3. B2B 프로젝트형 비즈니스의 KPI

앞의 쇼핑몰이나 블로그 예시는 주로 일반 대중(B2C)을 상대로 매일 성과를 측정하는 마케팅 KPI다. 하지만 우리 비즈니스가 정부나 다른 기업의 과제를 수주하는 '프로젝트형' 중소기업이라면 어떨까? 이 경우 '일일 구매 전환율'이 아닌, 프로젝트의 '주기'에 맞춰 KPI를 설정하고 관리해야 한다.

이 과정은 크게 '수주 단계'의 KPI 설정, '종료 단계'의 성과 체크, 그리고 '성과 분석 및 KPI 조정'이라는 3단계로 나눌 수 있다.

첫째, '과제 수주' 단계에서는 우리가 얼마나 효율적으로 계약을 따내고 있는지 숫자로 관리해야 한다. 예를 들어, '제안 성공률(Win Rate)'은 우리가 참여한 총 입찰 건수 대비, 최종 수주에 성공한 비율을 보여주는 핵심 KPI다. 만약 10번 제안해서 1번 성공한다면, 9번의 제안서 작성에 들어간 인력과 시간이 낭비되고 있다는 신호다.

둘째, '과제 종료' 시점에서는 명확한 기준을 가지고 성과를 체크해야 한다. 프로젝트가 '그냥 끝났다'가 아니라, '잘 끝났는지'를 판단하는 것이다. '일정 준수율'은 우리가 약속한 납기일을 얼마나 잘 지켰는지 보여주는 '신뢰'의 KPI다. '예산 준수율;은 더 중요하다. 1억 원짜리 프로젝트를 따냈지만, 실제 비용이 1억 2천만 원이

들었다면, 이 프로젝트는 10.1에서 말한 '못한'; 활동, 즉 '적자' 프로젝트가 된다.

마지막으로, 이 '성과 분석' 결과를 바탕으로 다음 프로젝트의 'KPI를 조정'해야 한다. 만약 우리가 계속 '적자' 프로젝트를 하고 있다면(못한 것), 그 원인을 분석해야 한다. 원인이 '수주' 단계에서 너무 낮은 금액으로 입찰했기 때문이라면, 다음 프로젝트의 '수주 KPI'를 '최저 입찰가'가 아닌 '목표 수익률 20% 이상'으로 조정해야 한다. 이처럼 B2B 프로젝트의 성과 관리는, 10.1의 원칙에 따라 '잘한 것'은 강화하고 '못한 것'은 개선하기 위해, 비즈니스 주기 전체에 걸쳐 KPI를 설정하고 끊임없이 조정해 나가는 과정이다.

제3절 AI에게 나의 KPI 물어보기

앞에서 우리는 마케팅을 '감'이 아닌 '숫자'로 해야 한다고 배웠고, 10.2장에서는 그중에서도 '핵심 목표(KPI)'를 정해야 한다고 배웠다. 하지만 막상 내 비즈니스에 맞는 KPI를 정하려고 하면 막막할 수 있다. 10.2장의 쇼핑몰(구매 전환율)이나 블로그(방문자 수)처럼 명확하지 않은, 더 복잡한 비즈니스일 수도 있다. 이럴 때, 우리는 인공지능을 '경험 많은 마케팅 전문가'처럼 활용할 수 있다. 바로 ChatGPT나 Gemini 같은 생성형 AI에게 우리의 KPI를 물어보는 것이다.

과거에는 내 비즈니스에 맞는 KPI를 찾기 위해 비싼 컨설팅을 받거나, 수십 편의 논문과 책을 읽어야 했다. 하지만 이제 AI에게 내 상황을 설명하는 것만으로도 매우 훌륭한 '출발점'을 얻을 수 있다. AI는 수많은 비즈니스 케이스와 마케팅 전략을 학습했기 때문에, 우리 비즈니스 모델에 맞는 가장 보편적이고 중요한 지표들을 빠르게 제안해 줄 수 있다.

[실습] ChatGPT로 내 비즈니스 KPI 목록 뽑기

AI에게 질문할 때는 내 상황을 구체적으로 알려줄수록 더 좋은 답변을 얻을 수 있다.

프롬프트

"나는 동네에서 작은 필라테스 스튜디오를 운영하고 있어. 네이버 플레이스 광고와 인스타그램으로 홍보하고, 웹사이트에서 '1회 체험수업' 예약을 받고 있어. 이럴 경우 우리 스튜디오의 마케팅 KPI는 뭐가 되어야 할까?"

🎯 1. 최상위 목표 (Business KPI)

정회원 수 증가 / 월 매출 증가

- 예: "월 신규 회원 20명 확보" 또는 "월 매출 400만 원 달성"

> → 실제 사업 성과를 보여주는 **핵심 지표**지만, 마케팅만으로 바로 측정하기 어려움 → 하위 퍼널 KPI로 세분화 필요

📈 2. 중간 목표 (Performance KPI)

'체험 수업 예약'이 실제 마케팅의 핵심 전환이므로,
마케팅 퍼널(노출 → 클릭 → 예약)에 맞게 다음을 추적해야 합니다:

구분	KPI	측정 도구	설명
1단계: 인지도 (Awareness)	네이버 플레이스 조회수 / 인스타그램 도달 수	네이버비즈니스, 인스타 인사이트	우리 스튜디오가 얼마나 노출되는지
2단계: 관심 (Engagement)	인스타그램 클릭수 (웹사이트 유입수), 게시글 저장/댓글	GA4, Meta Ads	콘텐츠가 얼마나 반응을 얻는지
3단계: 행동 (Conversion)	① 웹사이트 '체험수업 예약' 클릭수 ② 실제 예약 완료 건수	GA4, 예약 시스템 로그	실질적인 전환 KPI
4단계: 전환 이후 (Retention)	체험 후 정회원 전환율	내부 CRM or 수기 기록	체험 → 정회원 비율

[AI 응답 10-1] 내 비즈니스 KPI 목록 뽑기

[실습] 로컬 매장 (식당/카페)

프롬프트

"나는 서울 망원동에서 작은 파스타 식당을 운영해. 네이버 플레이스와 인스타그램으로 홍보하고 있어. 어제 하루 데이터를 대충 봤는데, 인스타그램: 광고비 1만 원 썼고, 스토리 '좋아요' 200개 받음. 네이버 플레이스: 어제 '길찾기' 클릭 30건, '전화 문의' 5건 들어옴. 솔직히 '좋아요' 200개가 매출에 도움이 되는지 모르겠어. 이 데이터가 뭘 의미하는지, 그리고 내가 진짜 집중해야 할 KPI가 각각 뭔지 알려줘."

이 프롬프트는 '보이는 숫자(허수 지표)'와 '진짜 숫자(실수 지표)'를 구분해 달라는 요청이다. AI는 이 데이터를 보고 두 채널의 역할이 다르다는 것을 명확히 짚어줄 것이다. 이처럼 간단한 데이터라도 AI에게 함께 제공하면, 우리는 10.2장에서 찾으려 했던 '내 서비스에 맞는 진짜 KPI'를 훨씬 더 빠르고 정확하게 찾아낼 수 있다.

💡 1️⃣ 인스타그램 데이터 해석

광고비: 1만 원
결과: 스토리 좋아요 200개

➡️ 이건 "관심" 수준의 지표입니다.
스토리 '좋아요'는 사람들이 콘텐츠에 반응했다는 뜻이지만,
가게 방문이나 예약으로 직접 연결됐다는 증거는 없습니다.

📊 **좋아요 → 방문까지의 단계**

1. **좋아요 / 조회수:** 콘텐츠 노출 → 관심 단계
2. **프로필 클릭 / 링크 클릭:** 실제 행동 단계 (이게 진짜 중요)
3. **방문 / 전화 / 예약:** 매출 기여 단계

👉 즉, 지금은 "1단계 지표"만 보고 있는 상황이에요.
다음부터는 다음 데이터를 꼭 함께 봐야 합니다:

- 프로필 클릭 수
- 링크 클릭(네이버 플레이스 이동) 수
- '길찾기' 클릭 증가와의 상관관계

인스타그램의 KPI 추천:

> - *프로필 클릭 수 / 광고비*
> - *네이버 플레이스로 넘어간 클릭 수*
>
> → 즉, "노출 대비 행동으로 이어진 비율 (CTR)"을 핵심 지표로 보세요.

[AI 응답 10-2] 내 비즈니스 KPI 추천 받기

제4절 왜 '자동화 대시보드'가 필요한가?

1. '예외 관리 경영'과 '신호등'

앞에서 AI의 도움으로 우리 가게의 KPI가 '네이버 플레이스 길찾기 클릭 수'와 '전화 문의 수'라는 것을 알아냈다고 하자. 이제 사장님은 매일 아침 네이버 플레이스 광고 센터에 로그인하고, 어제자 '길찾기'가 몇 건인지, '전화'가 몇 건인지 숫자를 확인하고, 어제 쓴 광고비와 비교해 "아, 어제는 건당 5천 원 들었네"라고 수동으로 계산해야 한다.

처음 한두 번은 흥미롭지만, 바쁜 소상공인 사장님이 이 과정을 매일 반복하는 것은 금세 귀찮고 지루한 일이 된다. 그러다 보면 "오늘은 바쁘니까 내일 보자", "어제랑 비슷하겠지"라며 확인을 건너뛰게 된다. 그리고 며칠이 지나면, 우리는 다시 10.1장에서 벗어나고자 했던 '감'에 의존하게 된다. "요즘 왠지 네이버 유입이 줄어든 것 같아"와 같이 말이다. 데이터 분석을 하지 않는 가장 큰 이유는 그것이 '어렵거나' 혹은 '귀찮기' 때문이다.

이때 필요한 것이 바로 '자동화 대시보드'다. 대시보드의 역할은 명확하다. 사장님이 매일 확인해야 할 그 '핵심 KPI' 숫자들만 쏙 뽑아서, 한 페이지에 '자동차 운전석 계기판'처럼 고정해 두는 것이다. 우리가 운전할 때 엔진 부품의 움직임을 일일이 보지 않고 '속도'와 '연료 게이지'만 보듯, 사장님도 네이버 광고 센터의 복잡한 메뉴가 아니라 '어제자 방문 유도 수'와 '건당 비용'만 보면 된다.

여기서 중요한 경영 이론이 하나 나온다. 바로 '예외 관리 경영(MBE, Management by Exception)'이다. 이 이론의 핵심은 간단하다. "모든 것을 관리하려 하지 말고, '정상 범위'를 벗어나는 '예외 상황'만 관리하라"는 것이다. 자동화 대시보드는 이 '예외 관리'를 가능하게 해주는 '신호등' 역할을 한다.

- 초록불 (정상): 어제 '전화 문의'당 비용이 목표(5,000원)보다 낮은 4,500원이 나왔다. → 사장님은 이 지표에 대해 걱정할 필요 없이, 하던 일(파스타 만들기, 손님 응대)을 계속하면 된다.
- 빨간불 (예외): 어제 '전화 문의'당 비용이 20,000원으로 폭등했다. → '예외 상

황'이 발생했다! 사장님은 하던 일을 잠시 멈추고, 오늘 오전에 이 문제(예: 광고 문구가 잘못 나갔는지, 네이버 시스템에 오류가 있는지)부터 해결해야 한다.

대시보드는 사장님의 시간을 아껴준다. '모든 것'을 분석하는 데 시간을 쓰는 것이 아니라, '빨간불이 켜진 곳'에만 시간을 쓰게 만들어준다.

[실습] ChatGPT로 '나만의 대시보드' 설계하기

"좋다. 나도 '신호등'을 만들고 싶다. 그런데 내 운전석 계기판에는 어떤 숫자를, 어떤 그래프로 올려야 할까?" 이 질문에 대한 답도 AI(ChatGPT)와 함께 찾을 수 있다. 10.3에서 KPI를 찾기 위해 AI를 활용했다면, 10.5에서는 AI를 '대시보드 설계자'로 활용한다.

1단계: 내 가게 데이터와 목표 정의하기

AI에게 설계를 맡기려면 '정확한 재료'를 줘야 한다. 10.3에서 등장했던 '망원동 파스타 식당'의 데이터를 좀 더 구체화해서 준비했다.

- 가게: 망원동 '달콤 파스타'
- 핵심 목표(KPI):
  ① 매출이 아닌, '실제 방문 의도'를 높이는 것.
  ② '방문 의도 1회당 비용(CPA)'을 낮추는 것.
- 어제지 가싱 데이터:
  ① 총 매출: 1,500,000원
  ② 채널 1 (인스타그램 광고):
  ③ 광고비 지출: 50,000원
  ④ 스토리 '좋아요': 500개

⑤ 프로필 방문 수: 20회

- 채널 2 (네이버 플레이스 광고):

  ① 광고비 지출: 50,000원

  ② '길찾기' 클릭: 40회

  ③ '전화 문의' 클릭: 10회

2단계: AI에게 '대시보드 설계도' 요청하기

이제 이 재료들을 가지고 ChatGPT에게 '대시보드 설계'를 직접 요청한다.

프롬프트

대시보드 설계자
너는 소상공인을 위한 데이터 대시보드 설계 전문가야.
나는 '망원동 달콤 파스타'라는 식당을 운영 중이고, 아래 [어제자 데이터]를 가지고 있어.

[어제자 데이터]
총 매출: 1,500,000원
인스타그램 광고: 지출 50,000원 / '좋아요' 500개 / '프로필 방문' 20회
네이버 플레이스 광고: 지출 50,000원 / '길찾기' 40회 / '전화 문의' 10회

[나의 목표]
'좋아요' 같은 허수 지표 말고, '길찾기'와 '전화 문의'처럼 실제 방문 의도가 있는 지표를 관리하고 싶어.

[요청 사항]
사장인 내가 매일 아침 5초 만에 볼 수 있는 '일일 성과 대시보드'를 설계해 줘.
가장 중요한 '핵심 숫자(KPI)' 3가지는 맨 위에 크게 보여줘.
인스타그램과 네이버 중 '어느 채널이 더 잘했는지' 비교하는 '막대그래프'를 하나 만들어줘.
이 대시보드를 보고 내가 '오늘 무엇을 해야 하는지' 한 줄로 요약해 줘.

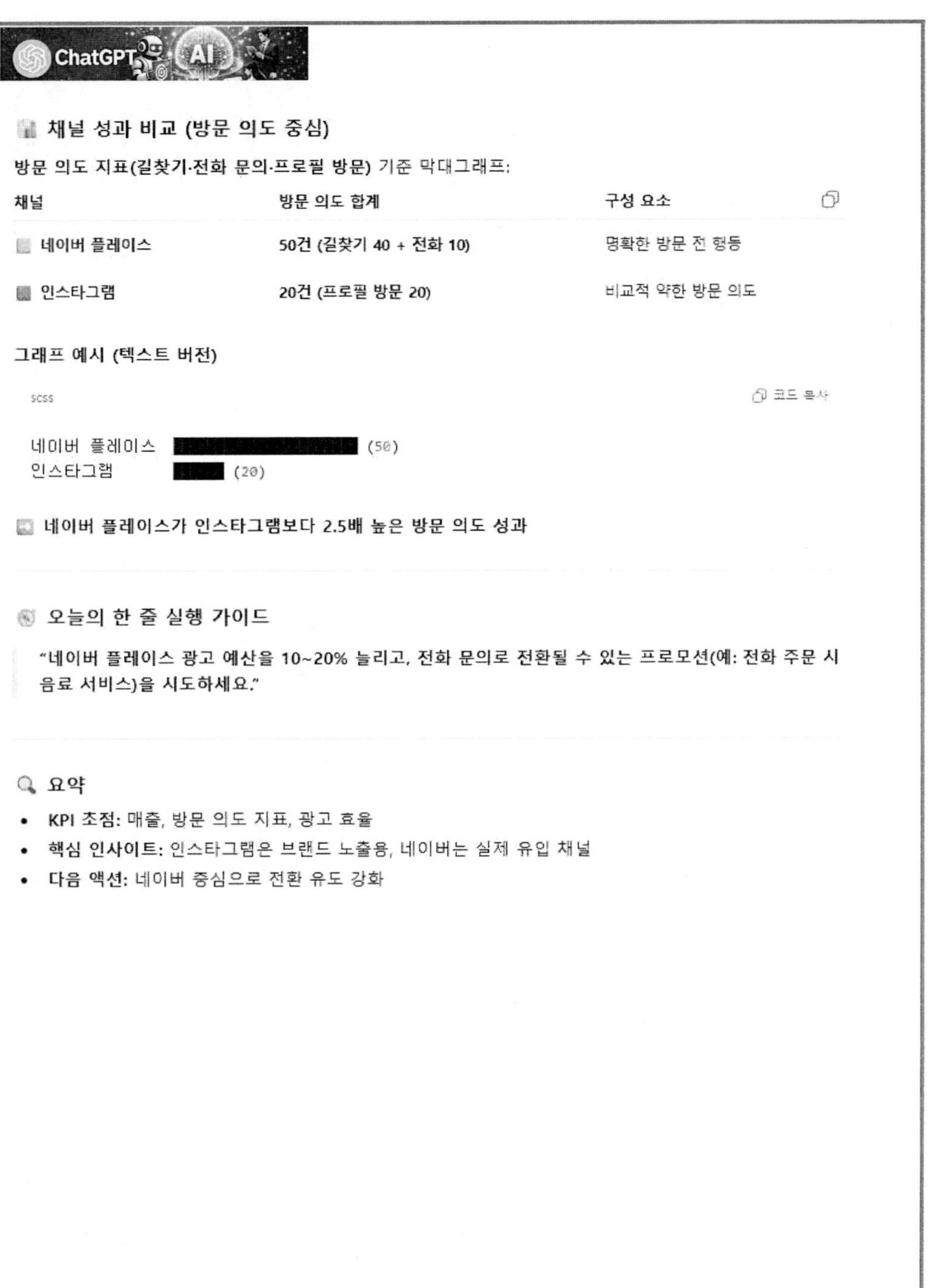

[AI 응답 10-3] 대시보드 설계도 요청 결과

AI Note

제11장 소비자 행동 영향 요인과 의사결정단계 (최광돈)

제1절 소비자 행동 영향 요인

1. 소비자 행동론의 정의

소비자 행동론은 소비자가 자신의 욕구를 충족시키기 위한 재화와 서비스를 탐색, 구매, 평가하는 일련의 과정을 연구한다. 단순히 물건을 구매하는 순간의 행위가 아니라, 구매 전의 심리적 동기부터 구매 후의 만족도 평가에 이르는 포괄적인 내용을 다룬다. 이제는 모든 자료의 디지털화로 정적인 정보(연령, 성별) 분석에서 벗어나, 라이프스타일 및 디지털 행동 패턴에 주목하여 자료를 분석하고 활용하는 것이 현대 마케팅의 필수 과제다. 이러한 변화는 다양한 기업과 조직 현장에서 매우 큰 흐름으로 나타나고 있다.

특히 AI는 방대한 소셜미디어 데이터를 실시간 분석하여 하위문화 및 준거 집단의 트렌드 변화를 몇 시간 만에 포착하여 마케팅의 민첩성을 극대화할 수 있다. 이러한 변화는 이론적 가능성이라기보다, 최근 현장에서 실제로 빠르게 확인되고 있는 흐름이다.

2. 소비자 행동 영향 요인

소비자 행동은 다양한 내적 심리 과정과 외적 환경 요인의 복잡한 상호작용의 결과물이다. 오늘날 소비자는 단순한 경제적 합리성만으로 움직이지 않는다. 그들은 문화적 트렌드에 민감하게 반응하고, 사회적 관계 속에서 자신의 정체성을 확인하며, 심리적 만족을 위해 지갑을 연다. 따라서 경영자는 거시적인 시장 트렌드와 미시적인 고객의 심리를 동시에 파악하는 양면적 접근을 해야 한다.

1) 외적 요인

① 문화적 요인: 사회 구성원들이 공유하는 가장 근본적인 가치, 지각, 행동의 원천이다. 하위문화(지리적 위치, 인종, 종교, 연령, 가치 공유)와 사회계층으로 구분된다.

② 사회적 요인: 소비자의 태도나 행동에 직접적인 영향을 미치는 집단(가족, 친구, 동료 등)을 의미한다. 준거집단은 개인의 태도와 가치관에 직간접적 영향을 주며(열망·회피 포함), 가족은 사회에서 가장 중요하고 영향력이 큰 구매 의사결정 조직이다.

2) 내적 요인

① 개인적 요인: 소비자의 독특한 특성. 자아개념은 자신을 바라보는 방식이며, 라이프스타일은 독특한 삶의 양식(AIO 측정)이며, 관여도는 제품에 대한 관심/중요도로 정보 탐색 노력 수준을 결정한다.

② 심리적 요인: 행동을 유발하는 내적 과정으로 동기는 행동을 유발하는 내적 힘이며, 지각은 외부 정보를 선택·해석하는 과정이다. 학습은 경험을 통한 지식·행동의 변화로 재구매 습관을 형성한다. 신념과 태도는 대안 평가 단계에서 선택 여부를 결정하는 중요한 심리적 지표다.

[표 11-1] 소비자 행동 영향 요인

구분	영향 요인	내용
외적 요인 (환경)	문화적 요인	- 사회 구성원이 공유하는 근본적인 가치/지각/행동의 원천 - 하위문화(가치 공유 집단)와 사회계층(계층적 집단) 포함
	사회적 요인	- 직접적인 사회 관계가 태도와 가치관에 영향 - 준거집단: 개인의 태도, 의견, 가치관에 직・간접적 영향. (열망/회피 집단 포함)

		- 가족: 가장 영향력 있는 구매 의사결정 조직
내적 요인 (개인)	개인적 요인	소비자의 독특한 특성으로 의사결정에 영향. - 자아개념: 자신을 어떻게 인식하고, 타인에게 어떻게 보이고 싶어하는 방식(4가지 유형: 실제적, 이상적, 사회적, 이상적 사회적 자아개념) - 라이프스타일: 소비자의 독특한 삶의 양식. AIO(Activity(활동), Interest(관심), Opinion(의견)) 요소로 분류하고 분석 - 관여도: 제품에 대한 관심/중요도. 정보 탐색 및 대안 평가 노력 결정
	심리적 요인	행동을 유발하는 내적 과정 - 동기: 행동 유발 내적 힘. 현재와 이상적 상태 차이에서 발생 - 지각: 외부 자극을 선택/조직화/해석하여 의미 부여. AI 개인화로 선택성 강화 - 학습: 경험을 통한 영구적 변화. AI 추천이 재구매 습관 형성 과정을 최적화 - 신념/태도: 대상에 대한 생각(신념)과 호의/비호의적 방식(태도). 대안 평가의 중요 지표

현장에서는 이 네 가지 요인이 분리되어 작동하기보다, 특정 상황에서 동시에 중첩되어 나타나는 경우가 훨씬 많다.

3. AI 활용 효과적인 소비자 행동 영향 요인 분석 방법

AI는 전통적인 정적 소비자 분석을 넘어, 실시간 데이터를 활용하여 문화적, 사회적, 개인적, 심리적 요인의 동태적 변화를 포착하고 전략적 민첩성을 극대화하는 데 사용될 수 있다. 다만 이러한 효과는 데이터의 품질과 분석 목적이 명확할 때에 한해 의미를 가진다.

① 문화적/사회적 동태적 트렌드 분석: AI는 방대한 소셜 미디어, 온라인 리뷰, 커뮤니티 데이터를 실시간으로 수집하고 분석하여, 과거 수개월이 걸리던 하

위문화 집단의 가치 변화나 준거집단의 트렌드 변화를 몇 시간 만에 포착하여 마케팅의 민첩성을 극대화할 수 있다.

② 심리적 요인 최적화 (지각/학습): AI는 개인의 과거 경험과 선호도를 학습하여 콘텐츠를 선별적으로 노출함으로써 지각의 선택성을 강화할 수 있다. 또한, 학습 기반 추천을 통해 소비자의 재구매 습관 형성과 상표 애호도 증가 과정을 체계적으로 최적화할 수 있다.

③ 자아개념 기반 세분화 전략 수립: 고객의 실제적 자아개념 (편안함, 실용성)과 이상적 사회적 자아개념 (타인에게 보여주고 싶은 이미지)을 분석하여 매장 인테리어, 제품 디자인, 홍보 메시지 등 상징적 제품 선택에 영향을 미치는 전략을 구체적으로 수립할 수 있다.

4. 소비자 행동 영향 요인 AI 활용 실습

1) 필라테스 센터의 심리적 요인 최적화를 위한 메시지 제시 실습

필라테스 센터는 신규 회원이 3회차 수업을 마친 후 4회차 예약을 하지 않을 때 이탈률이 급증함을 데이터로 확인했다. 초기 열정이 신체적 고통이나 시간제약등으로 작심삼일 현상이 발생하고 있음을 알았다. 이는 서비스 업종에서 나타나는 전형적인 이탈 패턴이다. 이에 센터장은 AI를 활용하여 이 시점에 회원들에게 발송할, 단순한 독촉이 아닌 심리적 '넛지(Nudge)'가 포함된 메시지를 설계하고자 한다. 이 메시지는 회원이 운동을 '힘든 노동'이 아닌 '자신의 정체성'으로 인식하도록 유도하기 위해서 다음과 같은 프롬프트를 제시했다.

프롬프트

당신은 행동 심리학자이자 피트니스 멤버십 관리 전문가입니다. 필라테스 신규 회원이 3회 수업을 완료했으나 아직 4회차를 예약하지 않은 상황이다. 이 시점에 회원들에게 발송할 메세지를 만들어 주세요.

메시지 구성 원칙

- *심리적 저항 감소*: 부담감 없이 가볍게 클릭하도록 유도
- *행동 유도(Behavioral Nudge)*: '기세 유지 효과(Momentum Effect)' 활용
- *상실 회피(Loss Aversion)*: "준비된 혜택을 놓칠 수 있음"을 은근히 암시
- *관계 강화(Relationship Cue)*: 회원이 "관심받고 있다"고 느끼도록 설계
- *목표 정체성(Identity Cue)*: "운동을 시작한 사람"이라는 정체성 강화

Ⅰ. 메시지 문안 (카톡/문자용)

안녕하세요 😊
지난 3회 수업까지 정말 잘 따라오셨어요!
지금이 가장 중요한 '몸의 변화가 시작되는 시점'이라,
4회차 수업을 이어가시면 훨씬 더 편안하게 움직임을 느끼실 수 있어요.

혹시 시간 때문에 고민 중이시라면,
회원님 일정에 가장 잘 맞는 시간으로 바로 예약 도와드릴게요.
원하시는 요일·시간대 알려주시면 안내드릴게요!

[중략]

[AI 응답 11-1] 필라테스 센터의 심리적 요인 최적화를 위한 메시지

2) 온라인 플라워 샵의 자아개념 기반 타겟 세분화 마케팅 전략 제안 제시 실습

온라인 꽃 배달 서비스 업체는 회원들의 구매 데이터를 보유하고 있으나, 목적에 따른 세분화가 되어 있지 않다. AI를 활용하여 과거 구매 이력(배송지 정보, 카드 메시지 유무 등)을 바탕으로 '나를 위한 꽃' 구매자와 '선물을 위한 꽃' 구매자를 분류하고, 각 세그먼트에 최적화된 전략을 수립하기 위해서 다음과 같은 프롬프트를 제시했다.

프롬프트

당신은 소비자 심리 분석가이자 CRM 마케터입니다. 화훼 소비자의 구매 동기를 '실제적 자아(자가 소비)'와 '이상적 사회적 자아(선물 소비)'로 구분하여 분석하고 전략을 수립해 표로 요약해 주세요.

[중략]

Ⅲ. 소비 동기별 CRM 전략 요약표

구분	실제적 자아(자가 소비)	이상적 사회적 자아(선물 소비)
핵심 동기	나를 위한 힐링·분위기 개선	타인에게 좋은 이미지를 전달
감정 구조	정서안정·편안함·자기보상	품격·배려·이미지 표현
구매 패턴	소액 빈번 구매 / 반복 패턴 강함	고액 집중 구매 / 시즌성 강함
주요 상품 니즈	데일리 꽃다발, 집꾸미기 플라워, 미니부케, 구독형 플라워	기념일 꽃다발, 클래식·럭셔리 부케, 박스 플라워, 예약 배송
중요 선택 기준	가격 합리성, 취향 맞춤, 관리 용이성	고급스러움, 포장 디자인, 상징성, 배송 품질
CRM 메시지 방향	감정 힐링·생활 변화 강조 / "매일 꽃 한 송이로 휴식"	선물 가치·이미지 제고 / "당신의 마음을 가장 품격 있게 전달합니다"
전환 전략	구독 할인권, 일상 꽃 추천, 공간별 플라워 제안	기념일 자동 리마인드, 관계 상황별 패키지, 프리미엄 옵션 제공
재구매 전략	취향 기반 개인화 추천 / 구매 주기 예측 푸시	이벤트 캘린더 기반 알림 / VIP 선물 패키지 추천
콘텐츠 전략	'오늘의 데일리 꽃', '감성 홈플라워', '식물과 휴식' 콘텐츠	'선물 상황별 맞춤', '고급 부케 스타일링', '꽃으로 전하는 메시지'
지표(KPI)	반복구매율, 구독 전환률, 구매주기 단축	객단가(ARPU), 예약 전환율, 시즌 캠페인 매출

[중략]

[AI 응답 11-2] 온라인 플라워 샵의 자아개념 기반 타겟 세분화 마케팅 전략 제안

제2절 소비자 의사결정 단계

소비자의 구매의사결정 과정은 재화 및 서비스를 가장 합리적이고 효율적으로 선택하여 최대의 만족감을 얻으려는 일련의 과정이며, 일반적으로 다섯 단계로 구성된다.

1. 소비자 의사결정 5단계 요약

[표 11-2] 소비자 의사결정 5단계

단계	내용
1단계: 문제 인식	현재 상태와 바라는 이상적인 상태 간의 차이를 지각하여 동기 유발. 내부 자극 또는 외부 자극에 의해 시작됨.
2단계: 정보 탐색	최선의 선택을 위해 정보를 수집 - 내부 탐색: 기억 속 과거 정보 활용 (우선적, 저비용) - 외부 탐색: 외부 환경(리뷰, SNS, 전문가)에서 적극적 정보 수집. (고려 상표군 도출)
3단계: 대안 평가	고려 상표군 중 평가 기준(객관적/주관적 구매목적과 효익)과 의사결정 규칙 보상적((약점 상쇄) vs. 비보상적(최소 기준 미충족 시 제외))을 사용해 대안 비교
4단계: 구매 결정	구매 의도를 실제 행동으로 전환. 상황적 요인(결제 편의, 재고, 배송 등)에 의해 영향받음. 마케팅은 구매 방해 요인 최소화에 주력
5단계: 구매 후 행동	제품 사용 후 느끼는 만족/불만족 현상. 기대 불일치 모델로 설명됨. 불만족 시 자신의 선택에 대한 심리적 불편함인 구매 후 인지 부조화 발생.

실제 소비자의 의사결정은 이 다섯 단계를 항상 순차적으로 따르지는 않으며, 특히 저관여 제품에서는 일부 단계가 생략되거나 압축되기도 한다.

2. AI 활용 효과적인 의사결정 단계별 최적화 방법

AI는 소비자 행동 모델의 각 단계에 개입하여 의사결정의 마찰을 줄이고, 고객 관여도를 높이며, 궁극적으로 전환율과 충성도를 극대화하는 맞춤형 전략을 제공할 수 있다.

① 동기 유발 콘텐츠 맞춤형 제시: AI는 고객의 내적 욕구(동기)와 외부 트렌드(광고)를 분석하여 잠재적 문제를 인식하도록 욕구 자극 콘텐츠를 맞춤형으로 제시할 수 있어 구매 의사결정의 첫 단계 진입을 가속화할 수 있다.

② 내부 탐색 비용 최소화: AI는 자체몰 내에서 고객의 관심사를 기반으로 AI 기반 코디 추천 상품, 스타일링 가이드, 소재 스토리 등의 콘텐츠를 제공할 수 있다.

③ 대안 평가 비교 최적화: AI는 고객의 기존 신념과 태도(브랜드 친숙도, 선호도)를 분석하여 대안 평가 시 필요한 객관적/주관적 기준에 맞춰 비교표나 정보 필터링을 제공할 수 있다.

④ 인지 부조화 예방 및 충성도 강화: 구매 직후 고객의 선택이 옳았음을 입증하는 개인화된 메시지와 제품의 효용적 가치를 재확인시키는 콘텐츠를 제공하여 인지 부조화를 완화하고, 만족도 피드백을 유도하여 재구매 학습 및 상표 애호도를 강화할 수 있다.

3. 소비자 의사결정 단계 AI 활용 실습

1) 홈 케어 서비스업체의 문제인식을 위한 동기 유발 메세지 제안 실습

홈 케어 서비스 업체는 매트리스 청소 서비스의 필요성을 느끼지 못하는 잠재 고객을 대상으로 광고를 집행하고자 한다. AI를 활용하여 소비자의 안락한 침실(현재 상태)을 '보이지 않는 세균의 서식지'로 재정의(Re-framing)하여 문제 인식을 촉발하는 카피가 필요했다.

프롬프트

당신은 홈 케어 서비스의 전문 카피라이터입니다. 소비자가 매일 잠드는 침대가 육안으로는 깨끗해 보이지만, 실제로는 집먼지진드기와 피부 각질로 오염되어 있다는 사실을 알려 '문제 인식'을 유도해야 합니다. 광고 헤드라인과 바디 카피를 만들어 주세요.

Ⅰ. 광고 헤드라인(Headline)

1) 현실 직시형

"겉은 깨끗해 보이지만, 침대 속은 '당신이 모르는 하루의 가장 더러운 공간'입니다."

2) 위생 충격형

"매일 8시간, 당신은 집먼지진드기 100만 마리 위에서 잠들고 있습니다."

3) 심리 불편 유도형

"보이지 않는다고 없는 게 아닙니다. 침대 속, 지금도 누군가 살고 있습니다."

4) 감각 자극형

"부드러운 침대... 그러나 당신의 피부는 매일 '먼지·각질·진드기 삼중 세례'를 받고 있습니다."

5) 일상 반전형

"숙면의 적은 스트레스가 아니라, 침대 속 오염입니다."

[중략]

[AI 응답 11-3] 홈 케어 서비스업체의 문제인식을 위한 동기 유발 메세지

2) 인지 부조화 완화 터치포인트 제안 실습

고가 의류를 구매한 고객은 구매 후 자신의 선택에 대한 심리적 불편함인 인지 부조화를 흔히 겪는다. 이 단계에서의 커뮤니케이션 실패는 단순한 불만을 넘어 브랜드 신뢰 하락으로 직결되는 경우가 많다. 이 의류 브랜드사는 고객의 불만족과 반품을 사전에 방지하고 재구매를 유도하기 위해, AI에게 구매 후 7일 이내에 고객의 선택이 옳았음을 입증하고 제품의 가치를 재확인시켜 줄 수 있는 고객 여정 터치포인트를 구체적으로 설계하도록 요청했다.

프롬프트

고가 의류를 구매한 고객이 구매 후 심리적 불편함인 인지 부조화를 느끼지 않도록, 구매 후 7일 이내에 제공해야 할 고객 여정 터치포인트를 3가지 설정하시오. 이 터치포인트는 ①고객의 선택이 옳았음을 입증하는 내용, ②제품의 효용적 가치를 재확인시키는 내용, ③추후 재구매 행동을 유도할 수 있는 상표 애호도 증가 방안을 포함해야 합니다.

▢ 터치포인트 1. 구매 후 1일차 – "당신의 선택이 옳았습니다" 이메일/메시지

목적:

① 고객의 선택이 사회적·기능적으로 옳았음을 '즉시' 강화해 인지 부조화를 차단

실행 방식:

- 개인화된 감사 메시지 + **고객 구매 제품의 베스트 리뷰/스타일리스트 평가** 첨부
- 메시지 톤: "많은 분들이 선택하셨고, 당신도 뛰어난 선택을 하셨습니다"
- 예시 콘텐츠:

  "OO님이 선택하신 [울 캐시미어 롱코트]는 2025 F/W 고객 만족도 1위 제품입니다."
  "패션 에디터 김○○: '핏과 소재, 모두 고급스러운 겨울 클래식의 정수'"

효과:

- *사회적 증거*와 *전문가 권위*에 기반하여 구매 결정의 정당성을 확보
- 부조화 발생 가능성을 초기에 차단

▢ 터치포인트 2. 구매 후 3~4일차 – "제품의 진가를 아시나요?" 콘텐츠 푸시 or 이메일

목적:

② 제품의 **기능적/품질적 효용**을 고객이 다시 한 번 체감하도록 설계

실행 방식:

- 고객이 구매한 제품의 **소재·제작·스타일링 방법을 요약한 콘텐츠** 전달
- 콘텐츠 유형: 영상 또는 카드뉴스 (모바일 최적화)
- 예시 내용:

  "당신의 코트는 100% 국내산 캐시미어로, 밀도 360g/m² 이상의 고급 원단입니다."
  "3가지 룩북 스타일 제안: 포멀/세미룩/데일리"
  "관리 팁: 장기간 고급 유지관리를 위한 의류 브러싱 가이드"

효과:

- 제품이 단지 '비싼 옷'이 아니라, **관리와 사용에서 가치 있는 자산**임을 체감
- *지각된 품질* 강화 → 구매 후 만족도 상승 → 충성도 기반 형성

중략

[AI 응답 11-4] 인지 부조화 제한 터치포인트 제안

제3절 소비자 행동 영향 요인의 의사결정 단계 영향

1. 내·외적 요인의 의사결정 단계에 미치는 동태적 영향

첫째, 상품과 서비스 투입 요인(내적 자극(동기, 욕구)과 외적 자극(상품 가격, 서비스, 이미지))은 초기 단계의 의사결정 과정인 커뮤니케이션에 결정적인 영향을 미친다. 예를 들어, 상품 가격의 적절성, 구매 용이성, 광고 내용의 계열화 조건, 그리고 준거 집단의 영향력과 같은 외적 자극들은 소비자가 문제를 인식하고 정보를 탐색하는 1, 2단계에 직접적으로 작용하여, 특정 브랜드나 제품을 고려 상표군에 포함시킬지 여부를 결정한다.

둘째, 신념과 감정 유발 영향 요인은 정보 처리와 평가에 깊숙이 관여한다. 내·외적 자극에 의해 형성된 새로운 신념 체계나 유발된 감정은 소비자의 정보 탐색 및 대안 평가 과정에 영향을 미친다. 이는 소비자가 기존의 지각 여과 기능을 통해 정보를 수용하는 태도와 저장 조건에 따라 달라지며, 특정 대안에 대한 욕구 충족 요건의 기대 가치 크기를 결정짓는 중요한 변수로 작용한다. 다시 말해, 소비자 행동 분석을 통해 파악된 심리적 요인은 의사결정의 중간 단계에서 합리적인 판단을 좌우하는 필터 역할을 한다.

2. 관여도와 복잡한/습관적 의사결정과의 관계

소비자 행동의 개인적 요인인 관여도는 소비자가 의사결정 과정을 얼마나 광범위하고 심층적으로 수행할지, 즉 의사결정의 복잡성 수준을 결정하는 가장 핵심적인 변수다.

- 복잡한 의사결정 (고관여): 제품이나 구매에 대한 관심도가 매우 높은 경우에 발생한다. 소비자는 문제 인식부터 구매 후 행동까지 5단계 전체를 광범위하게 거치며, 활발한 외부 탐색을 수행하고, 다수의 속성을 고려하는 보상적 평가 규칙을 주로 사용한다. 고가 패션 제품이나 내구재 구매 시 이러한 형태가 나타난다.

• 습관적 의사결정 (저관여): 제품에 대한 관여도가 낮아 정보 탐색이나 대안 평가 과정 없이 내부 탐색만으로 만족하고 즉각적인 구매로 이어지는 경우이다. 이 경우 구매 후 행동이 단순하거나 생략될 수 있으며, 마케터는 브랜드 인지도를 높여 소비자의 '블랙박스' 내에 습관적 선택을 위한 정보를 저장하는 데 주력해야 한다. 따라서 마케터의 핵심 과제는 '더 많은 정보를 제공하는 것'이 아니라, 관여도 수준에 맞는 정보의 깊이를 조절하는 데 있다.

[표 11-3] 의사결정 단계별 영향 요인

단계	주요 심리 요인	외적 요인	마케팅 시사점
문제 인식	동기	광고・트렌드	욕구 자극 콘텐츠
정보 탐색	지각・학습	리뷰・SNS	정보 탐색 UX 강화
대안 평가	신념・태도	브랜드 이미지	비교표 제공
구매 결정	관여도	결제 편의	장바구니 이탈 방지
구매 후 행동	인지 부조화	A/S 경험	만족도 피드백 유도

3. AI 활용 의사결정 영향 요인 통합 분석 방법

AI는 소비자 행동에 영향을 미치는 문화적, 사회적, 개인적, 심리적 요인들이 의사결정 5단계에서 어떻게 동태적으로 상호작용하는지를 통합적으로 분석하여 전략적 통찰을 제공할 수 있다.

① 5단계 상호작용 매트릭스 분석: 문화적, 사회적, 개인적, 심리적 요인들이 의사결정 5단계전반에 걸쳐 어떻게 상호작용하며 선택을 유발하는지 매트릭스 형태로 시각화하고 분석할 수 있다.

② 관여도 기반 의사결정 복잡성 예측: 소비자 관여도 수준(개인적 요인)을 분석하여 소비자의 의사결정 유형(복잡한 의사결정 vs. 습관적 의사결정)을 예측할 수 있다. 이를 통해 고관여 제품에는 광범위한 외부 탐색 및 상세 정보를 제공하고, 저관여 제품에는 브랜드 인지 증대에 집중하는 맞춤형 전략을 수립할 수 있다.

4. 의사결정단계에서 행동 영향 요인의 작용 AI 활용 실습

1) 지역 카페의 의사결정단계에서 행동 유발 요인의 작용 실습

마케터는 소비자 행동에 영향을 미치는 요인들이 의사결정 5단계 전반에 걸쳐 어떻게 상호작용하는지 통합적으로 이해하기 원한다. AI를 활용하여 이 복잡한 상호작용을 지역 카페라는 구체적인 사례에 적용해 단계별로 가장 효과적인 마케팅 개입 포인트를 파악하고자 아래와 같은 프롬프트를 제시했다.

프롬프트

소비자의 복잡한 행동을 유발하는 문화적, 사회적, 개인적, 심리적 요인들이 의사결정 5단계(문제 인식, 정보 탐색, 대안 평가, 구매 결정, 구매 후 행동) 속에서 어떻게 상호작용하는지 표로 보여줘. 지역 카페에 적용하여 설명하시오.

의사결정 단계	문화적 요인	사회적 요인	개인적 요인	심리적 요인
1. 문제 인식	커피 문화 확산, 카공족 문화 정착, '홈카페' 등 1인 외식 트렌드	친구와 수다, 출트 추천 'OO카페 괜찮더라'	직장인: 회의 전 커피 / 학생: 집중 루틴	'피곤해서 커피 필요', '편안한 분위기' 선호
2. 정보 탐색	로컬·소셜 소비 트렌드, 인스타 감성카페 vs 실용 카페	친구 스토리, 맘카페 후기 탐색	기존 브랜드 비교, 가격 민감도	'조용한 공간이 나한테 맞아', 리뷰·이미지로 판단
3. 대안 평가	친환경·로컬 브랜드 선호, 가치소비	친구 추천, 커뮤니티 후기	좌석 편의성, 구성 요소 비교	브랜드 친숙도, 과거 경험이 긍정적이면 선호도↑
4. 구매 결정	지역 상권 응원, 로컬 정체성 강조	동행자 취향, 실시간 할인 정보	결제 수단, 포인트 유무	'지금 할인 중이니 가성비 좋아', 익숙함으로 안심
5. 구매 후 행동	로컬 문화 일상화, 지역 브랜드 자긍심	친구에게 소개, 인스타 공유, 후기 작성	재방문 여부는 경험·혜택에 따라 달라짐	만족 시 긍정 태도 형성 / 불만족 시 이탈 학습

해석 포인트

- **문화적 요인**은 고객의 가치관과 소비 관성에 장기적으로 영향을 주며, 예를 들어 "소도시의 감성 로컬 카페"라는 문화적 정체성이 문제 인식부터 충성도까지 작용합니다.
- **사회적 요인**은 특정 시점의 의사결정에 매우 강력한 영향력을 미칩니다. 특히 **정보 탐색과 대안 평가 단계**에서 지인 추천, 온라인 커뮤니티의 후기가 선택지를 결정짓는 주 요인이 됩니다.
- **개인적 요인**은 소비자의 상황(시간, 연령, 소득 등)에 따라 각 단계마다 조건을 가르며, '이 사람에게 이 카페가 맞느냐'라는 물리적/현실적 조건을 형성합니다.
- **심리적 요인**은 고객의 **경험 기반 태도와 동기 체계**에 영향을 주며, 특히 반복 구매(구매 후 행동)나 브랜드 충성도에 밀접하게 작용합니다.

[AI 응답 11-5] 지역 카페의 의사결정단계에서 행동 유발 요인의 작용 제안

2) 관여도 기반 문구 브랜드의 이원화 마케팅 전략 수립 실습

문구 브랜드는 신학기를 맞아 대량 묶음 볼펜과 프리미엄 각인 만년필을 동시에 프로모션해야 한다. AI를 활용하여 두 제품의 '관여도 수준'을 진단하고, 각각에 맞는 차별화된 설득 전략을 수립해야 한다. 이를 위해서 다음과 같은 프롬프트를 제시했다.

프롬프트

당신은 마케팅 전략가입니다. 두 가지 제품: 'A. 대용량 묶음 볼펜'과 'B. 수제 18K 금촉 만년필'에 대해 관여도에 따른 차별화된 마케팅 전략을 수립하세요.

ChatGPT AI

[중략]

Ⅲ. A vs B 전체 전략 비교 요약표

구분	A. 대용량 묶음 볼펜 (저관여)	B. 18K 금촉 만년필 (고관여)
주요 가치	실용·가격·수량	상징성·희소성·장인정신
핵심 소비 동기	재고 확보, 가성비, 편의	자기표현, 지위·품격, 소장 가치
마케팅 포인트	단가·수량·편의성	스토리·감성·경험
광고 메시지	"많이, 싸게, 편하게"	"한 자루가 만드는 당신의 격"
구매 경로	온라인/B2B/대량구매	오프라인 경험 중심(시필·개인화)
CRM 전략	자동 재구매, 할인 쿠폰	수집가 프리미엄 케어, 제품 인증, 개인화
전환 요인	가격/구성의 명확함	감성 경험과 품격적 스토리
브랜드 전략	유틸리티 메시지 중심	헤리티지·희소성 기반 브랜딩

Ⅳ. 결론

두 제품은 '필기구'라는 같은 카테고리이지만,
소비자 관여도에 따라 마케팅 전략의 출발점 자체가 완전히 달라진다.

- A(볼펜) → 기능·가성비·편의성 중심 **합리적 단순화 전략**
- B(만년필) → 감성·상징성·고급 경험 중심 **스토리 기반 전략**

[AI 응답 11-6] 관여도 기반 문구 브랜드의 이원화 마케팅 전략

제12장 고객여정 설계와 퍼널분석 (최광돈)

제1절 마케팅 퍼널과 AARRR 프레임워크

1. 전통적 마케팅 퍼널

마케팅 퍼널(Marketing Funnel)은 잠재 고객을 인지에서 구매(전환)로 유도하는 비즈니스 관점의 구조화된 경로를 시각화하며, 리드(잠재 고객으로 관심을 표현해서 연락처를 남기는 사람)를 관리하고 전환율을 높이는 데 중점을 둔 핵심 도구다. 퍼널은 일반적으로 세 단계, 즉 ToFu, MoFu, BoFu로 구분되어 마케팅 노력의 효율성을 극대화한다. 이 구분은 이해를 돕기 위한 개념적 틀이며, 실제 현장에서는 산업과 비즈니스 모델에 따라 경계가 흐려지는 경우가 많다.

[그림 12-1] 마케팅 퍼널

1) ToFu (Top-of-Funnel, 퍼널 최상단)

목표는 인지도를 극대화하고 가장 많은 잠재 고객을 유입시켜 리드 량을 늘리는 것이다. 고객은 자신의 문제나 니즈를 막 인식하기 시작하는 단계이므로, 광범위한 노출에 초점을 맞춘다. 키워드 기반의 정보성 콘텐츠, 소셜 미디어 게시물 등 광범위한 마케팅 노출에 집중한다.

2) MoFu (Middle-of-Funnel, 퍼널 중간)

목표는 ToFu에서 유입된 잠재 고객을 육성하고, 전문적인 정보 제공을 통해 브랜드 신뢰를 구축하도록 유도한다. 이 단계의 고객은 '누가' 해결할지보다 '어떻게' 해결할지에 더 관심이 많다. 게이티드 콘텐츠(eBook, 백서), 사례 연구, 웨비나, 라이브 데모 등 심층적인 콘텐츠를 제공하여 리드의 관심도를 높인다.

3) BoFu (Bottom-of-Funnel, 퍼널 최하단)

목표는 최종 구매를 유도하고, 고객의 관심을 실제 수익으로 전환하는 데 초점을 맞춘다. 명확하고 설득력 있는 CTA(Call to Action), 가격 페이지, 무료 체험, 맞춤형 컨설팅, 구매 후기 등 직접적인 전환을 유도하는 콘텐츠를 제공한다.

2. AARRR 프레임워크의 구조

AARRR 프레임워크는 디지털 비즈니스에서 사용자 유치와 유지를 위한 다섯 가지 단계(Acquisition, Activation, Retention, Revenue, Referral)의 핵심 지표를 의미하며, 전반적인 고객의 구매 여정 및 성장을 분석하고 최적화하는 데 사용되는 성장 모델이다.

1) AARRR 단계 정의

AARRR의 각 단계는 고객이 서비스에 진입하는 순간부터 옹호자가 되어 다시 바이럴을 일으키는 순환적 과정을 측정한다.

① Acquisition(획득): 고객들이 서비스를 처음 접하고 진입하는 단계로, 주로 유료 광고, 검색 엔진 최적화(SEO), 콘텐츠 마케팅 등을 통해 신규 사용자를 유치한다. 고객이 어디를 통해 들어왔는지, 어떤 채널이 효과적인지를 파악하

는 데 중점을 둔다.

② Activation(활성화): 사용자가 제품이나 서비스를 처음 사용해보고 긍정적인 경험을 얻는 단계다. 이는 '첫인상'을 결정짓는 핵심 요소로, 가입 후 첫 주문, 앱 다운로드 후 첫 사용 등 고객이 서비스 내에서 유의미한 활동(체류 시간, 페이지 조회, 버튼 클릭 등)을 하는 시점부터 측정된다. 실무적으로는 이 단계에서의 작은 불편 하나가 이후 모든 단계의 성과를 좌우하는 경우가 적지 않다.

[그림 12-2] AARRR 단계

③ Retention(유지): 사용자가 지속적으로 제품이나 서비스를 재사용하는 단계다. 고객 이탈을 방지하고 재방문율을 높여 고객 생애 가치(LTV)를 확보하는 것이 목표이며, 서비스 만족도를 파악하는 가장 중요한 단계다. 온드 미디어 운영, CRM 발송, 리타겟팅 캠페인 등이 이 단계의 주요 활동이다.

④ Revenue(수익화): 고객들이 상품·서비스에 대한 값을 지불하는 단계로, 최종 목적(매출)으로 연결되는지 측정한다. 프로모션 진행, 판매 페이지 기획, UI/UX 개선 등 수익에 직접 집중한 전략을 구상한다.

⑤ Referral(추천): 고객이 서비스를 자발적으로 홍보·공유하는 단계다. 이는 충성도가 높은 고객들만 행동하는, 퍼널 내 가장 좁은 위치이며 , 다른 이들의 경험을 신뢰하는 경향을 활용하여 바이럴 마케팅을 유도한다.

[표 12-1] AARRR 단계별 주요 측정 지표

단계	정의 (고객 행동)	주요 측정 지표 (KPI)
Acquisition	서비스 발견 및 유입	웹사이트 방문자 수, 신규 고객 수, 고객 획득 비용, 광고 클릭률
Activation	첫 긍정적 경험	페이지 조회, 체류 시간, 회원가입 전환율, 핵심

		기능 최초 사용률
Retention	재방문 및 지속 사용	재방문율, 재구매율, 이탈률
Revenue	구매 및 수익 전환	평균 주문 금액, 결제 전환율, 투자 수익률
Referral	자발적 추천 및 공유	순 추천 지수, SNS 공유율, 사용자 언급 댓글 수

3. AI 활용 AARRR 프레임워크 분석 및 최적화 방법

1) 채널 효율성 및 타겟 예측 분석

AI는 유료 광고, SEO, 소셜 미디어 등 다양한 획득 채널의 데이터를 통합하고 분석하여 어떤 채널에서 유입된 고객이 가장 높은 LTV를 창출할 가능성이 있는지 예측하고 고객을 세분화할 수 있다. 이는 획득 채널에 대한 투자 우선순위를 결정하는데 도움이 된다.

2) 고객 이탈 예측 모델 구축 및 활용

고객의 사용 빈도, 서비스 인터랙션 기록, 지원 요청 빈도, 그리고 사용량 감소나 플랜 하향 조정 같은 이탈 징후 행동 등 과거 데이터를 학습하여 고객의 이탈 위험도를 예측한다. AI는 이탈 위험 고객에게 '건강 점수'를 부여하고, 점수가 하락했을 때 어떤 정성적 고충 지점(Pain Point)과 연관되는지 고객 여정 지도(CJM)와 연결하여 맞춤형 리타겟팅 캠페인, 전담 서비스 전문가 연결, 또는 독점 할인 오퍼를 자동 발행하여 선제적 리텐션 전략을 실행할 수 있다. 이 과정은 고객의 동의와 서비스 맥락을 고려한 범위 내에서 설계되어야 한다.

3) 충성 고객 세분화 및 바이럴 잠재력 극대화 전략

AI는 충성도가 높은 고객을 식별하고 그들의 자발적인 추천 활동을 극대화하는데 초점을 맞출 수 있으며, 어떤 리워드 구조나 인센티브가 특정 세그먼트의 추천 활동을 가장 효과적으로 활성화하는지 시뮬레이션하여 바이럴 마케팅의 잠재력을 극대화할 수 있다.

4. 고객여정 AI 활용 실습

1) 채널 효율성 및 예산 우선순위 분석 작성 실습

ABC 디지털 마케팅 대행사에서는 여러 채널(네이버 광고, 인스타그램 광고, 유튜브)에서 고객을 획득하고 있다. 장기적인 고객 생애 가치(LTV)를 예측하여 마케팅 예산을 가장 수익성이 높은 채널에 재분배하고자 다음과 같은 프롬프트를 제시했다.

프롬프트

당신은 전문 마케팅 컨설턴트로 현업에서 20년이상을 활동하고 있다. 최근 3개월간 획득 채널별 고객 데이터를 가상으로 만드세요. 이 데이터를 분석하여 ①장기적인 LTV 측면에서 가장 효율적인 획득 채널을 예측하고, ②마케팅 예산을 집중할 우선순위와 그 근거를 제시해 주세요.

[중략]

② LTV 관점 최우수 채널 예측(요약)

설명

가상 데이터 결과, **Priority Score 상위권**(= 장기 LTV 대비 CAC 효율 + 확장성 우수)은 다음과 같습니다.

1. **리타겟팅 디스플레이**
- **근거**: 높은 활성화·재구매율로 **Relative LTV** 우수, CAC 보통, CTR 상위 → **LTV/CAC 및 CTR 가중 모두** 유리.

2. **검색광고(브랜드)**
- **근거**: 낮은 CAC + 높은 활성화·재구매율 + CTR 우수 → **가치 인지-전환**이 빠른 퍼널.

3. **커뮤니티/카페**
- **근거**: 낮은 CAC + 신뢰 기반 전환 → **장기 가치 대비 비용 효율**이 높음.

4. **인플루언서 제휴**
- **근거**: Activation·r90 안정적, CTR 높음 → 확장성 보정에서 가점(단, CAC 관리 필요).

(이하 **카카오 채널·네이버 쇼핑·인스타그램·검색(일반)·유튜브·틱톡** 순. 중하위 채널은 효율 또는 r90/Activation에서 상대적 열위.)

[중략]

[AI 응답 12-1] 채널 효율성 및 예산 우선순위 분석 사례

2) 충성 고객 바이럴 극대화 구조 설계 작성 실습

HIFI 화장품사는 기존 충성 고객(순 추천지수 9점 이상)을 활용한 바이럴 마케팅을 강화하고자 한다. 이들이 자발적인 추천을 하는 핵심 동인을 파악하고 이를 강화할 방안을 모색하고자 다음과 같은 프롬프트를 제시했다.

프롬프트

당신은 충성 고객 마케팅 전문가로 현업에서 20년이상을 활동하고 있다. 귀사 제품에 대한 소셜 미디어 상의 긍정 리뷰 1,000건을 분석(가정)하여 ①충성 고객들이 가장 많이 언급하는 긍정적 주제어 3가지와 ②그들의 추천 활동을 극대화하기 위한 '리워드 설계 구조'를 3가지 제안해 주세요.

ChatGPT AI

[중략]

◆ Ⅲ. 추천 활동(Referral)을 극대화하기 위한 리워드 설계 구조 3가지

구조명	리워드 설계 방식	심리적 메커니즘	기대 효과
1 감정 강화형 리워드 (Emotional Reinforcement Reward)	고객이 리뷰·SNS 후기 작성 시, 브랜드가 직접 **감사 카드·감성 굿즈 (예: 키링, 스티커)** 제공	감정적 인정(Recognition) → 긍정 감정 강화	UGC(사용자 생성 콘텐츠) 2배↑, 리뷰 지속률 +40%
2 관계 확장형 리워드 (Community Expansion Reward)	"나의 추천으로 가입한 친구 수"에 따라 **단계별 보상(브랜드 포인트·VIP 등급)** 부여	사회적 증거 + 소속감 강화 (Tribe Effect)	추천 건수 +60%, 신규 유입 품질 향상
3 가치 공유형 리워드 (Shared Value Reward)	충성 고객이 **브랜드의 사회공헌/친환경 활동**에 참여 시 **기부 매칭 리워드** 제공	"나의 소비가 선한 영향력"이라는 자기 정체성 강화	브랜드 호감도 +35%, 장기 LTV 상승

[중략]

[AI 응답 12-2] 충성 고객 바이럴 극대화 구조 설계 분석 사례

제2절 고객 여정 지도(Customer Journey Map, CJM)

1. CJM의 핵심 구성 요소 및 작성 방법

고객 여정 지도(CJM)는 고객이 브랜드, 제품 또는 서비스와 상호작용하는 전체 경험을 시각적으로 나타낸 것이다. CJM은 마케팅 퍼널과 달리 비즈니스의 전환 목표보다는 고객의 관점, 즉 감정, 동기, 고충(Pain Points)을 이해하는 데 초점을 맞춘 고객 중심의 진단 도구다. 이는 고객의 여정이 선형적이지 않고 유동적이며, 심지어 이전 단계로 되돌아갈 수 있는 순환적인 성격을 가진다.

효과적인 CJM은 고객 경험 전반에 걸친 질적 및 양적 정보를 통합한다. 핵심 구성 요소는 다음과 같다.

① 페르소나 (Personas): CJM의 초점이 되는 핵심 고객 세그먼트의 상세 프로필이다. 이 프로필은 고객의 니즈, 동기, 당면 과제, 그리고 브랜드에 대한 기대치를 반영해야 한다.

② 여정 단계 (Journey Stages): 고객의 구매 및 사용 과정을 주요 단계로 구분한다. 이는 퍼널의 ToFu, MoFu, BoFu 단계를 포함하되, 고객 관점에서 더 세분화될 수 있다.

③ 접점 (Touchpoints): 고객이 브랜드와 직간접적으로 상호작용하는 모든 순간을 식별한다. 여기에는 웹사이트 방문, 이메일, 콜센터, 소셜 미디어 상호작용, 매장 방문 등이 포함된다.

④ 감정 및 고충 지점 (Emotions & Pain Points): 각 단계에서 고객이 느끼는 감정 상태(예: 불안, 기대, 좌절)와 고객이 겪는 어려움이나 마찰 지점(예: 복잡한 결제 과정, 정보 부족)을 명시한다.

⑤ 진실의 순간 (Moments of Truth, MOTs): 고객의 브랜드 인식이나 관계에 중대한 영향을 미치는 핵심 상호작용 지점이다. MOT는 구매 결정 시점, 첫 제품 사용 경험, 그리고 고객 서비스 응대처럼 고객 만족도를 결정하는 분기점이다.

CJM 작성은 목표 설정(특정 페르소나 및 시나리오에 집중), 정성적/정량적 연구를 통한 데이터 수집, 그리고 접점별 감정 상태 매핑의 순서로 진행된다. 최종 단계에서는 마찰 지점(Pain Points)을 특정하고, 이를 개선할 수 있는 구체적인 '해결책(Solution)' 또는 '디자인 수정(Design Fix)'을 제시하여 실행 가능한 계획을 도출한다.

CJM은 마케팅 퍼널의 정량적 데이터를 보완하여 경험적 마찰의 근본 원인을 규명한다. 마케팅 퍼널이 고객 이탈이 '어디서' 발생하는지(정량)를 보여준다면, CJM은 고객의 감정적, 경험적 측면에서 '왜' 이탈하는지를 설명한다. 예를 들어, 온라인 금융 서비스에서 퍼널 분석 결과가 높은 중도 포기율을 나타낼 때, CJM 분석을 통해 이탈의 원인이 '온라인 신청 과정의 불분명한 지침'이라는 고충 지점으로 특정될 수 있다.

2. AI 활용 고객 여정 지도(CJM) 설계 및 Pain Point 도출

AI를 활용한 CJM 설계는 정적인 과거의 스냅샷을 넘어, 동적이고 실시간으로 변화를 감지하는 시스템으로 CJM을 진화시킬 수 있다.

1) 정량적 데이터와 정성적 데이터의 AI 통합 수집 및 분석

AI는 CJM 분석을 위해 고객 관계 관리(CRM), 웹 분석 데이터, 판매 기록 등 정량적 데이터와 고객의 소리(VOC), 소셜 미디어 리뷰, 설문 응답 등 정성적 데이터를 통합하는 기반이 될 수 있다.

2) 고객 감정 및 정서적 고충 지점(Pain Points) 식별 메커니즘 파악

자연어 처리(NLP) 기술은 고객 지원 대화 기록, 제품 리뷰 텍스트, 이메일 등의 비정형 데이터를 분석하여, 고객이 각 여정 단계에서 느끼는 감정(불안, 기대, 좌절)을 정량화하는 감정 분석을 수행할 수 있다.

3) 진실의 순간(MOT)의 시각화 및 중요도 평가

AI는 고객의 구매 결정 시점이나 첫 제품 사용 경험, 고객 서비스 응대 등 중요한 MOT를 식별하고, 해당 접점에서의 고객 만족도 변화를 평가하여 중요도를 정량화할 수 있다. 특히, 서비스 실패가 발생했을 때 만족도를 높이기 위한 구체적인 프로세스 개선안을 제시할 수 있다.

3. 고객 여정 지도 개발 AI 활용 실습

1) 고객 감정 및 정서적 고충 지점(Pain Points) 식별 파악 실습

AZA사는 고객센터에 접수된 VOC 텍스트 데이터를 분석하여, 고객이 가장 높은 좌절감을 느끼는 터치포인트와 핵심 Pain Point를 신속하게 식별하고자 다음과 같은 프롬프트를 제시했다.

프롬프트

당신은 20년 이상의 고객 경험 데이터 분석 전문가다. 최근 1주일간 접수된 고객 지원 문의 200건의 텍스트 데이터(가정)를 기반으로, NLP 감정 분석을 통해 ① 가장 높은 '좌절' 감정을 보이는 VOC 주제 3가지와 ② 해당 주제가 발생하는 고객 여정 단계을 매핑하고, ③ 이를 해결할 수 있는 즉각적인 대응 방안을 제시해 주세요.

① 좌절(Frustration) 감정 상위 3개 VOC 주제

설명
최근 1주일 VOC 200건(가정)을 BERT 기반 감정 분류와 토픽 모델링(LDA)을 결합해 분석했습니다. 부정 감정 중 '좌절(Frustration)' 스코어가 높은 순서대로 3개 주제를 정리합니다.
핵심키워드: 감정분석(Sentiment Analysis), 토픽모델링(LDA), 좌절스코어(Frustration Score)

1) 로그인/인증 실패 반복

설명
"로그인이 풀려요", "인증 메일이 안 와요", "OTP가 먹통이에요" 등 접근 자체가 막히는 불만. 재시도 누적 시 좌절감 급증.
핵심키워드: 로그인 실패(Login Fail), 인증(Verification), 세션(Session), 재시도(Retry)

2) 결제 실패·환불 지연

설명
"결제 승인 실패", "결제창 멈춤", "환불 진행이 안 보임" 등 금전 이슈로 불신과 분노가 겹침. 처리 가시성 부재가 좌절을 키움.
핵심키워드: 결제(Payment), 환불(Refund), PG응답(PG Response), 가시성(Visibility)

3) 고객센터 응답 지연/무응답

설명
"3일째 답변 없음", "챗봇 반복 답변만", "전화 연결 안 됨", 문제 해결이 지체되며 무력감이 좌절로 전이.
핵심키워드: SLA(서비스수준계약), 대기시간(Wait Time), 에스컬레이션(Escalation), 공감(Empathy)

[중략]

[AI 응답 12-3] 고객 감정 및 정서적 고충 지점 식별 사례

2) 진실의 순간(MOT)의 고충 개선 프로세스 작성 실습

ONNA사는 온라인 교육 플랫폼을 운영하고 있는데 수강생의 '중도 이탈'이 심각하다. 회의를 개최한 결과 '학습 시작' 후 첫 1시간이 가장 중요한 MOT라고 판단하고, 이 순간의 경험을 개선하여 이탈을 방지하고자 하였다. 이에 다음과 같은 프롬프트를 제시했다.

프롬프트

당신은 다양한 온라인 교육 플랫폼의 UX/CX 전문가로 활동하고 있다. 고객 여정 중 '학습 시작 후 첫 1시간'을 가장 중요한 MOT로 정의하고, ①이 순간 고객이 기대하는 핵심 경험 3가지와 ② 기대에 미치지 못했을 때 발생하는 Pain Point(고충) 3가지, ③그리고 이 Pain Point를 해결하여 만족도를 높일 수 있는 구체적인 프로세스 개선안 3가지를 제안해 주세요.

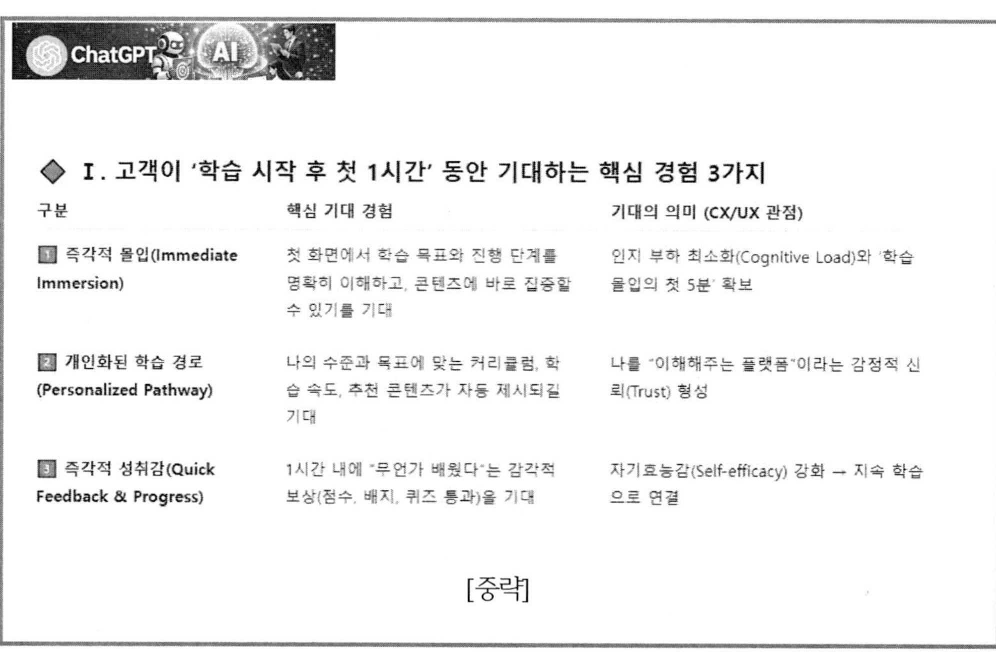

◆ Ⅰ. 고객이 '학습 시작 후 첫 1시간' 동안 기대하는 핵심 경험 3가지

구분	핵심 기대 경험	기대의 의미 (CX/UX 관점)
1 즉각적 몰입(Immediate Immersion)	첫 화면에서 학습 목표와 진행 단계를 명확히 이해하고, 콘텐츠에 바로 집중할 수 있기를 기대	인지 부하 최소화(Cognitive Load)와 '학습 몰입의 첫 5분' 확보
2 개인화된 학습 경로 (Personalized Pathway)	나의 수준과 목표에 맞는 커리큘럼, 학습 속도, 추천 콘텐츠가 자동 제시되길 기대	나를 "이해해주는 플랫폼"이라는 감정적 신뢰(Trust) 형성
3 즉각적 성취감(Quick Feedback & Progress)	1시간 내에 "무언가 배웠다"는 감각적 보상(점수, 배지, 퀴즈 통과)을 기대	자기효능감(Self-efficacy) 강화 → 지속 학습으로 연결

[중략]

[AI 응답 12-4] 진실의 순간(MOT)의 고충 개선 프로세스 제안 사례

제3절 AARRR 프레임워크와 고객 여정 지도의 통합 분석

1. 통합의 전략적 필요성

마케팅 퍼널/AARRR과 고객 여정 지도는 서로 다른 관점을 가졌지만, 통합될 때 고객 경험(CX) 관리의 가장 강력한 전략 도구가 된다. 퍼널/AARRR은 비즈니스 관점에서 전환 및 성장(정량)에 초점을 맞추고, CJM은 고객 관점에서 경험(정성)에 초점을 맞춘다.

AARRR의 역할 (정량): 고객 행동 패턴의 변화를 조기에 감지하는 '경고 시스템' 역할을 한다. 만약 Activation이나 Revenue 단계에서 전환율 저하가 감지되면, 이는 CJM 관점에서 고객 경험에 문제가 있음을 의미하는 정량적 신호다.

CJM의 역할 (정성): 정량적 이탈 신호가 감지된 단계에 대해 감정 매핑을 재실시하여 웹사이트 사용성 문제나 정보 부족과 같은 잠재된 정성적 고충 지점(Pain Points)을 식별한다. CJM에서 발견된 마찰 지점은 퍼널/AARRR 최적화를 위한 구체적인 테스트 가설(예: 결제 단계 간소화, CTA 명확화)로 변환되어 실행된다.

2. AARRR-고객 여정 단계 통합 매핑을 통한 성과 지표

통합 분석은 전통적인 마케팅 퍼널을 AARRR 단계와 정렬하는 것에서 시작된다. 이 정렬을 통해 각 단계에서 수집해야 할 정량적 KPI(AARRR) 및 정성적 진단 지표(CJM Pain Points/MOTs)를 명확히 구조화할 수 있다.

[표 12-2] AARRR-고객 여정 단계 통합 매핑을 통한 성과 지표

AARRR 단계	고객 여정 단계 초점	마케팅 퍼널 수준	핵심 통합 지표 (정량적/정성적)
Acquisition	발견/문제 인식	ToFu	도달률/트래픽 볼륨 (정량), 브랜드 회상률 (정성)
Activation	평가/관심 유발 및 사용	MoFu (초기)	참여율 (정량), 감정적 고점/마찰 지점 (Pain Points) (정성)

Revenue	구매/거래	BoFu	전환율/이탈률 (정량), 구매 만족도 (MOT) (정성)
Retention /Referral	유지/옹호	Post-Funnel/순환	고객 생애 가치(LTV)/추천율 (정량), 순수 추천 고객 지수(NPS) (정성)

3. AI 활용 통합 분석 기반 고객 생애 가치 극대화 방법

고객 생애 가치(LTV) 극대화는 마케팅의 궁극적인 목표이며, AI는 4P믹스 전략, AARRR 퍼널, 그리고 CJM의 정성적 데이터를 유기적으로 연결하여 LTV를 높이는 순환적인 전략 조정을 수행할 수 있다.

1) 4P 데이터와 AARRR, CJM 데이터를 연결하는 AI 허브

AI는 4P 데이터가 AARRR의 특정 단계에 미치는 영향과 CJM의 Pain Point 발생을 통합적으로 분석할 수 있다. 이것은 4P 요소를 하나의 통합된 흐름으로 연결하여 데이터 기반의 전략적 의사결정을 가능하게 한다.

2) 이탈 위험 예측 후 CJM 기반 선제적 대응

AI 이탈 예측 모델은 LTV가 높을 것으로 예상되는 고객 중 현재 이탈 위험이 감지된 고객을 식별할 수 있다. 이탈 징후가 감지되면, AI는 해당 고객의 최근 CJM 상의 접점 데이터를 분석하여, 이탈의 정성적 원인을 규명할 수 있다.

3) 성과 지표의 동적 추적 및 최적화

AI는 고객 생애 가치(LTV) 예측 모델을 업데이트하면서, 고객 여정의 각 단계에서 발생하는 만족도 변화가 LTV에 미치는 영향을 동적으로 분석할 수 있어 어떤 고객 경험 요소를 개선했을 때 LTV 증대에 가장 큰 기여를 하는지 파악하여 최적화하는데 도움을 줄 수 있다.

4. 마케팅 퍼널 및 고객 여정 지도 AI 활용 실습

1) 고객 여정 내 4P 조정 방안 작성 실습

GG게임사는 신규 모바일 게임이 출시 2주 만에 엄청난 다운로드 수를 기록했지만, 7일 후 유료 아이템 구매율이 예상보다 매우 낮았다. 4P/AARRR/CJM 통합 분석을 통해 이 원인을 진단하고 해결책을 모색하고자 했다. 이에 다음과 같은 프롬프트를 제시했다.

프롬프트

당신은 전문 그로스 해커 역할을 수행해 주세요. 출시된 모바일 게임의 ① 높은 다운로드수 대비 낮은 판매지표의 원인을 다양한 관점에서 진단해 주세요. ② 이 진단을 기반으로 판매를 위한 4P 조정 우선순위(Product, Price, Promotion 중 2가지 선택)와 구체적인 개선안을 제시해 주세요.

◆ **I. 문제 진단: 높은 다운로드 대비 낮은 판매의 주요 원인**

고객 여정(AARRR: Acquisition → Activation → Retention → Revenue → Referral)을 기준으로,
"획득은 성공했으나, 구매전환 실패"로 이어지는 원인을 3가지 핵심 관점(Product / Activation / Behavioral Psychology)으로 분석합니다.

1 제품(Product) 관점 — 가치 세험 타이밍 불일치

진단 항목	문제 현상	분석 요약
핵심 가치 노출 지연	다운로드 후 10분 이상 플레이해야 핵심 재미(전투/성장/협력 등)에 도달	"핵심 재미 전환 속도(Core Loop Exposure)"가 느림 → 조반 이탈 증가
괴금 구조 불명확	무료/유료 요소의 경계가 모호, 결제 메리트(가성비/회소성)가 약함	"지불 이유(Why Pay?)"가 명확하지 않아 결제 망설임 유발
보상 체계의 감정 연결 부족	결제 시 즉각적인 쾌감(감정적 보상)이 부족, 구매 후 만족감 저조	"감정적 피드백 루프" 미비로 구매 지속 동기 약화

[AI 응답 12-5] 고객 여정 내 4P 조정 방안 제안 사례

AI Note

제13장 고객경험(CX) 전략 (박강민)

제1절 고객경험(CX)이란 무엇일까?

1. 고객경험(CX)의 정의와 '고객 여정 지도'

고객경험(CX)이란 무엇일까? 많은 사장님들이 이걸 '친절한 고객 응대(CS)' 정도로 오해한다. 하지만 CS는 CX의 아주 작은 부분일 뿐이다. 마케팅에서 말하는 고객경험(CX)이란, 고객이 우리 브랜드를 인지하는 첫 순간부터 구매, 그리고 구매 이후의 모든 과정에 걸쳐 발생하는 '모든 상호작용의 총합'이다. 이 상호작용이 일어나는 지점을 '고객 접점'이라고 부른다. 고객 접점은 다음과 같다.

(1) 인스타그램에서 우연히 우리 광고를 본 접점
(2) 네이버 플레이스에서 우리 가게 평점(리뷰)을 확인하는 접점
(3) 웹사이트에서 상품 설명을 읽는 접점
(4) 챗봇에게 '주차 가능한가요?'라고 물어보는 접점
(5) 상품을 주문하고 택배를 기다리는 접전
(6) 박스를 뜯고 상품을 처음 만져보는 접점
(7) 문제가 생겨 고객센터에 전화하는 접점

이 모든 접점(순간)이 모여 하나의 '경험'이 된다. 만약 1~6번까지의 경험이 아무리 훌륭했더라도, 7번에서 단 한 번 기분이 상했다면, 그 고객에게 우리 브랜드는 '기분 나쁜 가게'로 기억될 뿐이다. 이론적으로, 우리는 이 접점들을 시간 순서대로

연결해 '지도'를 만들 수 있다. 이것을 '고객 여정 지도'라고 부른다. 이 지도를 통해 우리는 고객이 어느 단계(접점)에서 기뻐하고, 어느 단계에서 불편함을 느껴 이탈하는지 한눈에 파악할 수 있다.

2. 왜 고객경험이 중요한가?: '브랜드 충성도'와 'NPS'

소상공인 사장님일수록 **CX**에 목숨을 걸어야 한다. 왜일까?

첫째, 좋은 제품은 따라 하기 쉬워도, 좋은 경험은 따라 하기 어렵기 때문이다. 내가 파는 수제청이 잘 팔리면, 경쟁자는 금방 비슷한 레시피로 따라 만들 수 있다. 하지만 고객이 "이 집 사장님은 손편지까지 써서 보내줬어. 포장이 너무 감동적이야"라고 느낀 '경험'은 돈으로도, 기술로도 쉽게 복제할 수 없다. 이것이 우리 가게만의 강력한 '진입 장벽'이 된다.

둘째, CX가 '브랜드 충성도'와 '입소문'을 만들기 때문이다. 고객은 '제품'이 아니라 '경험'을 산다. 제품이 좋으면 재구매를 하지만, 경험이 좋으면 재구매를 하고 + 친구에게 자랑(입소문)을 한다.

마케팅에서는 이 '입소문'의 힘을 측정하기 위해 NPS(Net Promoter Score, 순수 고객 추천 지수)라는 개념을 사용한다. 간단히 말해 "우리 가게를 다른 사람에게 얼마나 추천하고 싶으신가요?"라고 묻는 것이다. 여기서 높은 점수를 준 '추천 고객(Promoter)'이 많을수록 우리 가게는 광고비 없이도 성장한다. 이 '추천 고객'을 만드는 것이 바로 훌륭한 CX다.

제2절 고객의 목소리 듣기 (VOC 분석)

1. VOC란 무엇인가?

좋은 CX를 만들고 싶다면, 즉 '고객 여정 지도'의 문제점을 개선하고 싶다면, 가장 먼저 '고객의 목소리(VOC, Voice of Customer)'를 들어야 한다. VOC는 말 그대로 '고객의 목소리'다. 고객이 우리에게 남기는 모든 흔적, 즉 네이버 플레이스에 남기는 별점과 리뷰, 배달의민족 '사장님께' 요청 사항, 웹사이트 1:1 게시판에 남기는 문의 글, 인스타그램 DM으로 보내는 불만 사항 등을 모두 의미한다. 사장님들이 마주치는 VOC의 예시는 매우 다양하며, 수집되는 채널(경로)에 따라 다음과 같이 구분할 수 있다.

[표 13-1] 우리 가게 VOC의 종류와 예시

수집 채널	VOC 형태	구체적인 예시
공개/온라인	리뷰 및 별점	네이버 플레이스 리뷰, 배달의민족 리뷰, 스마트스토어 구매평, 구글맵 리뷰
	소셜 미디어	인스타그램 댓글, 블로그 후기 포스팅, 유튜브 'OO 맛집' 영상
직접/온라인	문의 및 요청	웹사이트 1:1 게시판, 카카오톡 채널 챗봇 문의, 인스타그램 DM
	불만 및 제안	고객센터 이메일 불만 접수, 배달 앱 '사장님께' 요청 사항
오프라인	현장 피드백	고객센터 전화 통화, 매장 방문 손님과의 대화, 매장에 비치된 고객 의견함

2. VOC는 어디서 수집할까?

VOC는 고객이 있는 모든 곳에서 수집해야 한다. 온라인(네이버 플레이스, 배달 앱, SNS, 쇼핑몰 리뷰)과 오프라인(고객센터, 매장 대화) 모두가 해당된다. 심지어

'망원동 파스타'처럼 우리 가게와 관련된 키워드를 SNS에서 직접 검색해서, 고객들이 자기들끼리 무슨 이야기를 하는지 엿듣는 것도 중요한 VOC 수집 활동이다.

[실습] AI로 리뷰 분석하고, '카노 모델'로 전략 짜기

"사장님, 리뷰는 꼬박꼬박 읽고 있어요. 근데 너무 많아서 읽고 나면 다 잊어버려요." 이런 고민을 하는 사장님들이 많다. 이때 AI가 우리의 '비서'가 될 수 있다.

프롬프트

너는 우리 '달콤베이커리'의 리뷰를 분석하는 전문 마케터야.
아래에 [고객 리뷰 5개]를 붙여넣을 테니, 다음 3가지 작업을 해줘.
모든 리뷰를 '긍정', '부정', '중립' 3가지로 분류해 줘. (감성 분석)
고객들이 공통적으로 '칭찬'하는 핵심 키워드를 뽑아줘.
고객들이 공통적으로 '불만'을 가지는 핵심 키워드를 뽑아줘.

(★☆☆☆☆) "맛은 있는데, 매장에 앉을 자리가 없고 너무 좁아요. 테이크아웃만 해야 할 듯."
(★★★★☆) "소금빵 가격이 3,500원이라 좀 비싼가 했는데, 크기가 엄청 크네요. 만족해요."
(★★★★★) "사장님이 비 오는 날이라고 서비스로 쿠키를 하나 더 주셨어요! ㅠㅠ 감동입니다. 또 올게요."
(★★☆☆☆) "주문하려고 키오스크 앞에 섰는데, 뭐가 품절인지 표시가 안 돼서 한참 헤맸어요. 너무 불편함."
(★★☆☆☆) "커피가 너무 연해요. 샷 추가 안 하면 맹물 같아요."

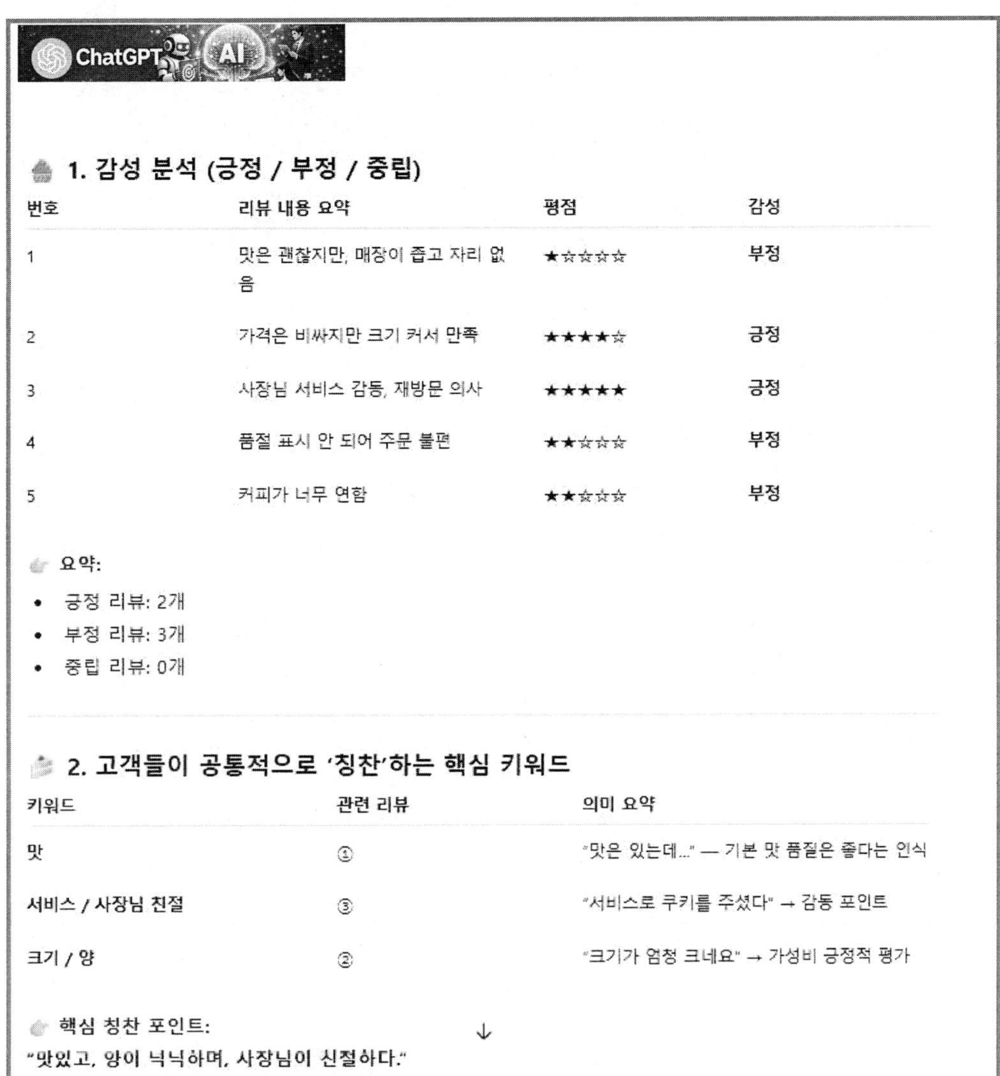

1. 감성 분석 (긍정 / 부정 / 중립)

번호	리뷰 내용 요약	평점	감성
1	맛은 괜찮지만, 매장이 좁고 자리 없음	★☆☆☆☆	부정
2	가격은 비싸지만 크기 커서 만족	★★★★☆	긍정
3	사장님 서비스 감동, 재방문 의사	★★★★★	긍정
4	품절 표시 안 되어 주문 불편	★★☆☆☆	부정
5	커피가 너무 연함	★★☆☆☆	부정

요약:

- 긍정 리뷰: 2개
- 부정 리뷰: 3개
- 중립 리뷰: 0개

2. 고객들이 공통적으로 '칭찬'하는 핵심 키워드

키워드	관련 리뷰	의미 요약
맛	①	"맛은 있는데..." — 기본 맛 품질은 좋다는 인식
서비스 / 사장님 친절	③	"서비스로 쿠키를 주셨다" → 감동 포인트
크기 / 양	②	"크기가 엄청 크네요" → 가성비 긍정적 평가

핵심 칭찬 포인트:
"맛있고, 양이 넉넉하며, 사장님이 친절하다."

[AI응답 13-1] AI로 리뷰 분석

AI는 이 요청을 받고 몇 초 만에 다음과 같이 정리해 줄 것이다. AI가 뽑아준 '키워드'들을 '카노 모델(Kano Model)'이라는 이론에 대입해 해석할 차례다. 이 모델은 고객 만족의 품질을 3가지로 나누며, 우리의 '급한 불'이 무엇인지 알려준다.

[표 13-2] 카노 모델

품질 구분	1. 기본적 품질 (Must-be Quality)	2. 일원적 품질 (One-dimensional)	3. 매력적 품질 (Attractive Quality)
정의	• 고객이 '당연히' 있을 거라 믿는 것	• 고객이 '많을수록' 좋아하는 것	• 고객이 '전혀 기대하지 못했던' 것
고객 반응	• 충족 시:당연함 (만족도 안 오름) • 불충족 시:매우 불만족(즉시 이탈)	• 충족 시:만족 • 불충족 시:불만족	• 충족 시:매우 만족(팬이 됨) • 불충족 시:아무 느낌 없음
예시	• "배송이 제때 온다" • "화장실이 깨끗하다" • "상품이 파손되지 않았다"	• "가격이 저렴하다" • "양이 푸짐하다" • "배송이 빠르다"	• "손편지가 감동이다" • "포장이 너무 예쁘다" • "샘플을 잔뜩 챙겨줬다"
사장님 전략	[긴급 개선] • 이것이 무너지면 다 무너진다. • 최우선으로 해결!	[경쟁력 관리] • 경쟁사보다 뒤처지지 않게 꾸준히 관리.	[강점 강화] • 우리의 '진짜 무기'. • 돈이 적게 들어도 즉시 강화!

프롬프트

너는 '달콤베이커리'의 고객 리뷰를 '카노 모델'을 활용해 분석하는 전문 마케터야.
내가 지금부터 카노 모델의 3가지 품질을 알려줄게. 이걸 [분석 기준]으로 삼아서 아래 5개 리뷰를 분석해 줘.

[분석 기준: 카노 모델]

1. 기본적 품질 (당연한 것): 고객이 '당연히' 기대하는 것. (예: 매장의 청결함, 키오스크의 정상 작동) 이게 충족 안 되면 고객은 '매우 불만족'해.
2. 일원적 품질 (많을수록 좋은 것): 고객이 '돈 낸 만큼' 기대하는 것. (예: 빵의 크기, 커피의 맛, 가격 대비 양) 이건 좋을수록 만족도가 올라가.
3. 매력적 품질 (기대 못한 감동): 고객이 '전혀 기대하지 못한' 서비스. (예: 뜻밖의 서비스 쿠키, 사장님의 특별한 친절) 이게 있으면 고객은 '매우 만족'하고 팬이 돼.

[분석 요청]
아래 [고객 리뷰]를 읽고, 고객이 언급한 '핵심 주제'별로 위 3가지 품질 중 어디에 해당하는지 분류해 주고 전략을 짜줘.

[고객 리뷰]
(★☆☆☆☆) "맛은 있는데, 매장에 앉을 자리가 없고 너무 좁아요. 테이크아웃만 해야 할 듯."
(★★★★☆) "소금빵 가격이 3,500원이라 좀 비싼가 했는데, 크기가 엄청 크네요. 만족해요."
(★★★★★) "사장님이 비 오는 날이라고 서비스로 쿠키를 하나 더 주셨어요! ㅠㅠ 감동입니다. 또 올게요."
(★★☆☆☆) "주문하려고 키오스크 앞에 섰는데, 뭐가 품절인지 표시가 안 돼서 한참 헤맸어요. 너무 불편함."
(★★☆☆☆) "커피가 너무 연해요. 샷 추가 안 하면 맹물 같아요."

좋아요 😊 아래는 '달콤베이커리'의 고객 리뷰 5개를 **카노 모델(Kano Model)** 기준으로 분석한 결과입니다.
(👉 분석 기준: **기본적 품질 / 일원적 품질 / 매력적 품질**)

🧁 1️⃣ 리뷰별 카노 모델 분석

번호	리뷰 요약	언급 주제	품질 유형	분석 설명
① ★☆☆☆☆	맛은 괜찮지만, 매장이 좁고 자리 없음	**매장 공간 / 좌석**	**기본적 품질**	고객은 '앉을 자리 있는 매장'을 **기본적으로 기대**함. 공간이 좁아 불만족이 매우 큼.
② ★★★★☆	가격은 비싸지만, 빵 크기가 커서 만족	**빵의 크기 / 가격 대비 가치**	**일원적 품질**	고객은 '크기와 가격이 비례하길' 기대함. 예상보다 크므로 만족도 상승.
③ ★★★★★	사장님이 비 오는 날 쿠키 서비스 제공	**서비스 친절 / 감동 포인트**	**매력적 품질**	예상치 못한 선물 제공 → 감동 유발, 재방문 의사, 팬층 형성 효과.
④ ★★☆☆☆	품절 표시가 없어 주문 불편	**키오스크 시스템 / 품절 안내**	**기본적 품질**	시스템이 제대로 작동해야 하는 건 **당연한 기대**. 이 기능 부재는 신뢰도 저하.
⑤ ★★☆☆☆	커피가 너무 연함	**커피 맛 / 품질**	**일원적 품질**	'커피 진하기'는 가격 대비 기대치에 따라 만족도가 달라짐. 기대 미달 → 불만족.

[AI응답 13-2] '카노 모델'로 전략 짜기

제3절 AI로 고객에게 응답하기 (챗봇)

1. AI 기반 고객 응대와 '서비스 품질'

1인 기업이나 소상공인 사장님의 가장 큰 고민은 '몸이 하나'라는 것이다. 고객 문의는 24시간 들어오는데, 사장님은 잠도 자야 하고, 물건도 만들어야 한다. 이때 AI 챗봇은 '나 대신 24시간 일하는 똑똑한 알바생'이 될 수 있다. 서비스 품질을 측정하는 이론에 따르면, 고객은 '응답성'과 '신뢰성'을 매우 중요하게 여긴다.

- 응답성: "내가 물어봤을 때 얼마나 빨리 답해주는가?" (AI 챗봇이 새벽 2시에도 답함)
- 신뢰성: "얼마나 정확한 정보를 주는가?" (AI 챗봇이 "영업시간: 10시"라고 정확히 답함)

AI 챗봇은 고객의 질문 중 80%를 차지하는 "영업시간", "위치", "배송 기간" 같은 반복 질문에 대해 '신속하고(응답성) 정확하게(신뢰성)' 답함으로써, 고객 경험의 기본 품질을 지켜준다. 사장님은 '진상 고객'처럼 20%의 진짜 중요한 문제에만 집중할 수 있게 된다.

2. 좋은 챗봇 시나리오 기획

단, 챗봇이 멍청하면 오히려 '신뢰성'을 깨뜨려 고객 경험을 망친다. 좋은 챗봇 시나리오의 핵심은 '고객의 문제를 빠르고 정확하게 해결하는 것'이다. 고객이 가장 많이 묻는 질문(FAQ) 5가지를 뽑아 '버튼'만 눌러서 답을 찾게 만들고, AI가 도저히 해결 못 할 때는 "죄송합니다. '사람 상담원 연결'을 누르시면 사장님이 직접 답변해 주실 거예요"라며 빠져나갈 구멍(사람 연결)을 반드시 만들어 줘야 한다.

[실습] ChatGPT/Gemini로 챗봇 대본 쓰기

"시나리오? 말은 쉬운데 대본은 누가 써?" 이런 고민도 AI에게 맡기면 된다.

프롬프트

친절한 챗봇 작가
너는 우리 쇼핑몰 '달콤상점'의 챗봇 시나리오 작가야.
고객이 '배송 문의' 버튼을 눌렀을 때 나올 챗봇 대본을 써줘.

- **우리의 톤:** 아주 친절하고, 상냥하며, 고객을 안심시키는 말투 (서비스 품질 중 '공감성' 충족)
- **필수 단계:**
  ① 먼저 반갑게 인사하고 무엇을 도울지 묻기
  ② 고객의 '주문번호' 또는 '휴대폰 번호' 물어보기 (신뢰성 확보)
  ③ "현재 배송 상태를 확인하는 방법"을 2가지로 나눠서 친절하게 안내하기
  ④ 문제가 해결되지 않았을 경우를 대비해 '사람 상담원 연결' 버튼 안내하기

좋아요 🍬 아래는 **'달콤상점' 배송 문의 시나리오용 챗봇 대본** 조안이에요.
톤앤매너는 **상냥하고 따뜻하며, 고객을 안심시키**는 느낌으로 구성했습니다.

달콤상점 챗봇 시나리오 – [배송 문의]

봇:
안녕하세요 🍬 달콤한 하루를 전해드리는 **달콤상점**입니다!
소중한 주문의 배송이 잘 진행되고 있는지 궁금하신가요?
제가 도와드릴게요. 😊

배송 확인을 위해 **주문번호 또는 주문 시 입력하신 휴대폰 번호**를 알려주실 수 있을까요?

고객:
(주문번호 또는 휴대폰 번호 입력)

봇:
감사합니다 💗
잠시만요, 고객님의 배송 상태를 확인해드릴게요... ⏳

(조회 완료 후)
현재 고객님의 주문은 **[배송 상태 예시: 출고 완료 / 배송 중 / 배송 완료]** 상태입니다.

[AI응답 13-3] 챗봇 대본 쓰기

제4절 AI가 만드는 맞춤형 고객경험

1. 고객이 혼란스러울 때 (브랜드 불협화음)

CX에서 '친절함'보다 더 중요한 것이 '일관성'이다. 고객이 우리에게 가장 실망하는 순간은, 우리가 '말을 바꿀 때'다.

"(사례) 인스타 광고랑 앱 내용이 달라요"

고객은 인스타그램에서 "전 품목 30% 세일!" 광고를 보고 신나서 우리 앱(웹사이트)에 들어왔다고 상상해 보자. 그런데 앱에서는 "일부 품목 10% 세일"이라고 뜬다. 이때 고객은 어떤 기분이 들까? '사기당했다', '낚였다'는 배신감을 느낀다. 이것이 바로 '일관성'이 깨진 고객경험이며, 마케팅 용어로는 '브랜드 불협화음(Brand Dissonance)'이 발생했다고 한다.

2. 일관된 메시지 전달하기: 'IMC'와 '옴니채널'

고객은 인스타그램의 우리와, 웹사이트의 우리와, 챗봇 속의 우리를 '전부 같은 사람'이라고 생각한다. 따라서 우리는 광고, 웹사이트, 앱, 챗봇 모두 같은 목소리, 같은 정보를 말하도록 설계해야 한다.

마케팅에서는 이 전략을 '통합 마케팅 커뮤니케이션(IMC, Integrated Marketing Communications)'이라고 부른다. '통합(Integrated)'이란, 우리가 가진 모든 채널(인스타, 네이버, 웹사이트, 매장)에서 고객에게 동일한 메시지를 전달한다는 뜻이다.

과거에는 채널별로 따로 놀았다면(멀티채널), 이제는 모든 채널이 유기적으로 연결되어야 한다(옴니채널, Omnichannel). 고객이 인스타에서 본 광고를 네이버에서 검색하든, 웹사이트에서 챗봇에게 물어보든, 똑같은 세일 정보를 정확히 얻을 수 있어야 한다. 이것이 CX의 '신뢰성'을 지키는 핵심이다.

3. AI가 먼저 알아채는 고객의 마음: '초개인화'

이제 CX 전략의 마지막 단계, '개인화'다. AI는 고객의 마음을 먼저 알아채고, 딱 그 사람이 원하는 메시지를 보낼 수 있게 도와준다. 대기업 쇼핑몰(쿠팡, 아마존)에 들어가면 "OOO님이 좋아할 만한 상품"이라며 귀신같이 내가 어제 찾아봤던 상품을 추천해 준다. 이것이 바로 AI 기반 '개인화 추천'이다. AI는 수만 명의 데이터를 분석해 "A 상품을 산 사람은 B 상품도 살 확률이 70%"라는 것을 안다.

여기서 더 나아가, AI가 고객의 행동을 실시간으로 예측해 "최근 3달간 접속이 뜸한 이 고객은 곧 이탈할 것 같다"고 예측하고, 그 고객에게만 몰래 할인 쿠폰을 보내는 것을 '초개인화(Hyper-personalization)'라고 부른다. 이런 기술이 소상공인에게는 아직 먼 이야기처럼 들릴 수 있지만, 최근에는 이런 기능을 저렴하게 제공하는 솔루션도 많아지고 있다.

[실습] AI로 개인화 마케팅 문구 쓰기 (feat. 마케팅 자동화)

하지만 거창한 솔루션이 없어도, 우리는 AI를 활용해 '개인화된 척'하는 마케팅 문구를 만들 수 있다. 고객의 마음을 흔드는 것은 거대 기술이 아니라 '섬세한 문구 한 줄'이다.

(상황)

- **타깃:** 20대 여성
- **행동:** 어제 우리 쇼핑몰에서 '하늘색 원피스'를 장바구니에 담아두고 그냥 떠났다.
- **목표:** 이 고객에게 문자(알림톡)를 보내 결제를 유도한다. (이런 행동 기반 메시지를 자동으로 보내는 것을 '마케팅 자동화'라고 한다.)

프롬프트

마음을 흔드는 마케터
너는 20대 여성 의류 쇼핑몰 '봄날마켓'의 마케터야.
고객이 '하늘색 원피스'를 장바구니에 담아두고 1일째 결제를 안 하고 있어.
이 고객의 마음을 흔들어서 구매하게 만들 '알림톡' 메시지를 2가지 버전으로 써줘.

- **버전 1 (감성 톤):** 재촉하는 느낌 없이, "놓고 가신 게 없나요?"라며 친근하게 물어봐 줘. 이 원피스가 '봄나들이' 갈 때 얼마나 예쁠지 감성적으로 자극해 줘. (고객경험의 '공감성' 강조)
- **버전 2 (희소성 자극 톤):** "지금 이 상품이 인기가 많아서 수량이 얼마 남지 않았다"고 살짝 알려줘서 조급함을 유도해 줘. (마케팅의 '희소성 원칙' 활용)

AI는 이 두 가지 톤으로 고객의 마음을 사로잡을 문구를 즉시 생성해 준다. 이처럼 AI를 활용하면, 모든 고객에게 똑같은 "세일합니다" 메시지가 아니라, 고객의 상황에 꼭 맞춘 '맞춤형 고객경험'을 제공할 수 있다.

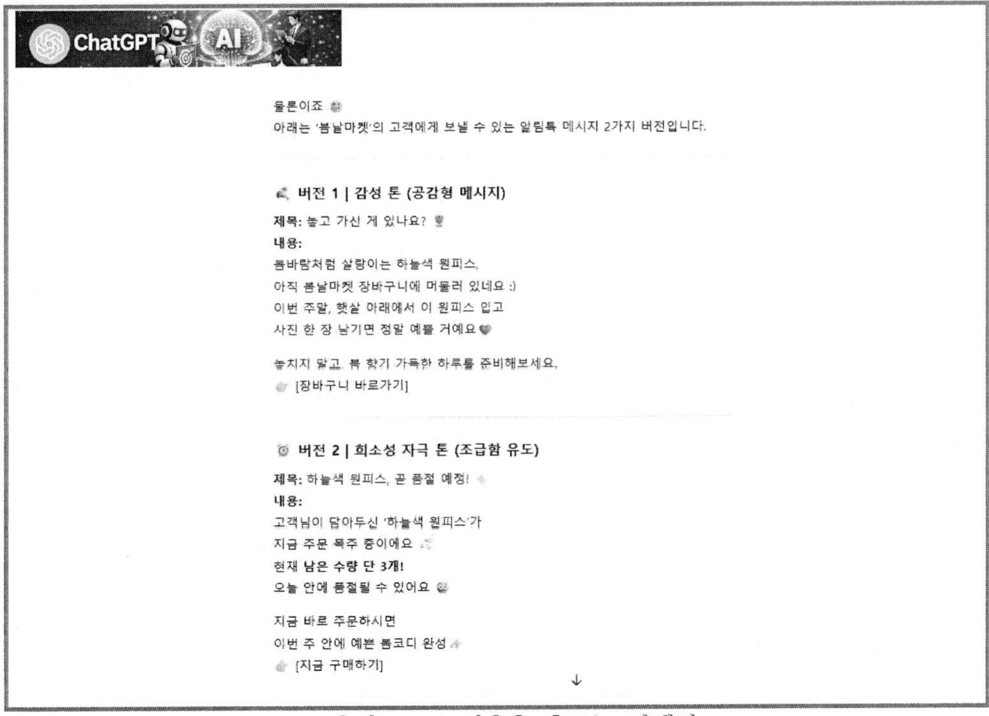

[AI응답 13-4] 마음을 흔드는 마케터

AI Note

제14장 시장조사방법과 보고서 작성 (임소연)

제1절 시장조사에 대한 이해

1. 시장조사의 개념과 목적

시장조사는 단순히 '자료를 모으는 과정'이 아니라, 실제 사업을 시작하거나 방향을 수정해야 하는 상황에서 판단의 기준을 마련하는 작업이다. 현장에서 소상공인이나 예비 창업자를 대상으로 상담을 진행하다 보면, "시장조사를 따로 해본 적은 없다"는 응답을 자주 듣게 된다. 그러나 매출 부진이나 신제품 실패 사례를 살펴보면, 사전에 시장의 반응을 점검하지 않았던 경우가 대부분이다.

이처럼 시장조사는 감이나 경험에 의존한 의사결정을 줄이고, 데이터를 근거로 선택할 수 있게 해주는 출발 단계라고 볼 수 있다. 본 교재에서는 시장조사를 '무엇을 팔 것인가'가 아니라 '왜 그 선택을 해야 하는가'를 설명해 주는 과정으로 정의한다.

[표 14-1] 시장조사의 개념과 목적

구분	주요 내용
정의	제품・서비스・아이디어를 기획・출시하기 전, 시장의 수요와 환경을 분석하여 의사결정에 활용하는 활동
핵심 역할	시장 규모, 경쟁 구조, 소비자 동향 등을 파악하여 전략 수립의 방향을

	제시
조사 방식	정성적 조사(의견·감정 중심)와 정량적 조사(수치·통계 중심)를 병행
주요 목적	① 소비자 이해 ② 사업 리스크 최소화 ③ 시장 기회 발굴 ④ 고객 요구 파악 및 만족도 향상
AI 도구 활용	ChatGPT, Canva 등을 통해 설문 작성·분석·요약이 자동화되어 효율과 정확성 향상

2. 시장조사의 종류

시장조사는 수행 방식에 따라 여러 유형으로 나뉘지만, 크게는 정량적 조사(수치 중심) 와 정성적 조사(의견중심)로 구분된다. 정량적 조사는 통계분석이 가능한 수치형 데이터를 다루고, 정성적 조사는 소비자의 감정이나 생각을 파악하는 데 초점을 둔다.

그러나 이번 절에서는 이러한 조사 성격보다 데이터를 어떻게 확보하느냐, 즉 1차 조사와 2차 조사에 초점을 맞춰 살펴본다. 두 방법은 조사 데이터의 출처와 수집 방식이 다르며, 실무에서는 상황에 따라 함께 활용된다.

1) 1차 조사

1차 조사는 조사자가 직접 질문을 설계하고, 현장에서 응답을 수집하는 방식이라는 점에서 가장 기본적인 조사 방법이다. 실무에서는 “지금 이 사업에 꼭 필요한 질문을 던질 수 있는가”가 1차 조사의 성패를 좌우한다. 예를 들어, 매출 감소 원인을 파악하려는 상황에서 기존 통계자료만으로는 실제 고객의 불만이나 선택 기준을 알기 어렵다. 이러한 경우 1차 조사는 현장의 목소리를 직접 확인할 수 있는 수단이 된다.

[표 14-2] 1차조사의 종류

조사 방법	형식	특징	활용 예시
설문조사	온라인 설문, 오프라인 설문	다수의 응답자에게 동일한 질문을 제시하여 수치 데이터를 수집함.	고객 만족도 조사, 서비스 품질 평가
인터뷰	대면, 전화, 화상 인터뷰	개별 응답자와 심층 대화를 통해 구체적 의견을 수집함.	신제품 반응 인터뷰, 브랜드 이미지 조사
관찰조사	현장 관찰, 고객 행동 분석	응답자의 실제 행동을 직접 관찰하여 데이터화함.	매장 내 동선·구매 행동 분석
실험조사	시제품 테스트, 가격 반응 실험	변수(가격, 디자인 등)를 조정하여 반응 변화를 측정함.	프로모션 효과 실험, 신제품 시식 조사

2) 2차 조사

2차 조사는 이미 존재하는 자료를 활용하여 정보를 분석하는 방식이다. 즉, 다른 기관이나 연구자, 기업이 수집해 놓은 데이터를 다시 분석하는 것이다. 2차조사는 비교적 시간과 비용이 적게 들며, 단기간에 시장의 전반적인 흐름을 파악할 수 있다는 장점이 있다. 다만, 조사 목적에 꼭 맞지 않거나 최신성이 떨어질 수 있으므로 자료의 출처와 신뢰도를 반드시 확인해야 한다. AI를 활용하면 2차 조사의 효율성이 크게 높아진다. 예를 들어 여러 기관 보고서를 빠르게 요약하거나, 공개 데이터를 시각화하여 주요 트렌드를 쉽게 도출할 수 있다

[표 14-3] 2차조사의 종류

자료 유형	형식	특징	활용 예시
공공데이터	통계청, 공공데이터포털	신뢰도 높은 국가·기관 자료로 시장 구조 파악에 유용함.	산업동향, 지역별 매출 추세 분석
기관·산업 리포트	시장조사기관, 협회, 컨설팅사	전문성이 높고 업종별 트렌드 분석에 적합함.	산업별 경쟁 분석, 시장 규모 추정
기업 내부데이터	매출 기록, 고객DB, POS자료	실제 영업 데이터로 구체적인 소비 패턴 파악 가능.	구매빈도·재방문율 분석
온라인 데이터	뉴스, 블로그, SNS, 리뷰	소비자 인식과 트렌드를 실시간으로 파악 가능.	해시태그·감성 키워드 분석
학술 및 문헌자료	논문, 정책 보고서	이론적 근거와 사례 분석에 활용 가능.	마케팅 전략 참고, 성공 사례 비교

제2절 시장조사 프로세스와 조사보고서 작성

시장조사는 단순히 데이터를 모으는 것이 아니라 명확한 목표와 절차를 기반으로 한 체계적인 과정이다. 시장조사는 일정한 단계에 따라 진행되지만, 단순히 순서를 외운다고 해서 의미 있는 결과가 나오는 것은 아니다. 실제 조사 과정에서는 먼저 "왜 이 조사가 필요한가"를 분명히 하지 않으면 이후 단계에서 수집된 데이터가 의사결정으로 이어지지 못하는 경우가 많다.

본 교재에서는 시장조사 과정을 조사 목표 설정, 검증을 위한 자료 수집, 결과 해석, 의사결정이라는 흐름으로 이해하도록 구성하였다. 각 단계는 독립적인 절차가 아니라, 다음 선택을 위한 근거를 만드는 과정이라는 점에서 서로 연결되어 있다

① 조사 목표 설정
→ 이번 조사를 통해 무엇을 판단하고 결정하려는 것인지 핵심 질문을 정리하는 단계

② 조사 계획 수립
→ 조사 대상, 방법, 일정 등을 현실적인 조건에 맞게 설계하는 단계

③ 데이터 수집
→ 계획에 따라 설문, 인터뷰, 자료 조사 등을 통해 실제 데이터를 확보하는 단계

④ 데이터 분석
→ 수집된 데이터를 정리하고 비교하여 의미 있는 결과를 도출하는 단계

⑤ 결과 해석 및 보고
→ 분석 결과를 바탕으로 시사점과 실행 방향을 정리하는 단계

[표 14-4] 시장조사 프로세스 5단계 요약

단계	제목	핵심 내용	주요 활동	결과물
1단계	조사 목표 설정	조사 목적과 범위를 명확히 정의하여 방향 설정	문제 인식, 조사 필요성 확인, 핵심 질문설정	핵심 질문 리스트
2단계	조사 계획 수립	조사 대상・방법・예산・일정을 체계적으로 설계	조사 방식(1차・2차, 정성・정량) 선택, 표본 설계, 설문 문항 구성	설문 초안
3단계	데이터 수집	설문・인터뷰・관찰 등으로 실제 데이터 확보	온라인 설문 배포, 현장 인터뷰, 공공 데이터 수집	응답 데이터
4단계	데이터 분석	수집된 자료를 정리・통계・해석하여 의미 도출	코딩・통계처리・키워드 분류, 인사이트 추출	분석표, 그래프, 핵심 인사이트
5단계	결과 해석 및 보고	조사 결과를 의사결정 자료로 보고・활용	보고서 작성, 시사점 도출, 실행계획 제시	시장조사 보고서

6. 조사보고서 구성 체계

조사보고서는 단순히 조사 결과를 정리하는 문서가 아니라, 의사결정을 위해 '무엇을 볼 것인가'를 정리한 자료이다.

실무에서 문제가 되는 보고서는 수치와 그래프는 많지만, "그래서 무엇을 해야 하는지"가 보이지 않는 경우다. 따라서 조사보고서는 자료의 양보다 해석의 방향과 선택의 근거가 드러나도록 구성하는 것이 중요하다

[표 14-5] 조사보고서 구성 체계

구성 항목	주요 내용	작성 포인트
① 표지 및 요약	조사 목적, 기간, 표본, 주요 결과 요약	첫 장에서 결과를 한눈에 전달
② 조사 개요	조사 배경, 목적, 조사대상, 방법, 일정	객관적 사실만 간결하게 정리
③ 조사 결과	문항별 통계 결과와 그래프	그래프 1개 + 간단한 해석문 함께 제시
④ 분석 및 시사점	데이터의 의미, 인사이트, 전략 제안	단순 수치보다 '해석' 중심 작성
⑤ 결론 및 제언	향후 실행 방안, 개선 방향	"무엇을 해야 하는가?" 중심 제시

제3절 시장조사 실습

이번 절에서는 실제로 시장조사를 실습해 보기 위해 다음과 같은 가상상황을 전제로 한다.

광주의 작은 골목에 있는 개인 카페 '브루잉(Brewing)'은 매일 직접 로스팅한 원두로 커피를 제공하며 단골손님이 많다. 최근 매출이 정체되자 사장은 여름 한정 '콜드브루 음료 3종'을 출시할 계획을 세웠다. 하지만 브루잉 사장은 막연히 "신메뉴가 잘 팔리면 좋겠다"는 생각만 가지고 있었지만, 어떤 메뉴를 선택해야 소비자 반응이 좋을지 확신이 없었다. 따라서 ChatGPT를 활용해 '신메뉴 출시 전 소비자 선호도 조사'를 진행하기로 했다.

시장조사 목표는 다음과 같다.
신제품(콜드브루 음료-시그니처 콜드브루, 바닐라 크림 콜드브루, 시트러스 콜드브루 토닉)의 선호도와 가격 수용도를 파악하고 소비자의 연령·성별별 선호 차이를 분석해 타깃 고객을 명확히 한다. 조사 결과를 바탕으로 출시 메뉴와 가격 전략을 결정한다. 브루잉 카페는 ChatGPT를 조사 기획 단계부터 활용하기로 했다. AI에게 설문 문항을 제안받고, 응답 데이터를 통해 정리·그래프로 시각화하여 최종적으로 보고서에 인사이트를 정리하는 것이 목표이다.

프롬프트

우리 카페 '브루잉(Brewing)'은 광주의 골목에 있는 작은 개인 카페인데 직접 로스팅한 원두로 커피를 내려서 단골도 많지만 최근 매출이 좀 정체된 상태입니다. 그래서 이번 여름에 콜드브루 음료 3종(시그니처 콜드브루, 바닐라 크림 콜드브루, 시트러스 콜드브루 토닉)을 새로 내볼까 고민하고 있습니다. 그런데 어떤 메뉴를 사람들이 제일 좋아할지, 가격은 어느 정도까지 받아들여지는지, 또 연령·성별에 따라 취향이 다른지 잘 모르겠어서 신메뉴 출시 전에 시장조사를 한 번 제대로 하고 나서 결정하려고 합니다. 우리 카페 상황을 바탕으로, 이번에 진행할 신메뉴 시장조사의 조사 목표와 핵심 조사 질문을 정리해 주세요.

이번 조사의 목표는 브루잉 카페가 여름 한정으로 출시를 검토 중인 콜드브루 음료 3종에 대해 소비자들이 어떤 메뉴를 가장 선호하는지와, 각 메뉴에 대해 어느 정도의 가격을 수용할 의사가 있는지를 파악하는 데 있다. 또한 연령과 성별 등 고객 특성에 따른 메뉴 선호도와 가격 민감도 차이를 분석하여, 신메뉴 출시 시 집중해야 할 핵심 타깃 고객군과 적정 가격 전략을 수립하는 데 필요한 근거를 제공하는 것이다.

핵심 조사 질문은 다음과 같다.

- 세 가지 콜드브루 메뉴 중 소비자들이 가장 선호하는 메뉴는 무엇인가?
- 각 메뉴에 대해 소비자가 적절하다고 느끼는 가격 수준은 어느 정도인가?
- 연령대와 성별에 따라 선호 메뉴와 가격 수용도에는 어떤 차이가 있는가?
- 기존 단골 고객과 신규 방문 고객 사이에 구매 의향에는 어떤 차이가 있는가?
- 콜드브루 신메뉴를 효과적으로 판매하기 위해 어떤 맛·이미지·메시지가 타깃 고객에게 가장 매력적으로 작용하는가?

[AI 응답 14-1] 설문지 조사 목표 설정 사례

2. 조사계획 수립

프롬프트

우리 카페에서 신메뉴 시장조사를 해보려고 조사의 목표와 핵심 질문까지는 정리가 되었는데, 이제 실제로 조사를 어떻게 진행할지 구체적인 계획을 세우고 싶습니다. 조사 대상을 누구로 할지, 표본 수는 어느 정도로 하면 될지, 어떤 방식으로 설문을 배포하면 좋을지 잘 모르겠어서요. 구글폼으로 온라인 설문을 만들고 매장 손님이나 인근 직장인들에게 링크나 QR코드로 배포하는 방식이 현실적으로 가능할 것 같은데, 전체적인 조사 절차도 같이 정리해 주시면 좋겠습니다. 우리 카페 상황을 고려해서 조사 대상, 표본 수·표집 방법, 조사 방법, 조사 일정과 절차, 조사의 한계점을 항목별로 정리해 주세요.

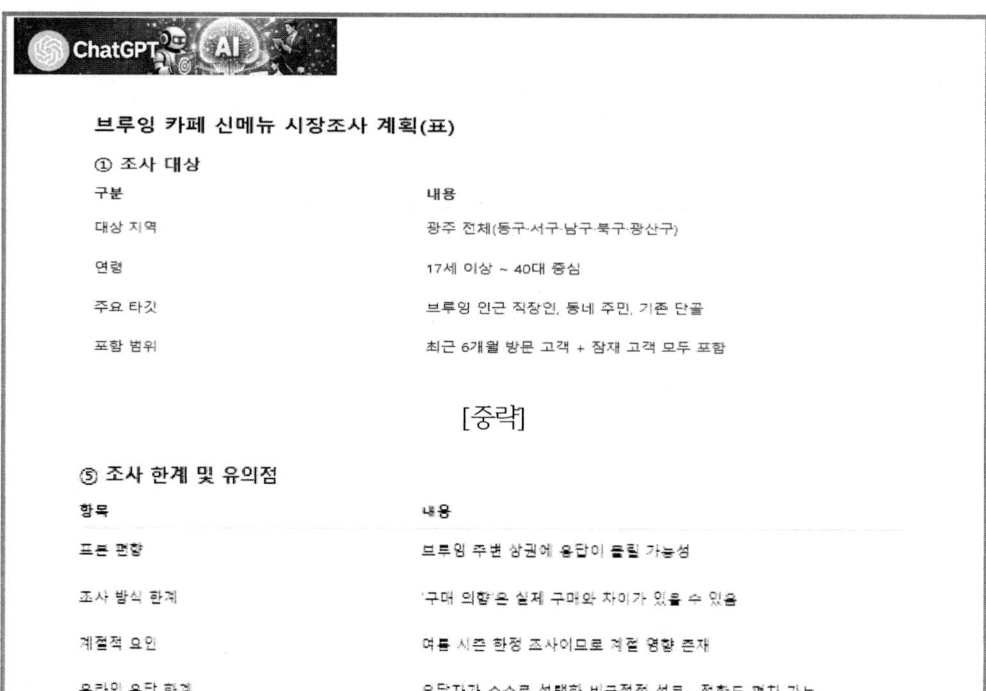

브루잉 카페 신메뉴 시장조사 계획(표)

① 조사 대상

구분	내용
대상 지역	광주 전체(동구·서구·남구·북구·광산구)
연령	17세 이상 ~ 40대 중심
주요 타깃	브루잉 인근 직장인, 동네 주민, 기존 단골
포함 범위	최근 6개월 방문 고객 + 잠재 고객 모두 포함

[중략]

⑤ 조사 한계 및 유의점

항목	내용
표본 편향	브루잉 주변 상권에 응답이 몰릴 가능성
조사 방식 한계	'구매 의향'은 실제 구매와 차이가 있을 수 있음
계절적 요인	여름 시즌 한정 조사이므로 계절 영향 존재
온라인 응답 한계	응답자가 스스로 선택한 비금전적 설문—정확도 편차 가능

[AI 응답 14-2] 설문지 조사계획 수립 사례

3. 데이터수집

프롬프트

우리 카페에서 신메뉴 시장조사를 하려고 조사 목표와 조사 계획까지는 정리가 되었는데, 이제 실제로 구글폼 설문지를 만들어야 하는 단계입니다. 응답 시간이 3~5분 정도로 너무 길지 않았으면 좋겠고, 응답자 기본 정보(성별, 연령대, 활동 지역), 브루잉 이용 경험, 콜드브루 3종에 대한 선호도(1순위·2순위), 각 메뉴의 적정 가격대, 신메뉴 구매 의향, 자유 의견까지는 꼭 포함하고 싶습니다. 나중에 결과를 분석하기 쉽도록 문항 표현이 명확했으면 좋겠고, 번호를 붙여서 구글폼에 그대로 옮겨 적을 수 있게 정리되면 좋겠습니다. 우리 카페 콜드브루 신메뉴 3종에 대한 선호도와 가격 수용도를 조사할 수 있도록, 위 조건에 맞는 설문 문항 초안을 객관식과 5점 척도를 중심으로 작성해 주세요.

[1. 기본 정보]

1-1. 성별을 선택해 주세요.
① 남자
② 여자
③ 기타 / 응답하고 싶지 않음

1-2. 연령대를 선택해 주세요.
① 10대 후반(17~19세)
② 20대
③ 30대
④ 40대
⑤ 50대 이상

[중략]

5-2. 다음 문장에 얼마나 동의하시는지 선택해 주세요.
"콜드브루 신메뉴의 가격이 다소 높더라도, 맛과 비주얼이 만족스럽다면 구매할 수 있다."
① 전혀 그렇지 않다
② 그렇지 않은 편이다
③ 보통이다
④ 대체로 그렇다
⑤ 매우 그렇다

[AI 응답 14-3] 설문지 데이터 수집 사례

1) 구글폼으로 작성하기

프롬프트

우리 카페 콜드브루 조사를 위해 설문 문항을 다 정리했는데, 이제 이것을 실제로 구글폼으로 만들어서 손님들에게 돌리고 싶습니다. 그런데 구글폼을 잘 사용해본 적이 없어서 어떻게 만들어야 할지 잘 모르겠어요. 지금 만들어준 설문 문항을 기준으로 구글폼으로 설문지를 만드는 전체 과정을 단계별로 쉽게 알려주세요. 구글폼 접속, 새 설문 만들기, 각 문항 넣는 법, 5점 척도 설정하는 법, 링크나 QR코드 만드는 법까지 순서대로 설명해 주세요.

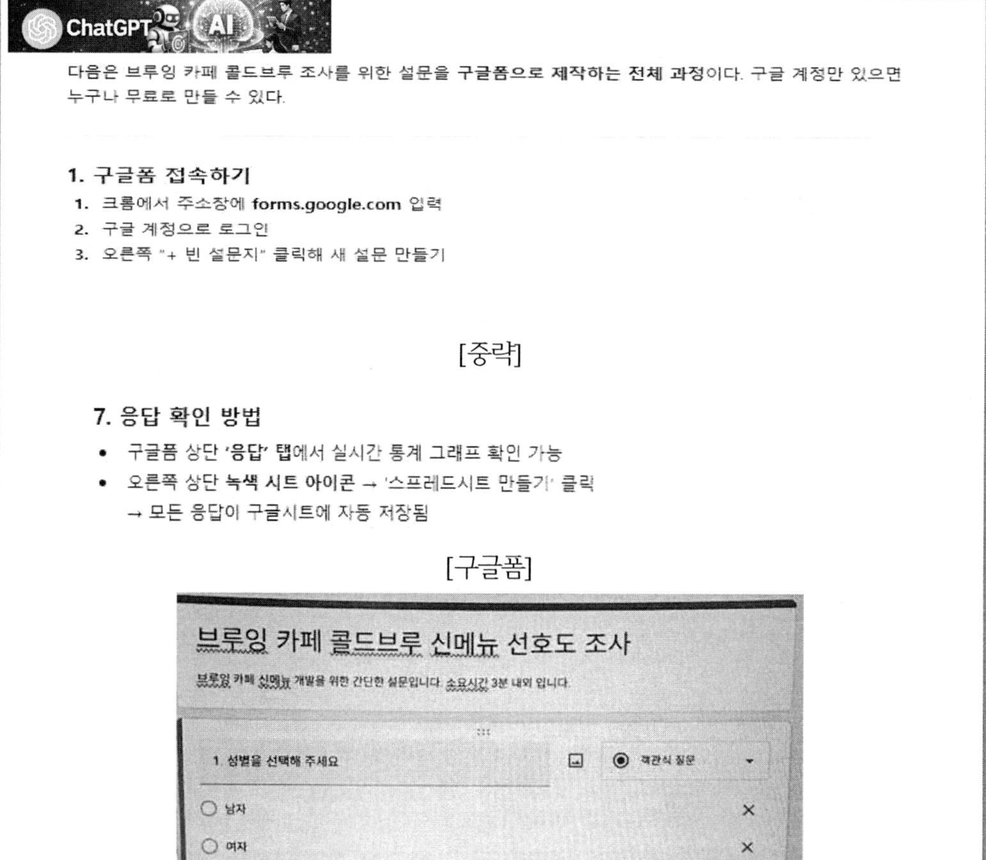

ChatGPT AI

다음은 브루잉 카페 콜드브루 조사를 위한 설문을 **구글폼으로 제작하는 전체 과정**이다. 구글 계정만 있으면 누구나 무료로 만들 수 있다.

1. 구글폼 접속하기

1. 크롬에서 주소창에 **forms.google.com** 입력
2. 구글 계정으로 로그인
3. 오른쪽 "+ 빈 설문지" 클릭해 새 설문 만들기

[중략]

7. 응답 확인 방법

- 구글폼 상단 **'응답' 탭**에서 실시간 통계 그래프 확인 가능
- 오른쪽 상단 **녹색 시트 아이콘** → '스프레드시트 만들기' 클릭
  → 모든 응답이 구글시트에 자동 저장됨

[구글폼]

브루잉 카페 콜드브루 신메뉴 선호도 조사

브루잉 카페 신메뉴 개발을 위한 간단한 설문입니다. 소요시간 3분 내외 입니다.

1. 성별을 선택해 주세요

객관식 질문

남자

여자

[AI 응답 14-4] 설문지 구글폼 작성 사례

4. 데이터분석

프롬프트

우리 카페에서 설문을 돌려서 총 130명의 응답을 모았습니다. 이제 이 데이터를 분석해야 하는데, 너무 복잡한 통계 말고 보통 많이 사용하는 방식인 빈도분석, 평균분석, 순위분석 정도로 결과를 정리하고 싶습니다. 메뉴별 선호도 비율을 계산하고, 가격 적정 수준의 평균을 구하고, 1순위·2순위를 합쳐서 메뉴 전체 선호 순위를 계산하는 방식으로 보고서를 만들고 싶습니다. 구글시트나 엑셀에서 이런 기본 분석을 어떤 순서로 하면 되는지, 단계별로 쉽게 설명해 주세요.

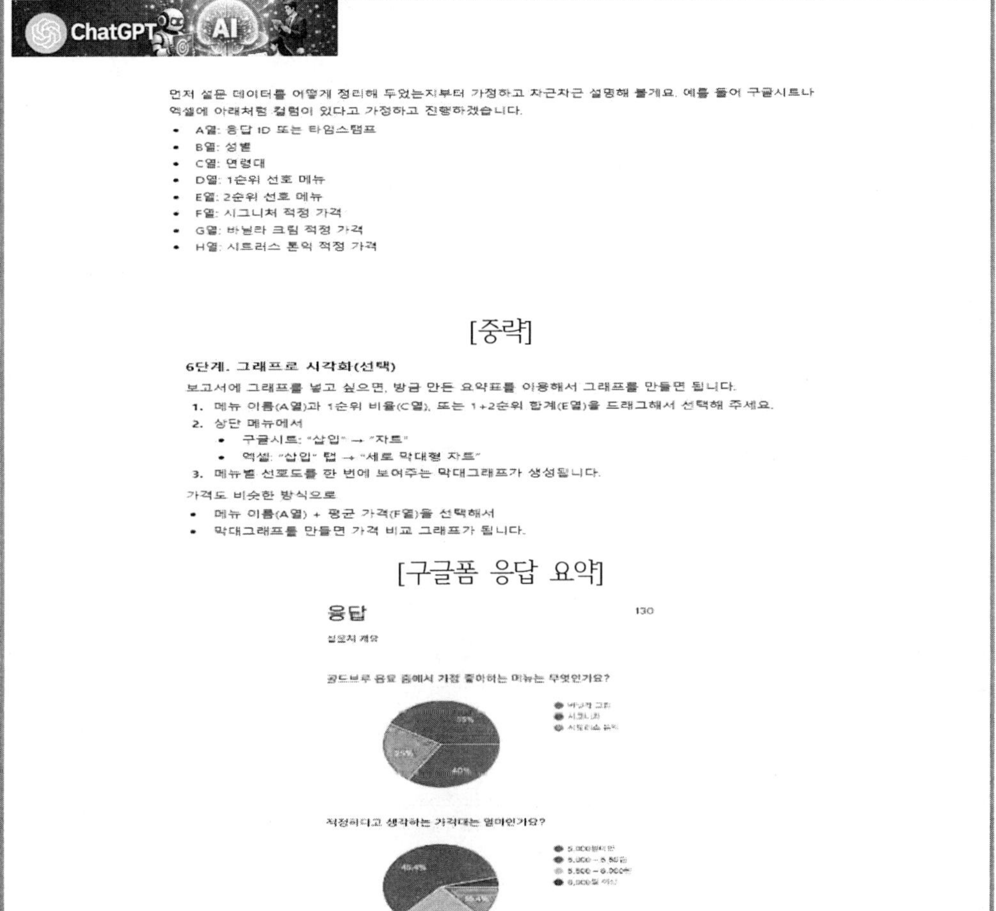

ChatGPT AI

먼저 설문 데이터를 어떻게 정리해 두었는지부터 가정하고 차근차근 설명해 볼게요. 예를 들어 구글시트나 엑셀에 아래처럼 컬럼이 있다고 가정하고 진행하겠습니다.

- A열: 응답 ID 또는 타임스탬프
- B열: 성별
- C열: 연령대
- D열: 1순위 선호 메뉴
- E열: 2순위 선호 메뉴
- F열: 시그니처 적정 가격
- G열: 바닐라 크림 적정 가격
- H열: 시트러스 톤익 적정 가격

[중략]

6단계. 그래프로 시각화(선택)

보고서에 그래프를 넣고 싶으면, 방금 만든 요약표를 이용해서 그래프를 만들면 됩니다.

1. 메뉴 이름(A열)과 1순위 비율(C열), 또는 1+2순위 합계(E열)을 드래그해서 선택해 주세요.
2. 상단 메뉴에서
   - 구글시트: "삽입" → "차트"
   - 엑셀: "삽입" 탭 → "세로 막대형 차트"
3. 메뉴별 선호도를 한 번에 보여주는 막대그래프가 생성됩니다.

가격도 비슷한 방식으로

- 메뉴 이름(A열) + 평균 가격(F열)을 선택해서
- 막대그래프를 만들면 가격 비교 그래프가 됩니다.

[구글폼 응답 요약]

[AI 응답 14-5] 설문지 데이터 분석 사례

5. 결과 해석 및 보고

프롬프트

우리 카페에서 설문 분석까지 마무리했는데, 이제 이 결과를 바탕으로 어떤 결론을 내려야 하는지 알려주세요. 보고서의 마지막 부분에 들어갈 결과 해석 및 시사점을 작성해야 하는데, 어떤 내용을 중심으로 정리하면 좋을지 알려주세요. 메뉴별 선호도, 가격 적정 수준, 구매 의향, 그리고 20~30대 여성 고객층의 특징까지 고려해서 이번 조사 결과가 우리 카페에 어떤 의미가 있는지를 정리해 주세요. 마지막에는 실제 출시 전략과 마케팅 포인트까지 연결되는 형태로 보고서용 문단을 작성해 주세요.

ChatGPT AI

① 핵심 결과 요약

구분	주요 분석 결과
전체 선호 1위	**바닐라 크림 콜드브루** (1·2순위 합산 최상위)
가격 적정 수준	4,500원~5,000원 사이가 가장 높은 선택
구매 의향	전체 응답자의 **대부분이 긍정적(4점 이상)**
핵심 타깃	**20~30대 여성**의 선호도가 가장 높음(1순위 선택 비중 압도적)

[중략]

② 시사점 및 전략 방향

항목	시사점·전략
메뉴 출시 방향	바닐라 크림 콜드브루를 **주력 신메뉴**로 출시하는 것이 타당
가격 전략	4,800원~5,000원 수준으로 **프리미엄 포지션** 설정 가능
타깃 마케팅	20~30대 여성 중심으로 SNS 홍보 강화 필요
홍보 메시지	크림층 비주얼·디저트형 감성 강조, 인스타그램 사진·영상 콘텐츠 활용
기타 구성	시그니처·시트러스는 **보조 메뉴 또는 세트 구성으로 활용**

본 사례는 소규모 개인 카페를 가정한 가상 조사이지만, 실제 매장 운영 상황에서도 충분히 참고할 수 있는 시사점을 제공한다.

특히 메뉴 선호도와 가격 수용도 결과를 함께 해석함으로써, 단순히 '인기 있는 메뉴'가 아니라 실제 구매로 이어질 가능성이 높은 메뉴를 구분할 수 있었다.

이러한 접근은 신메뉴 출시 과정에서 실패 위험을 줄이는 데 실질적인 도움을 준다.

[AI 응답 14-6] 설문지 결과 해석 및 보고

6. 조사보고서 작성

프롬프트

우리 카페 콜드브루 신메뉴에 대한 설문조사를 기획하고, 설문 문항을 만들고, 구글폼·엑셀로 데이터를 분석하는 것까지 마무리했습니다. 응답자 수 130명, 메뉴별 선호도, 메뉴별 적정 가격 평균, 20~30대 여성 타깃의 특징, 전체 구매 의향 등 주요 결과는 앞에서 정리한 내용과 같습니다. 이제 이 내용을 바탕으로 신메뉴 시장조사 보고서를 한 번에 정리해서 작성하고 싶습니다. 보고서 형식으로 ① 조사 개요, ② 조사 설계 및 방법, ③ 주요 분석 결과, ④ 시사점 및 신메뉴 출시 전략, ⑤ 결론 순서로 정리해 주세요. 앞에서 사용한 수치를 적절히 인용해서, 실제 카페 사장이 내부 공유용으로 사용할 수 있을 정도의 분량과 표현으로 보고서를 작성해 주세요.

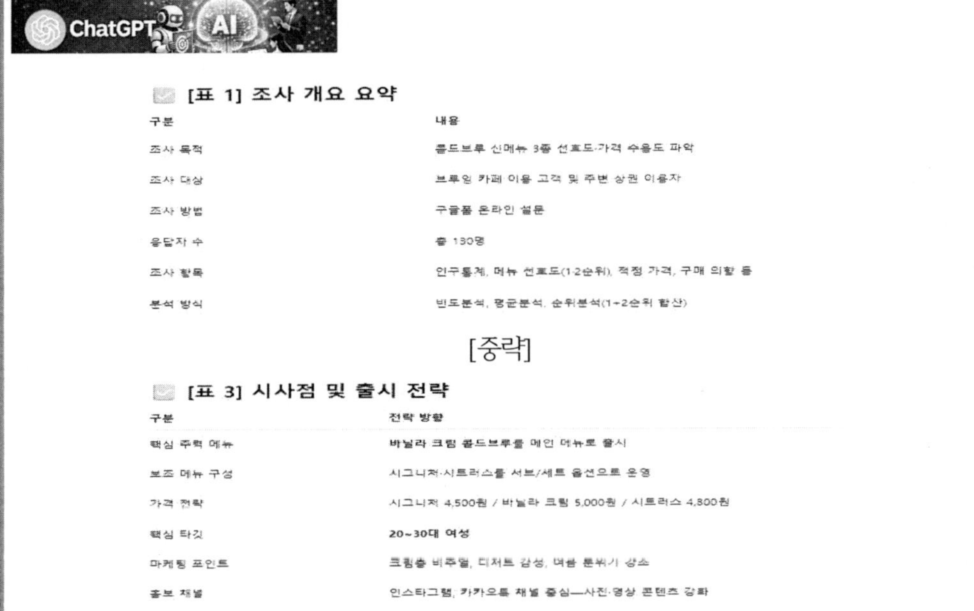

[표 1] 조사 개요 요약

구분	내용
조사 목적	콜드브루 신메뉴 3종 선호도·가격 수용도 파악
조사 대상	브루잉 카페 이용 고객 및 주변 상권 이용자
조사 방법	구글폼 온라인 설문
응답자 수	총 130명
조사 항목	인구통계, 메뉴 선호도(1·2순위), 적정 가격, 구매 의향 등
분석 방식	빈도분석, 평균분석, 순위분석(1+2순위 합산)

[중략]

[표 3] 시사점 및 출시 전략

구분	전략 방향
핵심 주력 메뉴	바닐라 크림 콜드브루를 메인 메뉴로 출시
보조 메뉴 구성	시그니처·시트러스를 서브/세트 옵션으로 운영
가격 전략	시그니처 4,500원 / 바닐라 크림 5,000원 / 시트러스 4,800원
핵심 타깃	20~30대 여성
마케팅 포인트	크림층 비주얼, 디저트 감성, 여름 분위기 강조
홍보 채널	인스타그램, 카카오톡 채널 중심—사진·영상 콘텐츠 강화
출시 시점 전략	초기 이벤트(스탬프·세트 할인)로 재방문 유도

이번 설문조사는 브루잉 카페의 골드브루 신메뉴 출시를 앞두고, 고객 선호와 가격 수용도를 데이터 기반으로 확인했다는 점에서 의미가 크다. 조사 결과 바닐라 크림 콜드브루가 가장 유력한 주력 메뉴로 검증되었으며, 합리적인 프리미엄 가격대와 명확한 핵심 타깃(20~30대 여성)을 설정할 수 있었다. 향후 브루잉 카페는 본 조사 결과를 바탕으로 신메뉴 구성과 가격 정책, SNS 중심 마케팅 전략을 구체화하여 여름 시즌 매출 확대와 브랜드 이미지 강화를 동시에 추진할 필요가 있다.

[AI 응답 14-7] 조사보고서 작성 사례

AI Note

제15장 마케팅윤리와 AI 법률 (이서령)

제1절 개인정보보호와 마케팅 윤리

1. 개인정보보호와 마케팅 윤리

개인정보란 살아있는 개인에 관한 정보로서 성명, 주민등록번호, 영상 등을 통해 개인을 알아볼 수 있는 정보를 말한다. 마케팅 활동에서 수집하는 이메일, 전화번호, 구매 이력, 웹 행동 데이터 등이 모두 해당 된다. 일반인 개인정보 처리의 원칙을 정리하면 [표 15-1]과 같다.

[표 15-1] 개인 청보 처리의 주요 원칙

원칙	처리 방향
수집・이용 목적 명확화	개인정보를 수집할 때 구체적인 목적을 명시해야 한다
최소 수집의 원칙	목적 달성에 필요한 최소한의 정보만 수집해야 한다
동의 원칙	정보주체의 명확한 동의를 받아야 한다
목적 외 이용 금지	수집 목적 이외의 용도로 사용할 수 없다
안전성 확보 조치	개인정보 유출・훼손을 방지해야 한다
정보주체의 권리 보장	열람, 정정, 삭제 요구권을 보장해야 한다
책임의 원칙	개인정보 처리자는 관련 책임을 진다

이와 같은 차원에서 마케팅 분야에서 다루어질 수 있는 주요 규제의 유형을 살펴보면 다음과 같은 내용들이 적용될 것이라고 본다.

[표 15-2] 주요 규제의 유형

분야	규제의 유형
쿠키 및 추적 기술	사용자 동의 없이 추적 쿠키 설치 금지
타겟팅 광고	행동 기반 광고 시 명확한 고지와 동의 필요
이메일 마케팅	수신 동의 없는 광고성 정보 전송 금지 (정보통신망법)
전화 마케팅	사전 수신 동의 필수, 수신거부 의사 존중
위치정보 활용	위치기반 마케팅 시 별도 동의 필요

현재까지 논의되고 있는 국가별 규제 동향을 살펴보면 다음 표와 같다.

[표 15-3] 주요국의 규제 동향

국가	관련법	규제의 형태
EU	GDPR	가장 엄격한 개인정보보호 규정, 전 세계적 영향력
미국 캘리포니아주	CCPA	소비자의 정보 통제권 강화
캐나다	PIPEDA	상업적 활동에서의 개인정보 보호
한국	개인정보보호법	2024년 개정으로 AI 시대 대응 강화

법적 준수를 넘어선 윤리적 마케팅은 장기적 브랜드 가치를 창출한다. 고객 신뢰는 한 번 잃으면 회복하기 어렵다. 투명성, 공정성, 책임성은 현대 마케팅의 필수 덕목이다.

2. AI 활용 개인정보보호 및 마케팅 윤리 준수 방향

1) 개인정보보호 측면

AI에게 개인 이름, 연락처, 주민등록번호, 계좌번호 등 식별 가능한 정보는 입력하지 말고, 분석에 꼭 필요한 경우엔 익명화(예: 고객 A, 지역 B 등) 후 사용하는 등 개인정보 최소 수집 원칙을 지킨다, 또한, 클라우드나 외부 플랫폼에 데이터를 업로드할 때는 저장 위치와 접근 권한을 확인하고 AI 분석 결과를 공유하기 전에는 개인정보 포함 여부를 재검토하여야 한다. 고객 데이터로 모델을 학습하거나 마케팅에 사용할 때는 "AI가 데이터를 활용한다"는 사실을 사전에 명확히 고지하여야 한다.

2) 마케팅 윤리 측면

AI가 작성한 콘텐츠나 메시지라면, AI 생성임을 명시하고, 고객을 속이거나 과장된 표현으로 오해를 유발하지 않도록 하여야 하는 등 투명성을 확보하여야 한다. 또한, AI가 만든 문구나 추천 결과가 차별적·편향적이지 않은지 검토하고, 특정 성별, 연령, 지역에 대한 고정관념 표현도 피해야 한다. 마케팅 자동화보다 고객의 신뢰와 관계 유지가 우선이다. AI를 보조 도구로 활용하고, 최종 판단은 사람이 책임져야 하기 때문이다.

3) 효과적인 AI 활용 실무

데이터 전처리 시 익명화 자동 스크립트를 활용하면 안전성과 효율성 모두 확보 가능하다. AI 콘텐츠 생성 후 사람의 검토(휴먼 인 더 루프) 절차를 반드시 포함하고, 내부 가이드라인 문서(예: "AI 윤리 사용 수칙")를 만들어 팀 단위로 공유하면 효과적이다.

3. 개인정보보호 관련 사례와 실습

1) 쿠키 동의 및 개인정보 수집 고지

2023년, 국내 한 이커머스 기업이 사용자 동의 없이 행동 추적 쿠키를 설치하고 제3자에게 데이터를 제공한 사실이 적발되어 과징금 5억 원을 부과받았다. 사용자들은 자신의 검색 기록과 구매 패턴이 광고 업체에 제공된 사실을 몰랐다.

건강식품 쇼핑몰을 운영하는 사업자 A는 이와 같은 사례를 예방하기 위하여 개인정보 처리 방안을 강구하기로 하였다.

프롬프트

온라인 건강식품 쇼핑몰의 개인정보 처리방침을 작성해 주세요.

1. 수집하는 개인정보 항목 및 수집 방법

1. **회원가입 시**
   - 필수항목: 이름, 아이디(이메일), 비밀번호, 휴대전화번호
   - 선택항목: 주소, 생년월일, 성별, 마케팅 수신 동의 여부
2. **주문 및 결제 시**
   - 필수항목: 주문자 정보(이름, 연락처, 이메일), 배송지 정보(수령인, 주소, 연락처), 결제정보(카드사명, 결제승인번호 등)
   - 선택항목: 환불 계좌 정보
3. **자동수집 항목**
   - IP주소, 쿠키, 방문기록, 접속 로그, 기기정보, 브라우저 정보
4. **수집 방법**
   - 회원가입 및 주문 절차에서 이용자가 직접 입력
   - 자동 수집(쿠키 및 로그 분석 도구를 통한 수집)

2. 개인정보의 수집 및 이용 목적

회사는 다음의 목적을 위해 개인정보를 이용합니다.

- 회원가입 및 관리
- 상품 주문, 결제 및 배송 서비스 제공
- 고객상담, 불만처리 및 민원 대응
- 마케팅 및 광고(신상품 안내, 이벤트 정보 제공 등) — 단, 사전 동의한 경우에 한함
- 서비스 개선 및 맞춤형 콘텐츠 제공
- 법적 의무 이행 및 분쟁 대응

3. 개인정보의 보유 및 이용기간

구분	보유항목	보유기간	근거
회원정보	이름, 이메일, 연락처 등	회원 탈퇴 시까지	이용자 동의
주문·결제 정보	거래내역, 결제정보	5년	전자상거래법
소비자 불만·분쟁처리 기록	상담내용, 처리내역	3년	전자상거래법

[AI 응답 15-1] 업종별 개인정보 처리방침 사례

2) 타겟팅 광고의 경계

2022년, 해외 소셜미디어 플랫폼이 사용자의 사적 대화 내용을 분석하여 광고에 활용한 사실이 논란이 되었다. 사용자들은 친구와의 대화에서 언급한 제품이 즉시 광고로 나타나는 경험을 하며 불안감을 느꼈다.

임신 테스트기를 제작하여 판매하고 있는 K중소기업의 마케팅 팀장은 이러한 사례를 접하고, 윤리적 타케팅 광고전략을 마련하기로 하였다.

프롬프트

임신 테스트기를 구매한 고객에게 육아 용품 광고를 발송하고자 한다. 이를 윤리적, 법적 관점에서 평가하고, 마케팅 효율성과 윤리성의 균형을 찾는 적절한 대안을 제시해 주세요.

효율성 측면

예컨대 고객이 임신 테스트기를 구매했다면, 이후 육아용품 광고를 보내는 것은 **관련성 있는 리타깃팅 전략**으로 볼 수 있습니다.

- 임신 → 곧 출산 → 육아용품 수요로 이어질 가능성이 높기 때문에, 전환율이 올라갈 수 있습니다.
- 고객 입장에서도 "내 상황(임신→출산)과 맞는 제안"이라면 유용하다고 느낄 수 있죠.
- 마케팅 비용 대비 효율이 높아질 수 있습니다 (타깃이 명확하므로 광고 낭비가 줄어듭니다).

그러나 이처럼 "임신"이라는 **민감하거나 사적 정보를** 이용한 타깃팅은 아래와 같은 리스크가 존재합니다.

⚠ 윤리적·법적 리스크

법적 측면

1. **개인정보보호법(한국)**
   - **개인정보 보호법상** "민감정보" 또는 그에 준하는 정보 등은 별도 보호가 필요합니다.
   - 임신 상태는 개인의 건강 상태나 가족계획에 관한 정보로, 개인 사생활 영역이 강하고 민감한 범주에 들어갈 가능성이 높습니다.
   - 온라인 맞춤형 광고를 위해 행동정보(구매정보, 웹활동 등)를 사용하는 경우, **개인정보보호위원회**(PIPC)가 "온라인행태정보 활용 맞춤광고에 대한 정책 방향"에서 **명시적 동의를** 강조하고 있습니다.
   - 또한, 전자적 광고 발송(문자, 이메일 등) 시에는 **정보통신망 이용촉진 및 정보보호 등에 관한 법률** 및 관련 스팸 규제 법령(광고성 정보 발송 시 동의요건, 수신거부 옵션 제공 등)을 준수해야 합니다.
2. **국제 규제 사례**
   - 유럽의 **General Data Protection Regulation**(GDPR)에서는 건강·가족계획 관련 정보는 '특별 범주 개인정보(special category data)'로 분류돼 엄격한 처리 기준이 있습니다.
   - 미국에서도 **Federal Trade Commission**(FTC)이 건강정보를 광고 타깃팅에 이용한 사례에 대해 제재한 바 있습니다.

윤리적 측면

- 고객이 임신 테스트기를 산다는 것은 매우 사적인 상황입니다. 이를 근거로 광고를 보내면 **사생활 침해, 과도한 타깃팅(초개인화), 불쾌감 유발** 등 윤리적 문제가 생길 수 있습니다.
- 과거 **Target**의 임신 가능성 있는 고객을 예측해서 광고를 보낸 사례에서 고객들 사이에 "내 상태를 알고 있다"는 느낌으로 거부감이 커졌습니다.
- 신뢰 문제: 고객이 "내가 임신테스트기를 샀으니 자동으로 광고가 오는구나"라고 느끼면 브랜드 신뢰가 떨어질 수 있습니다.

균형 잡힌 대안 제시

효율성과 윤리성·법적 준수를 함께 고려하는 전략은 다음과 같습니다.

(1) 명시적 동의 확보

- 임신 테스트기 구매고객에게 **광고 수신에 대한 별도 동의를** 구하는 것이 좋습니다. 예컨대 결제 직후 또는 멤버십 가입 시 "육아용품 정보를 받아보시겠습니까?"라는 체크박스를 제공하는 방식
- 동의 내용은 **광고 목적, 발송 빈도, 수신 거부 방** ↓ 등을 포함해서 투명하게 제공해야 합니다.
- 이후에도 광고 수신 동의를 주기적으로 갱신하거나, 언제든지 수신거부를 쉽게 할 수 있도록 해야 합니

[AI 응답 15-2] 윤리적 타겟팅 광고작성 사례

3) 개인정보 침해 사태에 대한 구제 방안

화장품 브랜드 A사는 30~40대 여성 대상의 피부 진단 기반 맞춤 스킨케어 마케팅 캠페인을 진행 중이다. 광고 랜딩 페이지에는 '피부 타입 무료 테스트' 기능이 있으며, 고객은 질문에 답변하면 맞춤 제품을 추천받는다. 마케팅팀은 테스트 참여율을 높이기 위해 외부 광고대행사 B사에 데이터 분석을 의뢰했다. 이 과정에서 동의 없는 민감정보 수집·처리, 제3자 제공 미고지, 개인정보 목적 외 이용, 재식별 위험성 고려 부족, 외부 업체 관리·감독 미흡 등의 문제가 발생했다.

프롬프트

"임신 사실을 가족에게 알리지 않은 상태였던 고객 C에게 임신·출산 관련 광고가 반복적으로 노출되었을 뿐 아니라, 가족이 광고를 보고 추측할 정도로 사생활이 침해되었는데 이에 대한 구제방안을 찾아 주세요.

[구제 방안] 침해된 상황을 바로잡는 절차

1. 즉각적인 피해 최소화 조치

✔ 불법 광고 중지 및 데이터 삭제 요청
- 문제 광고 즉시 중단
- 대행사 B사에 **모든 고객 데이터 파기 명령**
- 저장 매체, 로그, 백업 파일까지 삭제 확인서 제출 요구

✔ 고객 C에 대한 맞춤형 피해 구제
- 사과문 전달 및 피해 경위 설명
- 광고 노출 기록 삭제
- 추가 피해 방지 위해 C의 개인정보를 '마케팅 거부 리스트'에 등록

2. 내부 조사 및 원인 파악

✔ 데이터 제공 과정 로그 분석
- 개인정보가 어떤 경로로, 누구에게, 어느 시점에 제공되었는지 재구성
- 마케팅 자동화 도구의 API 로그, CRM 기록 분석

✔ 책임 소재 규명
- 내부 마케팅팀의 지시였는지
- 대행사가 계약 범위를 벗어났는지
- 개인정보처리자의 관리·감독 책임 여부 판단

3. 제도 및 문서 정비(법적 조치 포함)

✔ (1) 고객에게 필수 고지 및 동의 재확보
- 개인정보 처리방침을 아래 내용으로 즉시 업데이트
  - 제3자 제공
  - 위탁 처리 범위

[중략]

[AI 응답 15-3] 개인정보 침해상황을 구제받을 수 있는 방안

제2절 AI와 법률적 책임

1. AI 시대의 법적 책임 구조

AI 기술이 빠르게 발전하면서 법률은 이를 따라가기 위해 노력하고 있다. 현재 AI 관련 법률은 기존 법체계를 확장 적용하는 단계이지만, 전 세계적으로 AI 전용 규제가 마련되고 있다. 우선 우리나라의 경우 다음과 같은 5개의 관련법으로 규제하고 있다.

[표 15-4] 윤리적 타겟팅 광고작성 사례

관련법	주요 내용
지능정보화 기본법	AI 개발・활용의 기본 원칙 제시
개인정보보호법	AI가 개인정보를 처리할 때 적용
저작권법	AI 생성물의 저작권 이슈
전자상거래법	AI를 활용한 상거래 규제
공정거래법	AI 알고리즘의 시장 지배력 남용 규제

유럽연합의 경우 가장 빠르고 체계적인 규제 체계를 정비하고 있는데 2024년에 AI Act를 제정하는 등 세계 최초의 포괄적 AI 규제법을 구축하고 있다. 동 법에 의하면 위험도 기반 4단계로 분류(용인 불가/고위험/제한적/최소)하고 있고, 고위험 AI는 사전 승인 및 지속적 모니터링을 할 수 있도록 하는 특별 조치 규정 도입, AI 사용 사실을 고지하는 투명성 의무 조항도 규정하고 있다.

미국의 경우 연방 차원의 통합 법률은 없으나 주별로 규제하고 있다. 일부 주에서 차별적 결과를 방지하는 알고리즘 책임법안과 AI 권리장전 블루 프린트를 제정하여 시행하고 있다.

핵심은 AI가 잘못된 결정을 내렸을 때 누가 책임을 져야 하는지의 책임의 주체 문제로 모아지고 있다. 실제로 개발자의 경우 AI 모델 설계 및 훈련 과정의 결함문제, 사용자(기업)의 경우 AI 도입 및 운영상의 과실문제, 제공자(플랫폼)의 경우 서비스 제공 과정의 문제 등이 주요 이슈가 될 수 있다. 현행법상 AI 자체는 법인격이 없어 책임 주체가 될 수 없다. 전통적으로 피해자가 손해를 입증해야 했지만, AI의 블랙박스 특성상 이는 사실상 불가능하다. 최근 법률은 AI 운영자에게 입증 책임을 부과하는 방향으로 발전하고 있다. 마케팅 분야의 AI 책임 이슈를 정리하면 다음과 같다.

[표 15-5] AI 책임 이슈

이슈	주요 내용
차별적 타겟팅	AI 알고리즘이 인종, 성별, 나이 등으로 차별적 광고 노출
허위 정보 생성	AI가 만든 거짓 콘텐츠로 소비자 기만
과도한 개인화	프라이버시 침해 수준의 맞춤형 광고
가격 차별	AI 기반 동적 가격 책정의 불공정성
자동화된 의사결정	소비자 신용평가, 대출 승인 등에서의 편향

2. AI 활용 법적 책임 준수 방안

1) 법률 리스크 예측 및 모니터링

AI 법률 리스크 분석 도구를 활용해 계약서, 정책 문서에서 잠재적 법적 위험(책임 조항, 개인정보 위반 등)을 자동 탐지하고, 법률 문서 자동 검토 시스템을 사용하되, 최종 판단은 반드시 법률 전문가가 확인하도록 한다.

2) 계약 및 책임 명확화

"AI의 오류나 오작동으로 인한 피해 발생 시 책임 주체(개발자, 사용자, 공급자)"를 계약 단계에서 명확히 규정한다. 또한, AI 모델의 결과를 그대로 사용하지 말고, '참고용'임을 명시해 법적 분쟁을 예방한다.

3) 데이터와 저작권 관리

AI 학습 및 생성에 사용되는 데이터의 저작권·라이선스 상태를 점검하고, 외부 데이터를 사용할 때는 출처 명시 및 사용 허락 여부를 반드시 확인한다. 생성 콘텐츠의 저작권 귀속 문제를 대비해서는 기록(로그)을 남겨두어야 한다.

4) 윤리·법률 기준 내재화

조직 내부에 AI 윤리·법률 검토 프로세스('AI 책임 점검표')를 마련하여 AI 의사 결정에 대한 설명 가능성(Explainability)을 확보한 다음 책임소재를 명확히 한다. 또한, 최신 법규(예: EU AI Act, 개인정보보호법 등)를 AI 법률 모니터링 봇으로 자동 추적하여 활용한다. 리스크 알림 시스템을 도입하여 AI가 법적 위험 신호(예: 민감정보 포함 여부)를 자동 경고하도록 하고, 법적 대응 시에도 AI로 판례 분석·유사 사건 예측을 수행해 대응하도록 한다.

3. 차별 논란 사례와 예방 및 구제 방안 실습

1) AI 추천 알고리즘의 차별 논란 사례와 실습

2020년, 미국의 한 채용 플랫폼이 사용하는 AI가 여성 지원자를 체계적으로 낮게 평가한 것으로 드러났다. AI는 과거 남성 중심의 채용 데이터로 학습했고, 이것이 성차별로 이어졌다. 기업은 수백만 달러의 합의금을 지불했다. 이러한 사례를 접한 대기업 마케팅 부서 팀장인 L씨는 AI 추천 알고리즘의 편향성을 감사하는 체크리스트를 만들기로 하였다.

프롬프트

현재 다음과 같은 마케팅 자동화 시스템을 갖고 있어요. 기능: 고객 세그먼트별 맞춤형 제품 추천, 보유 데이터: 최근 2년간 구매 이력 50만 건, 변수: 나이, 성별, 지역, 구매 이력, 웹 행동 패턴. 사용 중인 AI 추천 알고리즘의 편향성을 감사하는 체크리스트를 만들어 주세요.

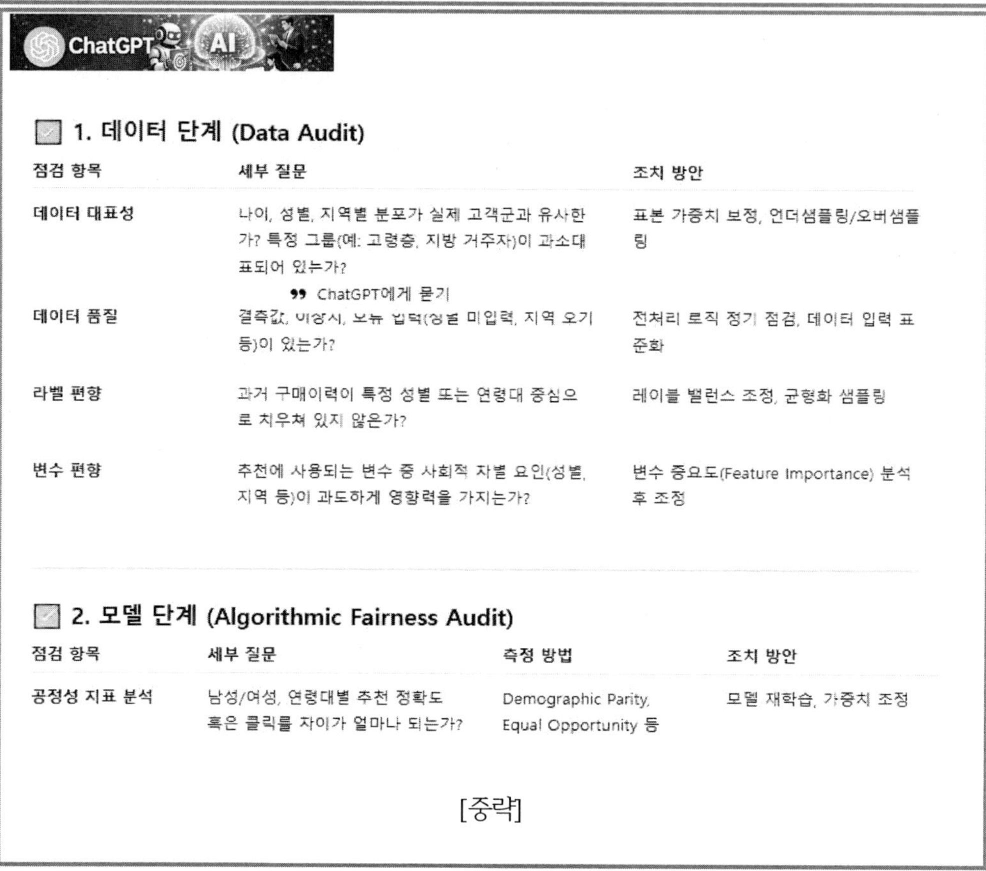

ChatGPT AI

1. 데이터 단계 (Data Audit)

점검 항목	세부 질문	조치 방안
데이터 대표성	나이, 성별, 지역별 분포가 실제 고객군과 유사한가? 특정 그룹(예: 고령층, 지방 거주자)이 과소대표되어 있는가?	표본 가중치 보정, 언더샘플링/오버샘플링
데이터 품질	결측값, 이상치, 오류 입력(성별 미입력, 지역 오기 등)이 있는가?	전처리 로직 정기 점검, 데이터 입력 표준화
라벨 편향	과거 구매이력이 특정 성별 또는 연령대 중심으로 치우쳐 있지 않은가?	레이블 밸런스 조정, 균형화 샘플링
변수 편향	추천에 사용되는 변수 중 사회적 차별 요인(성별, 지역 등)이 과도하게 영향력을 가지는가?	변수 중요도(Feature Importance) 분석 후 조정

2. 모델 단계 (Algorithmic Fairness Audit)

점검 항목	세부 질문	측정 방법	조치 방안
공정성 지표 분석	남성/여성, 연령대별 추천 정확도 혹은 클릭률 차이가 얼마나 되는가?	Demographic Parity, Equal Opportunity 등	모델 재학습, 가중치 조정

[중략]

[AI 응답 15-4] AI 편향성 감사 사례

ChatGPT의 답변은 ① 데이터 단계 → ② 모델 단계 → ③ 운영 단계 → ④성과 평가 단계 순으로 설계되어 제시되어 있다. 여기에 각 항목마다 '합격/보완 필요/불합격' 판정 기준을 제시하고, 실제 감사 시 사용할 수 있는 구체적인 측정 방법을 설명해 달라고 추가 요청을 하여 지원받을 수 있다.

2) AI를 활용한 배송 착오 발생 시 구제 방안 실습

배달업체를 운영하는 L씨는 고객의 주문을 받아 배달원으로 하여금 AI를 활용한 내비게이션의 경로 안내에 따라 제품을 배송했으나, 주문자로부터 제품을 받지 못했다는 연락을 받고 손해 배상 요구까지 받았다. 경위를 파악해 본 결과, 주문자가 주소를 잘못 입력해서 발생한 것도 아니고, 배송원이 잘못 배달한 것도 아닌 것으로 확인되었다. 결국 내비게이션이 경로를 잘못 안내함에 따라 잘못 배송된 것으로 파악되었는데, 효과적인 해결 방안을 ChatGPT를 통하여 찾아보기로 하였다.

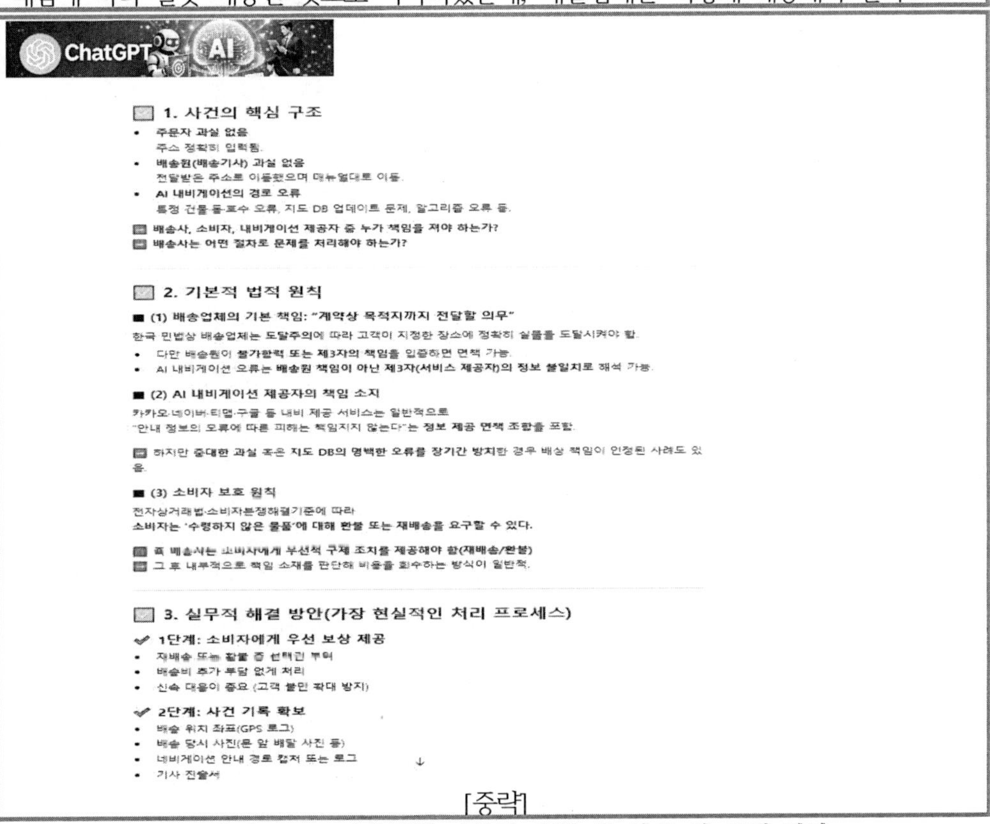

프롬프트

AI 기반 내비게이션의 안내를 받아 주문자에게 제품을 배달하였는데, 주문자로부터 수령하지 못했다고 클레임을 제기해 왔다. 주문자가 주소를 잘못 기입한 것도 아니고, 배송원이 잘못 배달한 것도 아닌 것으로 확인되었다. 결국 내비게이션이 경로를 잘못 안내함에 따라 잘못 배송된 것으로 파악되었는데, 배달업체는 어떻게 대응해야 할까요?

1. 사건의 핵심 구조

- 주문자 과실 없음
  주소 정확히 입력됨.
- 배송원(배송기사) 과실 없음
  전달받은 주소로 이동했으며 매뉴얼대로 이동.
- AI 내비게이션의 경로 오류
  특정 건물·동·호수 오류, 지도 DB 업데이트 문제, 알고리즘 오류 등.

배송사, 소비자, 내비게이션 제공자 중 누가 책임을 져야 하는가?
배송사는 어떤 절차로 문제를 처리해야 하는가?

2. 기본적 법적 원칙

■ (1) 배송업체의 기본 책임: "계약상 목적지까지 전달할 의무"

한국 민법상 배송업체는 도달주의에 따라 고객이 지정한 장소에 정확히 실물를 도달시켜야 함.

- 다만 배송원이 불가항력 또는 제3자의 책임을 입증하면 면책 가능.
- AI 내비게이션 오류는 배송원 책임이 아닌 제3자(서비스 제공자)의 정보 불일치로 해석 가능.

■ (2) AI 내비게이션 제공자의 책임 소지

카카오·네이버·티맵·구글 등 내비 제공 서비스는 일반적으로
"안내 정보의 오류에 따른 피해는 책임지지 않는다"는 정보 제공 면책 조항을 포함.

하지만 중대한 과실 혹은 지도 DB의 명백한 오류를 장기간 방치한 경우 배상 책임이 인정된 사례도 있음.

■ (3) 소비자 보호 원칙

전자상거래법·소비자분쟁해결기준에 따라
소비자는 '수령하지 않은 물품'에 대해 환불 또는 재배송을 요구할 수 있다.

즉 배송사는 소비자에게 우선적 구제 조치를 제공해야 함(재배송/환불)
그 후 내부적으로 책임 소재를 판단해 비용을 회수하는 방식이 일반적.

3. 실무적 해결 방안(가장 현실적인 처리 프로세스)

✔ 1단계: 소비자에게 우선 보상 제공

- 재배송 또는 환불 중 선택권 부여
- 배송비 추가 부담 없게 처리
- 신속 대응이 중요 (고객 불만 확대 방지)

✔ 2단계: 사건 기록 확보

- 배송 위치 좌표(GPS 로그)
- 배송 당시 사진(문 앞 배달 사진 등)
- 내비게이션 안내 경로 캡처 또는 로그
- 기사 진술서

[중략]

[AI 응답 15-5] 자율주행 자동차 운행 중 사고 시 구제 방안

제3절 생성 콘텐츠와 저작권 이슈

1. AI 시대의 저작권법

저작권은 인간의 창작적 표현을 보호하는 권리이다. 저작권법은 창작자에게 복제권, 배포권, 공연권, 전시권, 2차적 저작물작성권 등을 부여한다. 보호 기간은 창작자 생존 기간과 사후 70년이다. 특히 AI 생성물의 저작권과 관련하여 다음과 같은 논란이 쟁점으로 떠오르고 있다.

1. AI 생성물은 저작물인가?: 대부분의 국가에서 저작물은 '인간의 창작물'이어야 한다.
2. 저작권자는 누구인가?: AI 개발자? 사용자? AI 자체?
3. 학습 데이터 사용은 합법인가?: 저작물을 AI 학습에 사용하는 것이 저작권 침해인가?

이에 대한 국가별 입장을 정리하면 다음과 같다.

미국 저작권청은 현재까지 AI가 독립적으로 생성한 콘텐츠는 저작권 보호를 하지 못하지만, 인간의 창작적 기여가 있음이 확인될 경우 보호가 가능하다고 한다. 사실상 프롬프트만으로는 창작성 인정을 하지 못한다는 것이 기본 입장이다. 유럽연합의 경우에도 인간 창작자가 있어야 저작권을 인정하고 있다. AI는 도구로 간주, 사용자에게 권리가 귀속된다는 점을 강조하고 있다. 다만 학습데이터에 대한 제한적 허용 움직임이 있다.

일본의 경우에는 비교적 AI 친화적이다. AI 학습을 위한 저작물 사용을 허용하고 있고, 생성물도 창작성 인정 시 보호 가능하다고 보고 있다. 우리나라의 경우는 명확한 판례나 법률이 없고, 기존 저작권법 해석으로 대응 중이다. 인간의 창작적 기여가 실질적이어야 보호 가능하다는 것이 다수설이다. 마케팅 실무에서의 쟁점을 정리하면 다음과 같은 것을 들 수 있다.

[표 15-6] 마케팅 실무 이슈

이슈	주요 내용
AI 생성 이미지 사용	Midjourney, DALL-E로 만든 광고 이미지의 권리
AI 작성 카피	ChatGPT가 쓴 광고 문구의 저작권
학습 데이터 이슈	타인의 저작물로 학습된 AI 사용의 적법성
유사성 논란	AI 생성물이 기존 저작물과 유사한 경우
2차 저작물	AI 생성물을 수정한 경우의 권리 관계

2. AI 활용 생성형 콘텐츠와 저작권 이슈 타개 방안

1) 학습 데이터 출처 확인 필요

AI가 생성한 결과물의 학습 데이터에 저작권 있는 자료가 포함될 수 있다. 가능한 한 공개 라이선스 데이터셋(Open License)이나 상업적 이용이 허용된 모델을 사용해야 한다.

예: "CC0", "Public Domain", "OpenAI Commercial License" 등

2) AI는 '참조 도구'로, 창작의 주체는 인간으로의 원칙을 철저히 지킬 필요

완성물을 AI의 출력 그대로 사용하지 말고, 인간이 창의적 편집·각색·구성을 해야 저작권 문제가 줄어든다. 즉, "AI 초안 + 인간의 창작 편집" 구조로 접근해야 한다.

3) AI 생성물임을 명시할 필요

상업용 콘텐츠일수록, AI를 활용했음을 투명하게 공개하는 것이 법적·윤리적 리스크를 줄일 수 있다.

예: “본 콘텐츠는 AI의 도움을 받아 제작되었습니다.”

4) 저작권 안전성 체크리스트 활용

생성 전후로 유명 작가·브랜드 스타일을 모방하지 않았는가? 인물·로고·상표가 포함되지 않았는가? 데이터 출처와 모델 라이선스를 기록했는가? 등을 확인해야 한다.

5) AI 저작권 관리 툴 활용

Adobe Firefly, OpenAI watermark, Getty Images AI Safe Dataset 등 “AI 안전 데이터 기반 생성” 시스템을 사용하는 것이 좋다.

3. 저작권 분쟁 사례와 실습

1) AI 생성 이미지의 저작권 분쟁사례

2023년, 한 게임 회사가 Midjourney로 생성한 이미지를 게임 아트로 사용했다. 그런데 해당 이미지가 유명 일러스트레이터의 작품과 매우 유사했고, 원작자가 저작권 침해로 소송을 제기했다. AI가 학습 과정에서 해당 작가의 작품을 학습했을 가능성이 제기되었다. 이와 같은 사례를 접한 국내 게임업체의 담당 팀장 P씨는 저작권 안전성 체크리스트를 만들기로 하였다.

프롬프트

AI 생성 마케팅 콘텐츠를 공개하기 전에 저작권 안전성을 점검하는 체크리스트를 만들어 주세요.

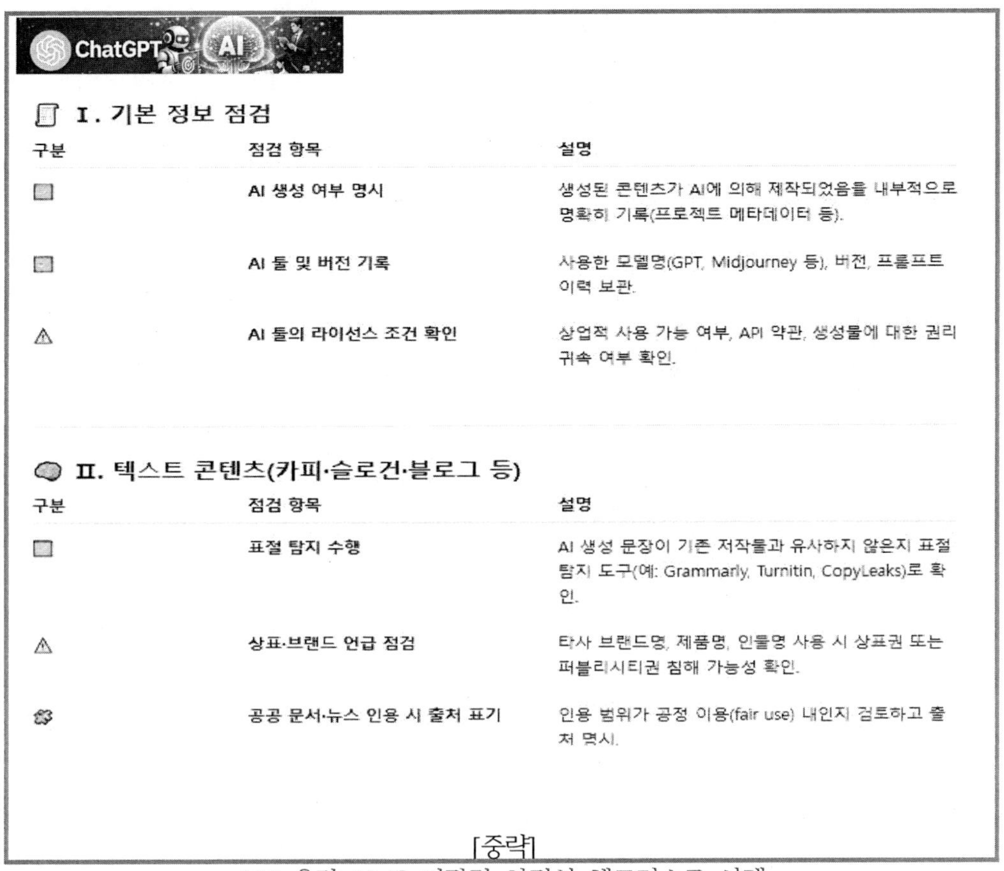

I. 기본 정보 점검

구분	점검 항목	설명
☐	AI 생성 여부 명시	생성된 콘텐츠가 AI에 의해 제작되었음을 내부적으로 명확히 기록(프로젝트 메타데이터 등).
☐	AI 툴 및 버전 기록	사용한 모델명(GPT, Midjourney 등), 버전, 프롬프트 이력 보관.
⚠	AI 툴의 라이선스 조건 확인	상업적 사용 가능 여부, API 약관, 생성물에 대한 권리 귀속 여부 확인.

II. 텍스트 콘텐츠(카피·슬로건·블로그 등)

구분	점검 항목	설명
☐	표절 탐지 수행	AI 생성 문장이 기존 저작물과 유사하지 않은지 표절 탐지 도구(예: Grammarly, Turnitin, CopyLeaks)로 확인.
⚠	상표·브랜드 언급 점검	타사 브랜드명, 제품명, 인물명 사용 시 상표권 또는 퍼블리시티권 침해 가능성 확인.
🧩	공공 문서·뉴스 인용 시 출처 표기	인용 범위가 공정 이용(fair use) 내인지 검토하고 출처 명시.

[중략]

[AI 응답 15-6] 저작권 안전성 체크리스트 사례

그리고 이 체크리스트를 실제 케이스에 적용한 다음과 같은 예시를 제시해 달라고 하여 활용할 수도 있다. 예) AI 생성 블로그 썸네일 이미지, ChatGPT로 작성한 제품 설명, Midjourney로 만든 광고 포스터.

2) 딥페이크와 초상권 침해 사례

2022년, 한 광고 대행사가 유명 배우의 얼굴을 AI로 합성한 광고를 제작했다. 배우는 계약도, 촬영도 하지 않았지만 광고에 등장했다. 배우는 초상권 침해로 소송을 제기했고, 법원은 AI 합성도 초상권 침해가 될 수 있다고 판결했다.

국내 유명 광고기획사에 재직 중인 O씨는 광고 제작에 법적 쟁점을 피하고자 초상권 및 퍼블리시티권 가이드를 작성하여 참조하고자 하였다.

프롬프트

AI를 활용한 마케팅에서 초상권과 퍼블리시티권을 보호하는 가이드라인을 작성해 주세요.

1. 목적 및 적용 범위

이 가이드라인은 AI를 이용해 생성하거나 활용하는 마케팅 콘텐츠에서 개인의 **초상권(right of publicity)**과 **퍼블리시티권(right of publicity / commercial image use)**을 보호하기 위한 원칙과 실무지침을 제시한다.

적용 대상은 다음과 같다.

- AI 생성 이미지, 영상, 음성, 아바타, 캐릭터
- 실제 인물의 얼굴, 이름, 음성, 체형, 제스처를 학습 데이터로 사용하는 경우
- 마케팅용 콘텐츠(광고, SNS, 캠페인, 홍보물 등)

2. 기본 원칙

구분	원칙	설명
사전동의 원칙	AI가 실제 인물의 초상, 이름, 음성, 제스처 등을 사용하기 전에 **명시적 서면 동의**를 받아야 한다.	"AI 학습 목적", "상업적 사용 여부", "활용 범위(국가, 기간, 매체)"를 구체적으로 명시해야 함.
최소수집 원칙	초상 데이터는 **필요 최소한의 범위**로 수집·활용해야 한다.	얼굴 인식 모델 학습 시 익명화·모자이크 처리 등 고려.
투명성 원칙	AI가 생성한 인물 이미지나 영상은 **가상 인물임을 명시**해야 한다.	예: "이 이미지는 AI 생성 모델을 통해 만들어진 가상 인물입니다."

[중략]

[AI 응답 15-7] 초상권 및 퍼블리시티권 가이드 사례

3) 저작권 침해 구제 방안 실습

A씨는 최근에 ChatGPT의 도움을 받아 인공지능 관련 서적을 출판하였다. 그런데 여러 곳에서 본인의 저작권을 침해받았다고 주장하는 사례가 발생하였다. A씨는 이에 대한 대응책을 마련해야 했고, 본인의 저작권도 보호받을 방안을 구상했다.

프롬프트

ChatGPT의 도움을 받아 집필하여 출판한 책에 대하여 여러 곳에서 본인의 저작권을 침해받았다고 주장하는 사례가 발생하였다. 이에 대한 대응책을 찾아 주고 본인의 저작권 보호 방안도 제시해 주세요.

1 저작권 법적 구조 확인(가장 중요한 1단계)

AI가 생성한 콘텐츠라도 **A씨가 최종적으로 편집·구성·저작** 의사를 가지고 **창작한 부분**은 저작권으로 보호됩니다.

✔ 핵심 원칙

- **AI 출력물 자체는 저작권이 자동 발생하지 않음**
- 하지만 **A씨가** 이를 **선택·배열·편집·구성하여** 만든 책 **전체는** 저작물로 인정됨
- 따라서 "**저작권자 = A씨**"
- 타인이 A씨 책을 무단 복제·요약·전재하면 명백한 **저작권 침해**

2 침해 유형별 대응 전략

◆ (1) 무단 복제

- 전체 장·절을 그대로 복사
- 문장을 거의 동일하게 사용
- PDF, 블로그, 강의자료에 책 내용 그대로 사용

☞ 대응책

- 침해 게시물 스크린샷 및 URL 확보
- 출판사 및 A씨 법률대리인의 **저작권 침해 경고장 발송**
- 반복 시 **민·형사 조치**(출판물 무단 복제는 형사처벌 대상)
- 온라인이라면 플랫폼에 **DMCA 요청** 또는 **저작권 침해 신고**

◆ (2) 부분 무단 인용(출처 없이 일부 문단만 사용)

☞ 대응책

- "정당한 범위"를 넘는 경우 출처 표기 요구

[중략]

[AI 응답 15-8] AI를 활용한 저서의 저작권 침해 구제방안 및 보호방안 사례

AI Note

AI의 고급 기능 활용 및 자격시험 문제 풀이 (노규성)

제1절 맞춤형 AI 만들기와 고급 기능 활용

1. 맞춤형 AI를 통한 자동화

ChatGPT의 GPTs(GPT 앱) 혹은 제미나이의 Gem은 사용자가 직접 목적과 기능을 정의해 만들 수 있는 대화형 맞춤 AI이다. GPT-5 같은 AI 모델들이 일상적인 대화에 초점을 맞췄다면, GPTs는 특정한 업무나 역할(예: 감사 메시지 작성기, 블로그 작가 등)에 최적화하고 반복적으로 사용할 수 있다. 여기에서는 ChatGPT에서 나의 GPT를 만들어 단골고객 관리 및 감사 메시지 생성 예시를 통해 반복적인 업무를 자동화하는 방법에 대해 간략히 살펴보고자 한다.

1) 고객 방문 시 데이터 자동 누적 – Google Form 연동

GPT를 활용하여 단골고객에게 메시지를 보내기 위해서는 먼저 고객 데이터를 확보하여야 하는데, 이는 구글 폼을 활용하면 쉽게 해결된다. 먼저 고객이 매장을 방문할 때 구글 폼을 QR 코드로 접속하여 직접 이름, 방문일, 주문 메뉴 등을 입력하도록 한다. 그러면 그 데이터는 자동으로 누적되고 AI가 메시지를 생성할 수 있는 기반 데이터가 된다(표 16-1 참조).

[표 16-1] 방문고객 데이터 축적 단계

단계	설명
① 구글 폼 만들기	구글 폼(Google Form)에서 "단골고객 입력서" 생성
② 입력 항목 구성	고객명, 방문일, 주문 메뉴, 한 줄 메모(예: 좋아하는 메뉴, 기분 등) 포함
③ 응답 저장 위치 지정	'응답' 탭 → "스프레드시트로 저장"을 선택하여 자동 누적되도록 설정
④ 매장 내 QR코드 비치	구글 폼의 URL을 QR코드로 만들어 카운터나 테이블 위에 부착
⑤ 고객 입력 자동화	고객이 QR을 찍고 입력하면 Google Sheet에 데이터가 자동 누적

구글 폼에 "감사 메시지를 받아 보시겠습니까?(예/아니오)" 항목을 추가하면 마케팅 동의 관리도 가능하다. 이 데이터는 GPT 앱으로 감사 메시지를 작성할 때 직접 활용된다.

2) GPT 생성 절차

확보된 데이터를 통해 단골고객에게 맞춤형 감사 메시지를 자동으로 생성하기 위해서는 ChatGPT의 GPT(제미나이의 Gem) 기능을 활용하면 된다[5]. 예를 들어, '고객 감사 메시지를 자동으로 생성'하는 GPT 생성 절차는 [표 16-2]와 같다.

[표 16-2] GPT 생성 단계

단계	작업 내용
① ChatGPT>탐색하기 클릭	좌측 메뉴에서 '탐색하기'를 선택한 뒤 '+ 만들기' 클릭

5) ChatGPT에서 이 자동 앱을 제작하기 위해서는 유료 버전을 사용해야 한다. 제미나이의 경우에는 2025년 12월 말 현재 무료 버전에서도 Gem을 제작 및 저장할 수 있다.

② GPT 이름 설정	예: "고객 감사 메시지 AI"
③ 설명 작성	"단골 고객 데이터를 바탕으로 감사 메시지를 자동 생성하는 GPT"
④ 지침 입력	AI가 수행할 역할, 데이터 요청 방식, 메시지 작성 방식을 지정
⑤ 기능 활성화	웹 검색, 캔버스, 이미지 생성, 코드 인터프리터 및 데이터 분석 활성화
⑥ 테스트 및 배포	실제 고객 데이터를 입력하고, 결과가 정확히 나오는지 확인 후 게시

GPT를 만드는 과정은 복잡하지 않다. 먼저 GPT 메인 화면의 좌측 메뉴에서 GPT 아래의 '탐색하기'를 선택한 다음, 우측 상단의 '+ 만들기'를 클릭하면서 시작한다. [그림 16-1]과 같은 작업 창이 열리는데, 왼쪽은 '만들기'와 '구성', 오른쪽은 '미리보기(Preview)' 화면이 보인다. 이 작업 창이 나오면, GPT 생성 작업을 진행할 수 있다. '만들기'로 GPT를 만들 경우 입력 창을 통해 빌더(builder)에게 프롬프트를 주고 받으면서 대화를 하듯 나의 GPT를 만든다고 생각하면 된다.

[그림 16-1] GPT 만들기 작업 화면

반면 '구성' 모드로 GPT를 만들 경우에는 [그림 16-2]의 구성 모드 아래에 있는 입력 창에 [표 16-2]에서 본 바와 같이 '이름', '설명', '지침', '대화 스타터' 등을 입력하고, 여러 기능을 활성화하는 작업들을 실행하고 저장을 하면 된다.

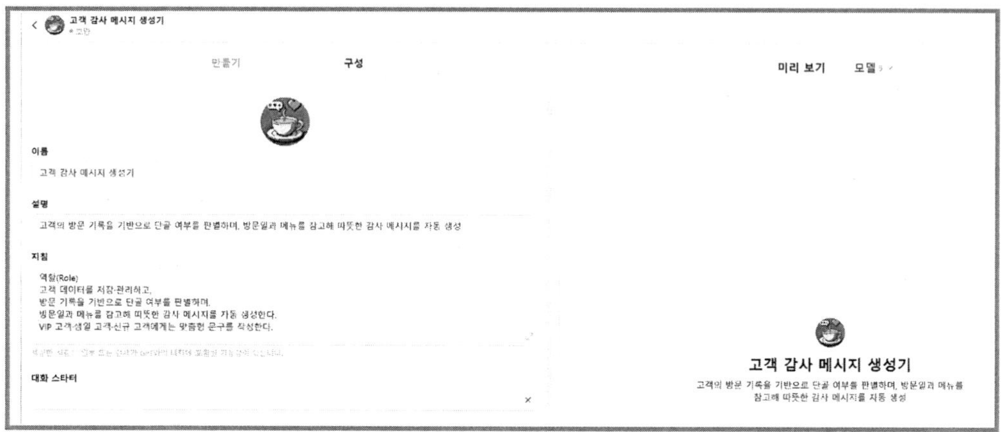

[그림 16-2] GPT '고객 감사 메시지 생성기' 앱 제작 화면

이와 같은 과정을 거쳐 생성된 GPT는 구글 폼에 저장된 고객 데이터 요청, 단골 고객 여부 판별, 방문일·메뉴 기반 감사 메시지 자동 생성, 특정 고객(예: VIP, 생일 고객) 메시지 맞춤 생성 등의 일을 필요할 때마다 자동으로 시행하도록 하는 나의 AI 도구인 것이다.

3) GPT 저장하기

만들기가 끝났다면, 오른쪽 상단의 검정색 "만들기" 버튼을 눌러 저장을 시작한다. [그림 16-3]과 같은 선택 창이 나오면 '나만 보기, '링트가 있는 모든 사람', 'GPT 스토어' 중 하나를 선택한 다음 저장한다. '나만 보기'는 나만 사용하기 위한 것이며, '링트가 있는 모든 사람'은 링크를 아는 사람만 사용하도록 하는 것이다. 만약 누구든지 사용하도록 공유하고 싶다면 'GPT 스토어'를 선택하면 된다.

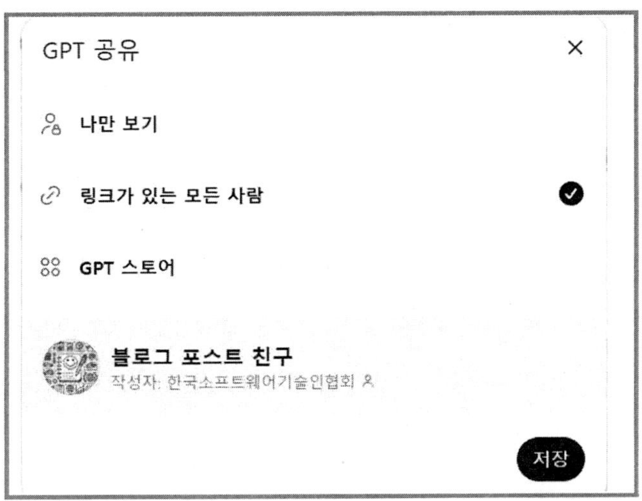

[그림 16-3] 저장을 위한 선택 항목 대화 창

지금까지 학습한 과정은 '고객 감사 메시지 생성기'를 예시로 했는데, 같은 방식으로 회의록 요약 GPT, 법률 검토 GPT, 아이디어 브레인스토밍 GPT도 만들 수 있다. GPT 빌더에 의해 만들어진 나의 GPT는 언제든 다시 불러와 수정·업그레이드할 수 있으니, 한 번 만든 GPT를 지속적으로 발전시켜 나가는 것이 좋다. GPT 제작의 핵심은 "내가 무엇을 자동화하고 싶은지 명확히 말하기"이다. 나머지는 GPT 빌더가 대신 만들어 주기 때문이다.

2. AI 모델의 심층 리서치 기능 활용

1) 심층 리서치 기능의 이해

최신 AI 모델들은 단순한 질의응답을 넘어 스스로 웹을 탐색하고 다양한 정보를 수집·분석해 고품질 보고서를 생성하는 심층 리서치(Deep Research) 기능을 탑재하고 있다. 이 기능은 여러 출처를 탐색하고, 정보를 교차 검증하며, 종합적인 인사이트를 도출하는 과정을 자동화한다. 그 결과 생성된 정보는 깊이가 있고 품질이 뛰어나 사무직이나 연구자들에게 큰 인기를 끌고 있다.

2) 제미나이의 심층 리서치 기능 활용 사례

심층 리서치 기능의 사용법은 모델마다 대체로 유사하나, 제미나이의 심층 리서치 기능은 다른 특징을 가지고 있다. 이에 대해 간략히 살펴보기로 한다. [그림 16-4]에서 볼 수 있듯이, 우선 제미나이의 입력 창 하단의 '도구'를 클릭하면 Deep Research 기능을 활성화할 수 있다. 그런 다음 입력 창에 프롬프트를 통해 원하는 조사 작업을 요청한다. 예를 들어, '정부의 AI 정책에 대해 정리해달라'고 하면 연구 계획을 제시한다. '연구 시작' 버튼을 클릭하면, 자료를 검색하면서 보고서를 생성하는 일들을 시작하는데, 10분 이상의 시간이 소요된다.

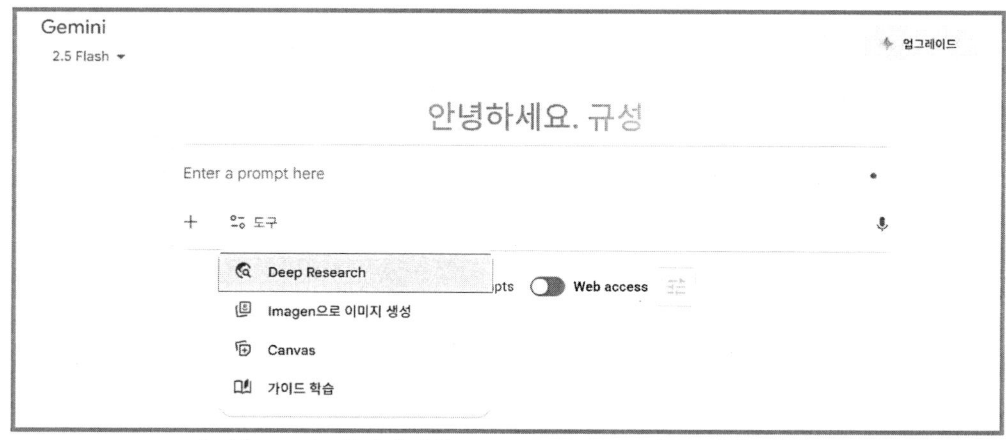

[그림 16-4] 제미나이의 Deep Research 기능 검색 화면

분석 보고서 결과가 완성되면, 그 결과를 구글 닥스(Docs)로 내보낼 수가 있다. 또한 [그림 16-5]에서 보는 바와 같이, 산출물을 토대로 웹페이지, 인포그래픽, 퀴즈, 오디오 등의 콘텐츠를 만들어 활용할 수도 있다.

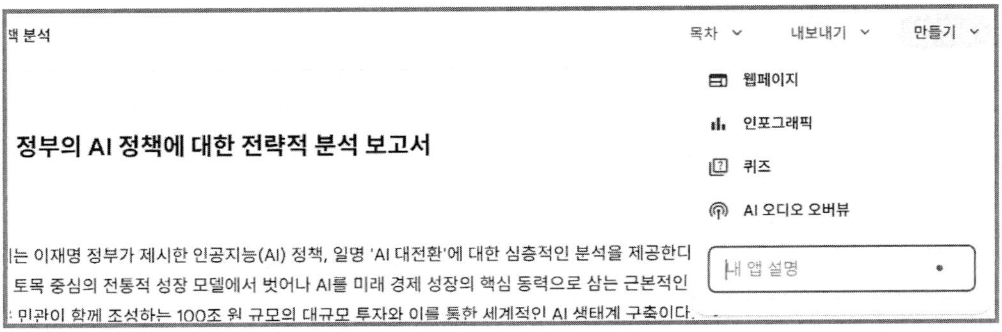

[그림 16-5] 제미나이의 Deep Research 결과 보고서의 활용 기능 화면

3. AI 모델의 캔버스 기능 활용

1) 캔버스 기능: 협업적 콘텐츠 창작

캔버스(Canvas)는 특히 글쓰기, 문서 편집, 코드 작성 등 프로젝트 기반 워크플로우를 지원하는 인터페이스이다. 이는 단순한 대화창을 넘어 문서를 함께 편집하고, AI가 제안하고 수정하는 협업형 공간이다. 대화창과 별도로 작업 공간이 제공되어, 실시간으로 콘텐츠를 편집하고 개선할 수 있다.

사용자는 캔버스 내 특정 부분을 선택하여 수정을 요청할 수 있다. 예를 들어 문서의 한 문단을 드래그하여 "이 부분을 더 전문적인 톤으로 바꿔줘" 또는 "여기에 구체적인 사례를 추가해줘"라고 요청할 수 있다. AI는 선택된 부분만 수정하여 전체 맥락을 유지하면서도 원하는 변경사항을 반영한다.

문서 작성 시 캔버스는 강력한 공동 집필 도구가 된다. 초안 작성 → 구조 조정 → 내용 보강 → 문체 다듬기의 단계를 거치며, 각 단계마다 AI에게 구체적인 피드백을 제공하여 문서를 발전시킨다. 데이터 분석이나 리포트 작성 시에도 유용하다. 차트, 표, 텍스트 설명이 포함된 종합 리포트를 캔버스에서 작성하고, 각 요소를 개별적으로 수정하거나 개선할 수 있다.

3) GPT-5 캔버스 기능 활용 사례

캔버스(canvas) 기능은 GPT와 제미나이에서 활용할 수 있다. 여기에서는 GPT의 캔버스 기능을 중심으로 활용 사례에 대해 설명하고자 한다. 먼저 GPT 입력 창의 + 버튼을 클릭하면 다양한 기능과 사용 모드가 나오는데, '더보기'를 선택하면 캔버스 기능이 나온다. 이 '캔버스' 기능을 선택하면 입력 창에 캔버스 기능이 활성화됨을 볼 수 있다.

이 상태에서 입력 창에 프롬프트로 작업하고 싶은 내용을 프롬프트로 입력하면, 캔버스 기능이 작동하면서 문서를 작성한다. 문서 작업이 완료되면 [그림 16-6]과 같이 완성된 문서를 보여주면서 왼쪽의 대화 창과 오른쪽의 문서 작업 창으로 나누어지는 것을 볼 수 있다. 이를 통해 사용자는 AI와 실시간으로 대화하면서 동시에 결과물을 직접 편집할 수 있다.

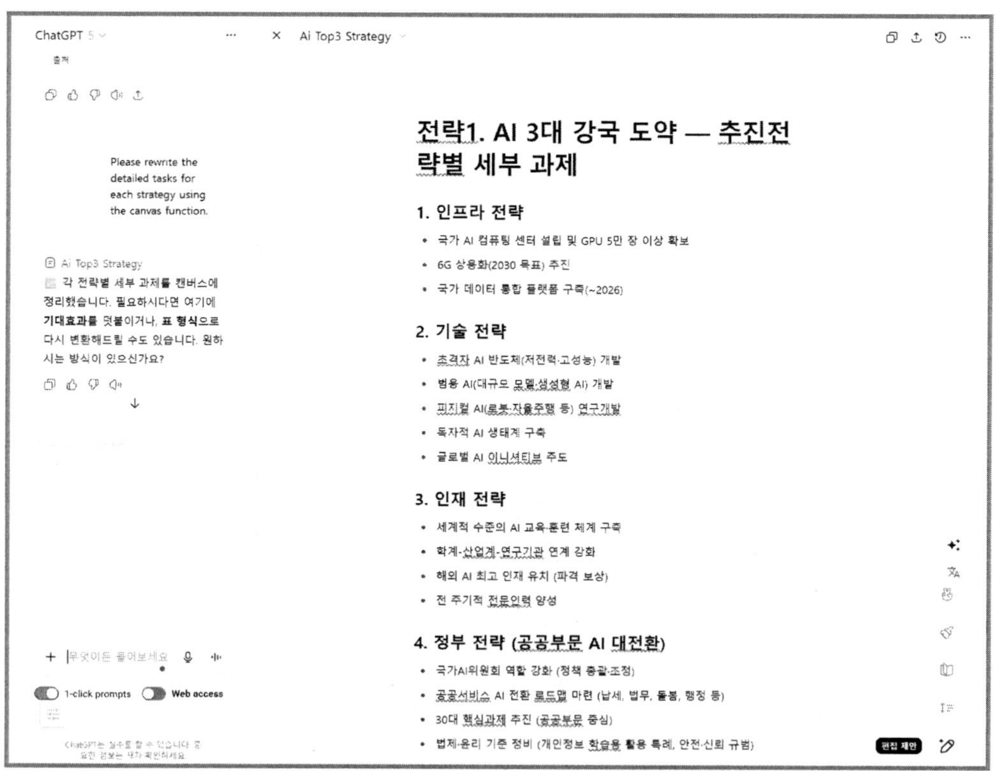

[그림 16-6] GPT의 캔버스 기능 활성화 시의 작업 화면

왼쪽의 대화 창은 AI에게 명령하거나 질문을 입력하는 공간이다. 기존 ChatGPT 대화와 동일하게 자연어로 요청하면, 오른쪽 문서 창에 실시간으로 결과물이 반영된다. 문서 작업 중에도 계속해서 프롬프트를 입력하여 내용 수정, 확장, 요약 등을 요청할 수 있다.

반면 오른쪽의 문서 작업창은 AI가 생성한 결과물이 표시되는 편집용 작업 공간이다. 일반 문서 편집기처럼 직접 문장을 수정할 수 있으며, 수정한 부분은 다시 AI가 인식하여 새로운 제안을 하기도 한다. 문서 내에서 작업을 하는 인라인(Inline) 수정 기능을 통해 드래그한 문장이나 단락을 사용자가 직접 고칠 수도 있다. 특히 [그림 2-12]에서 볼 수 있듯이, 오른쪽 하단의 5개 버튼은 문서를 편집하는데 유용한 캔버스의 주요 기능이라 할 수 있다. GPT 캔버스의 주요 버튼 기능에 대한 내용은 [표 16-3]과 같다.

[표 16-3] GPT 캔버스의 주요 버튼 기능

버튼 이름	주요 기능 설명
이모지(Emoji) 추가	글 전체 또는 선택한 부분에 적절한 이모지를 자동 삽입
길이 조절	내용의 분량을 '짧게', '길게', '매우 간결하게' 등으로 즉시 조절
독해 수준 조절	독자의 수준(유치원생-대학생-전문가 등)에 맞게 문체와 어휘 수준을 조정
마지막으로 다듬기	최종 원고 정리 시 맞춤법, 문법, 문체, 어투 등을 AI가 한 번에 점검
편집 제안	AI가 문서를 분석해 개선이 필요한 문장에 댓글 형태로 제안

제2절 자격시험 문제 풀이

문제풀이

1. 생성형 AI의 출현과 AI 마케팅 예상문제

01. 다음 중 '생성형 AI'의 특징으로 옳은 것은?
① 기존 자료를 단순 검색하는 기술
② 사람의 지시 없이 스스로 판단해 행동하는 기술
③ 텍스트·이미지·음악 등 새로운 콘텐츠를 생성하는 기술
④ 특정 산업에서만 제한적으로 사용되는 기술

정답: ③
해설: 생성형 AI는 프롬프트를 이해하고 글·이미지·코드·음악 등 새로운 결과물을 생성하는 기술이다.

02. 다음 중 AI 마케팅의 특징이 아닌 것은?
① 데이터 기반 의사결정
② 개인 맞춤형 타깃팅
③ 사람이 수행하는 것을 AI가 모니터링
④ 자동화된 콘텐츠 제작

정답: ③
해설: 기존 마케팅은 사람이 직접 수행했지만 AI 마케팅은 자동화·예측·개인화가 특징이다.

03. AI 마케팅의 3대 핵심 요소가 아닌 것은?
① 자동화
② 개인화
③ 예측분석
④ 가격경쟁력 확보

정답: ④

해설: AI 마케팅 핵심 3요소는 자동화, 개인화, 예측분석이다.

04. 다음 중 텍스트 생성 AI의 대표 활용 사례는?

① 홍보 영상 제작

② 블로그 글·광고 문구 작성

③ 제품 패키지 사진 촬영

④ 음성 안내 멘트 녹음

정답: ②

해설: 텍스트 생성 AI(ChatGPT 등)는 글 작성 업무에 활용된다.

05. 이미지 생성 AI의 대표 도구가 아닌 것은?

① Midjourney

② DALL·E

③ Canva AI

④ Suno

정답: ④

해설: Suno는 사운드 생성 AI로 이미지 생성 도구가 아니다.

06. 프롬프트 디자인의 기본 구성 요소가 아닌 것은?

① 역할(Role)

② 목표(Task)

③ 예산(Budget)

④ 맥락(Context)

정답: ③

해설: 프롬프트 구성요소는 역할, 목표, 맥락, 출력 형식이다.

07. 프롬프트의 특징 중 'AI가 정확히 이해하도록 구체적인 조건 제시'에 해당하는 것은?
① 명확성
② 구체성
③ 단계성
④ 객관성

정답: ②
해설: 구체성은 대상·톤·형식·길이 등 조건을 구체적으로 제시하는 것이다.

08. 멀티모달 AI의 설명으로 가장 적절한 것은?
① 텍스트만 처리할 수 있는 모델
② 이미지와 영상만 처리하는 모델
③ 텍스트·이미지·음성 등 다양한 데이터를 통합 처리하는 모델
④ 오직 분석 기능만 제공하는 모델

정답: ③
해설: 멀티모달 AI는 다양한 입력(텍스트·이미지·음성)을 동시에 처리해 통합 출력한다.

09. AI 도입 단계 중 '작은 성공 경험을 만드는 단계'는?
① 준비 단계
② 시범 단계
③ 확산 단계
④ 정착 단계

정답: ②
해설: 시범 단계는 SNS 글 작성, 이미지 자동 생성 등 간단한 업무부터 적용해 작은 성공을 만드는 단계다.

10. AI 도입 시 주의해야 할 사항 중 옳지 않은 것은?
① 개인정보는 익명화하여 사용한다.

② AI 결과물은 사실 검증이 필요하다.

③ AI가 만든 이미지는 자유롭게 사용 가능하다.

④ 편향된 데이터가 없도록 검토해야 한다.

정답: ③

해설: AI 생성물의 저작권은 명확하지 않을 수 있어 상업적 사용 시 반드시 확인해야 한다.

11. 다음 중 중소기업이 AI 마케팅을 도입할 때 가장 효과적인 전략적 접근은 무엇인가?

① AI를 전 부서에 동시에 적용해 전면 자동화를 추진한다

② 우선 시범 프로젝트를 통해 성과를 검증하고, 이후 단계적으로 확산한다

③ 직원 교육 없이 실무에서 바로 적용한다

④ 생성형 AI를 콘텐츠 제작에만 제한적으로 사용한다

정답: ②

해설: 제1장에서는 '준비→시범→확산→정착'의 단계적 접근을 강조한다. 초기엔 작은 성공 경험 확보가 매우 중요하다.

12. 한 기업이 다음과 같은 목표를 세웠다."블로그 방문자를 3개월 안에 30% 증가시키기 위해 AI로 작성한 콘텐츠를 자동 업로드하고 SNS 반응을 분석하겠다."이 목표가 잘 적용한 관리 프레임워크는?

① SWOT

② PEST

③ SMART

④ 4P

정답: ③

해설: 구체적(Specific): 블로그 방문자 증가, 측정 가능(Measurable): 30%, 달성 가능(Achievable): AI 자동화 활용, 연계성(Relevant): 마케팅 목표와 일치, 기간 명시(Time-bound): 3개월 완전히 SMART 구조를 따른 목표이다.

문제풀이

2. AI 기반 마케팅 전략 예상문제

01. 디지털 전환(DX)의 핵심 의미로 가장 적절한 것은?
   ① 온라인 광고 예산을 늘리는 것
   ② 단순히 온라인 쇼핑몰을 운영하는 것
   ③ 비즈니스 전체를 데이터·기술 기반으로 재설계하는 것
   ④ SNS 팔로워 수 증가에 집중하는 것

정답: ③
해설: DX는 단순 온라인 전환이 아니라 비즈니스 구조 전체를 디지털 기반으로 혁신하는 것이다.

02. 중소기업·소상공인이 직면하는 대표적인 마케팅 한계가 아닌 것은?
   ① 인력 부족
   ② 예산 부족
   ③ 전문 마케팅 인력 확보의 어려움
   ④ 고도화된 데이터 분석 시스템의 과잉 구축

정답: ④
해설: 중소기업은 시스템 과잉이 아니라 시스템 부족이 문제이다.

03. AI 시대 마케팅 전략 수립의 기본 3단계는 무엇인가?
   ① 기획-제작-홍보
   ② 문제 정의-데이터 분석-전략 도출
   ③ 조사-예산 책정-온라인 집행
   ④ 리뷰 수집-포스터 제작-영상 편집

정답: ②
해설: AI 시대 전략 수립의 본질을 문제 정의 → 데이터 분석 → 전략 도출이다.

04. SWOT 분석에서 내부 요인만을 포함하는 요소는?
① 강점-기회
② 약점-위협
③ 강점-약점
④ 기회-위협

정답: ③
해설: 강점(S)·약점(W)은 내부 요인이다. 기회·위협은 외부 환경 요인이다.

05. 3C 분석에 포함되지 않는 항목은?
① 고객(Customer)
② 경쟁사(Competitor)
③ 자사(Company)
④ 커뮤니티(Community)

정답: ④
해설: 3C는 고객·경쟁사·자사로 구성된다.

06. PEST 분석에서 'S'가 의미하는 것은?
① Service
② Sales
③ Social
④ Strategy

정답: ③
해설: S는 사회적 요인(Social)이다.

07. 포터의 5 Forces에 해당하지 않는 것은?
① 공급자의 교섭력
② 구매자의 교섭력
③ 산업 성장률
④ 대체재의 위협

정답: ③

해설: 산업 성장률은 PEST의 경제(E) 요인과 연관되며, 5 Forces 구성요소는 아니다.

08. 중소기업 맞춤형 간소화 전략 도구가 아닌 것은?

① Quick SWOT

② Mini 3C

③ Simple PEST

④ Full-scale ERP

정답: ④

해설: ERP는 전략 도구가 아니라 운영 시스템이다.

09. 데이터 기반 전략 설계의 첫 단계는 무엇인가?

① 전략 도출

② 데이터 기록

③ 데이터 측정(Measure)

④ 인공지능 모델 학습

정답: ③

해설: 데이터 기반 전략은 측정 → 분석 → 전략 도출 순서로 진행된다.

10. 문서·전략 수립형 AI 도구에 해당하는 것은?

① DALL·E

② Canva

③ ChatGPT

④ 클로버 노트

정답: ③

해설: ChatGPT, Claude, Gemini는 전략 문서 작성이 가능한 대표적 AI이다.

11. 어느 지역 카페가 '평일 오후 매출 급감'을 해결하려 한다. AI 분석 결과 SNS 반응률이 높고 오피스 근처라는 입지가 강점이다. 이 경우 가장 적합한 전략은?

① 원두 가격 인하

② '퇴근커피 챌린지' 등 SNS 감성 콘텐츠 강화

③ 주말 영업시간 단축
④ 오프라인 전단지 재배포 확대

정답: ②
해설: 위 사례에서 Quick SWOT 기반 SO 전략은 SNS 감성 콘텐츠 강화이다.

12. Mini 3C 분석에서 한 여성 의류 쇼핑몰은 "재구매율이 낮다"는 문제가 있었다. AI 분석 결과 '사이즈 정보 부족'이 핵심 원인일 때 적절한 전략은?
① 할인 이벤트만 강화
② 체형별 사이즈 비교표 제공
③ 배송비 인상
④ 후기를 삭제하여 부정 리뷰 차단

정답: ②
해설: 문제 원인은 사이즈 정보 부족 → 전략은 사이즈 정보 강화가 핵심이다.

13. Simple PEST 분석에서 지역 전통시장의 소비자층이 40~60대이며 SNS 활용률이 낮다는 결과가 나왔다. 적합한 전략은?
① 인스타그램 릴스 중심 영상 캠페인
② 지역 커뮤니티 기반 '이웃 가게 추천 챌린지'
③ 고가 프리미엄 브랜드 론칭
④ 해외 타깃 광고 집행

정답: ②
해설: 사회(S) 요인에 따라 지역 커뮤니티 중심 마케팅이 적합하다.

14. 데이터 기반 전략에서 AI의 주요 역할로 가장 적절한 것은?
① 전략 방향 최종 결정
② 데이터 해석과 패턴 도출
③ 예산 승인
④ 감각적 판단 보완 없이 자동 집행

정답: ②

해설: AI는 데이터를 빠르게 정리·해석하고 패턴을 찾아 인사이트를 제공하는 역할을 한다.

15. 한 중소기업이 다음과 같은 상황을 겪고 있다. “고객 리뷰 1,000건 보유, 최근 3개월 매출 20% 감소, SNS 반응이 특정 게시물에서만 높음, 재구매율이 낮음”. AI 기반 전략 수립 프로세스에 따라 가장 올바른 접근 순서는?
   ① 전략 도출 → 문제 정의 → 데이터 분석 → 문서화
   ② 문제 정의 → 데이터 분석 → 전략 도출 → 문서화
   ③ 데이터 분석 → 문서화 → 문제 정의 → 전략 도출
   ④ 문제 정의 없이 AI가 자동으로 전략 생성

정답: ②
해설: 전략 수립 4단계는 문제 정의 → 데이터 분석 → 전략 도출 → 전략 문서화이다.

문제풀이

3. STP 전략과 타겟팅 자동화 예상문제

01. 세분화의 핵심 목적을 가장 정확하게 설명한 것은 무엇인가?
   ① 전체 고객을 대상으로 매출을 극대화한다.
   ② 공통된 특성이 없는 고객 집단을 새롭게 만든다.
   ③ 모든 고객에게 동일한 마케팅 메시지를 노출한다.
   ④ 가장 잘 이해하고 대응할 수 있는 고객 집단을 찾아 집중한다.
   ⑤ 고객 개개인의 특성을 완전히 파악해 맞춤 대안을 만든다.

정답: ④
해설: 세분화 목적은 "모든 고객을 만족시키기보다, 가장 잘 대응 가능한 집단을 찾는 것"으로 명확히 정의됨.

02. 전통적 시장세분화 기준에 해당하지 않는 것은?
   ① 인구통계 변수
   ② 심리 변수
   ③ 행동 변수
   ④ 상황 변수
   ⑤ 기술 인프라 변수

정답: ⑤
해설: PDF에서는 인구통계·심리·행동·상황의 4가지 기준만을 전통적 세분화로 명시함.

03. 신호 기반 세분하에 대한 설명으로 옳은 것은?
   ① 설문 기반이기 때문에 실시간 분석이 어렵다.
   ② 검색·조회·클릭 등 행동 신호 데이터를 활용해 자동 분류한다.
   ③ 인구통계 변수만을 사용하여 분류를 시도한다.
   ④ 고객 스스로 입력하는 데이터만 활용한다.
   ⑤ 머신러닝 기반 세분화만 의미한다.

정답: ②

해설: 신호 기반 세분화는 검색 이력·조회 패턴·클릭 등 실시간 행동 데이터를 활용하는 AI 세분화 방식임.

04. 다음 중 룰 기반(rule-based) 세분화의 특징은?

① 대량 데이터에서만 작동한다.

② 머신러닝 알고리즘 학습이 필수이다.

③ "만약 ~라면 ~로 분류한다"는 조건식 기반이다.

④ 데이터 패턴을 자동 학습하여 군집을 생성한다.

⑤ 예측 정확도가 매우 높아 수동 보정이 필요 없다.

정답: ③

해설: 룰 기반은 단순 조건식(If-Then)으로 이루어진 간이 자동화 방식임.

05. 모델 기반(model-based) 세분화의 설명으로 가장 적절한 것은?

① 데이터가 거의 없어도 활용할 수 있다.

② 규칙을 사람이 직접 설계해야 한다.

③ 머신러닝이 변수 상관관계를 학습해 세그먼트를 스스로 생성한다.

④ 인구통계적 변수만을 활용한다.

⑤ 매장 데이터에서만 적용된다.

정답: ③

해설: 모델 기반은 머신러닝 알고리즘을 적용해 자동으로 패턴을 찾아 세분화한다.

06. 다음 중 타겟팅(Targeting)의 평가 5요소에 포함되지 않는 것은?

① 규모성(Size)

② 접근성(Accessibility)

③ 차별성(Differentiability)

④ 전략적 적합성(Strategic Fit)

⑤ 브랜드 충성도(Brand Loyalty)

정답: ⑤

해설: PDF에서는 5요소를 규모성·접근성·차별성·수익성·전략적 적합성으로 정의함.

07. 타겟팅에서 가중치(Weighting)를 부여하는 이유는?

① 설문 데이터와 결합하도록 하기 위해
② 점수 산출 속도를 늦추기 위해
③ 조직의 상황에 따라 특정 평가 요소를 더 강조하기 위해
④ 자동으로 고객군을 예측하기 위해
⑤ AI 추천값을 보정하기 위해

정답: ③
해설: 성장기에는 규모성과 접근성을, 안정기에는 수익성과 적합성을 더 높게 반영하기 위해 가중치를 조정한다.

08. 타겟팅 결과로 만들어지는 페르소나(persona)의 목적은?

① 단순한 회원관리용 데이터 수집
② 고객의 개인정보 기반 프로파일 구축
③ 핵심 니즈·상황·메뉴·메시지를 실행 전략으로 정리하는 기준점 제공
④ 고객 개개인의 구매이력 저장
⑤ 브랜드 슬로건 자동 생성

정답: ③
해설: 페르소나는 타겟팅된 고객의 상황·니즈·메뉴·메시지·채널 전략을 요약한 실행지침이며 이후 모든 전략의 기준이 된다.

09. 포지셔닝(Positioning)에 대한 설명으로 옳은 것은?

① 가격 할인 전략을 결정하는 과정
② 경쟁사 제품을 제거하기 위한 법적 전략
③ 고객 인식 속에서 자사의 차별적 자리를 설계하는 과정
④ 판매 채널 수를 늘리는 과정
⑤ 제품 패키지를 변경하는 디자인 작업

정답: ③
해설: 포지셔닝은 고객의 마음속에 자사가 어떤 위치로 인식되도록 설계하는 전략적 과정이다.

10. 포지셔닝 축 선택 시 고려해야 하는 원칙이 아닌 것은?
① 고객이 실제로 인식하는 축이어야 한다.
② 경쟁이 분산되는 축이어야 한다.
③ 실행 가능한 축이어야 한다.
④ 기업 내부에서 중요하다고 판단하는 변수만 사용해야 한다.
⑤ 경쟁사와 자사를 비교 가능한 축이어야 한다.

정답: ④
해설: 포지셔닝 축은 고객 관점·경쟁 환경·실행 가능성에서 선택해야 하며 내부 관점만으로 결정할 수 없다.

11. 포지셔닝 맵(Positioning Map)의 주된 목적은 무엇인가?
① 제품 생산량을 예측한다.
② 경쟁 과밀·공백 영역을 확인하고 전략적 기회를 도출한다.
③ SNS 노출 빈도를 조정한다.
④ 가격 정책을 자동 추천한다.
⑤ 브랜드 로고를 최적화한다.

정답: ②
해설: 포지셔닝 맵은 경쟁 포지션을 비교하여 공백 영역 및 차별화 기회를 확인하는 데 사용된다.

12. AI를 활용한 포지셔닝 맵 작성 과정으로 올바른 순서는?
① 좌표 생성 → 경쟁사 조사 → 축 선택 → 맵 시각화
② 경쟁사 선택 → 맵 작성 → 축 조정 → 데이터 분석
③ 타깃·경쟁사 선정 → 축 정의 → 좌표·이유 도출 → Canva 시각화
④ 축 정의 → 가격 분석 → 타깃 선택 → 자동 추천
⑤ 스토리텔링 생성 → 페르소나 작성 → SNS 배포

정답: ③
해설: "타깃(1~2)과 경쟁 3개 선정 → X/Y 축 정의 → 브랜드별 좌표 생성 → Canva 맵 제작" 순서가 PDF에 명시됨.

문제풀이

4. AI 활용 4P와 마케팅 믹스 전략 예상문제

01. AI를 제품 기획 단계에 활용할 때 인간 전문가의 판단이 여전히 필요한 이유는?
① AI는 데이터 패턴은 잘 찾지만 고객 감성·맥락 해석에는 한계가 있다.
② AI는 감성 데이터까지 완벽히 정량화하지만 비즈니스는 인간이 하기 때문이다.
③ AI의 활용 데이터량이 늘면 인간의 창의성이 자동으로 향상되기 때문이다.
④ 인간 전문가는 시장 데이터 없이도 직관적 결정을 잘 내리기 때문이다.

정답: ①
해설: AI는 논리적 패턴 분석에는 강하지만, 브랜드 감성·스토리텔링 등 '감정의 맥락'을 완전히 대체할 수는 없다.

02. 다음 중 AI가 신제품 콘셉트 개발에 기여하는 방식으로 가장 적절한 것은?
① 제품 콘셉트를 결정하는 최종 의사결정을 대신 수행한다.
② 고객 리뷰·SNS 데이터를 분석하여 주요 감성 키워드를 추출하고 콘셉트 방향을 제시한다.
③ 경쟁 브랜드의 가격 정책을 자동으로 모방한다.
④ 신제품의 원가를 계산해 자동으로 견적을 산출한다.

정답: ②
해설: AI는 소비자 언어와 감성 데이터를 분석해 콘셉트 설계 방향을 제시하지만, 최종 결정은 인간의 통합적 판단이 필요하다.

03. AI가 제시하는 제품 아이디어의 한계로 가장 타당한 것은?
① AI는 정성적 피드백을 배제하지 않는다.
② AI는 데이터 노이즈를 자동으로 제거한다.
③ AI는 과거 데이터 기반으로 작동해 급변하는 트렌드를 즉각 반영하기는 어렵다.
④ AI는 학습량이 많을수록 감정적 판단 능력이 향상된다.

정답: ③

해설: AI는 최신 트렌드보다 과거 데이터 패턴에 의존하기 때문에 변화가 빠른 시장에서는 '예측적 창의성'이 부족할 수 있다.

04. 다음 중 소비자 만족도를 떨어뜨릴 가능성이 가장 큰 가격 정책은?
① 심리적 가격대(예, 5,900/6,000원)를 감안한 가격 결정
② 세그먼트별 반응 데이터 기반 탄력 가격
③ 경쟁가·평균가 벤치마킹 후 A/B 테스트
④ 고객 가치도 중요하나 원가 상승분을 근거로 한 가격 인상이 더 중요

정답: ④
해설: '왜 비싸졌는가'에 대한 가치 커뮤니케이션이 없으면 반발이 크다.

05. 가치 기반 가격(Value-based pricing)의 핵심 원리는?
① 생산비가 아니라 고객이 지각하는 가치 기준으로 가격을 정한다.
② 모든 고객에 동일 가격을 제시한다.
③ 경쟁사보다 항상 낮게 정한다.
④ 가격 인상 시 수요는 자동으로 감소한다고 가정한다.

정답: ①
해설: 고객의 인식 가치(품질·경험·브랜드)와 지불용의가 가격 결정의 기준이다.

06. AI의 가격 시뮬레이션을 그대로 적용하기 어려운 주된 이유는?
① 계산 속도가 느리다.
② 경쟁사 데이터에 접근하지 못한다.
③ 정량 데이터로 포착되지 않는 현장 맥락(브랜드 이미지·대기 경험 등)이 있다.
④ 원가 데이터를 입력할 수 없다.

정답: ③
해설: 현장의 심리·문화·현장 경험은 가격 결정 모델을 완전 대체하기 어렵다.

07. 유통 전략 최적화에 AI를 활용하는 이유와 거리가 먼 것은?
① 방대한 판매 데이터를 분석해 어느 지역, 어느 채널에서 판매 효율이 높은지 알려준다.

② 온라인 채널보다는 오프라인 채널의 효율을 극대화한다.
③ 디지털 환경에서는 AI 추천 시스템을 통해 고객 맞춤형 상품 추천을 제공한다.
④ 복잡한 물류 경로도 최적화하여 비용 절감과 서비스 개선을 도와준다.

정답: ②
해설: 온라인 채널은 물론 오프라인 채널의 효율도 극대화할 수 있다.

08. AI를 활용한 지역·채널 개선 시 부적절한 접근은?
① 특정 고매출 지역 데이터를 기준으로 전사 전략을 결정
② 지역 수요 패턴을 반영해 물류 거점 재배치
③ 온·오프라인 통합 데이터로 고객 흐름 파악
④ 지역별 매출, 채널별 판매량 등의 데이터를 함께 분석

정답: ①
해설: 일부 지역만 보고 의사결정하면 샘플 편향·과적합으로 부적절한 결과를 초래할 수 있다.

09. AI 기반 추천 알고리즘이 유통 성과에 기여하는 핵심 메커니즘은?
① 고객 관심사를 예측해 맞춤 노출로 구매 전환율을 높인다.
② 이상치를 제거해 매출 집계 오류를 방지한다.
③ 물류센터 간 배송 시간을 자동 최적화한다.
④ 가격 변동 주기를 자동으로 설정한다.

정답: ①
해설: 추천의 1차 목적은 '개인화 노출 → 전환율 상승'이다.

10. AI가 4P 믹스에서 수행하는 가장 중요한 역할은?
① 제품·가격·유통·홍보의 각 요소를 독립 최적화
② 제품·가격·유통·홍보의 상호작용을 통합 분석해 최적 조합 제시
③ 제품 중심으로만 전략 수립
④ 감성 카피 자동화

정답: ②
해설: 4P 간 인과·상호작용을 함께 다뤄야 전체 최적화가 가능하다.

11. 다음 중 AI 활용 4P 믹스 전략 추진 단계로 가장 적절한 순서는?
① 전략 조정 → 데이터 통합 → 예측 → 분석
② 데이터 통합 → 원인 가설 도출 → 상관 분석 → 전략 조정
③ 데이터 통합 → 상관 분석 → 시나리오 예측 → 전략 조정
④ 데이터 통합 → 분석 → A/B 검증 → 조정

정답: ③
해설: AI 활용 4P 믹스 전략 추진 단계는 데이터 통합 → 상관 분석 → 시나리오 예측 → 전략 조정의 순으로 이어진다.

12. 'Place → Promotion → Product → Price' 순 조정의 가장 타당한 근거는?
① 가격 조정이 항상 최우선이다.
② 제품 개선보다 홍보는 중요하지 않다.
③ 데이터가 부족해 제품 전략을 세울 수 없다.
④ 접근성(Place)과 전환(Promotion)을 먼저 확장해야 단기 매출이 가장 크게 오른다.

정답: ④
해설: 유입·전환의 병목을 먼저 해소해야 이후 제품·가격 조정의 효과가 증폭될 수 있다.

문제풀이

5. 소셜미디어 마케팅과 AI 예상문제

01. 소셜미디어 마케팅의 핵심 특징으로 가장 적절한 것은?
① 단방향 정보 전달 중심
② 브랜드와 소비자 간 상호작용 중심
③ 제품 기능 위주의 홍보
④ 오프라인 중심의 관계 형성

정답: ②
해설: 소셜미디어는 쌍방향 커뮤니케이션을 통해 참여와 공감을 기반으로 한 마케팅을 가능하게 한다.

02. AI가 소셜미디어 마케팅에서 수행하는 주요 역할은?
① 인플루언서 섭외
② 콘텐츠 자동 제작 및 데이터 분석
③ 고객센터 운영
④ 판매 채널 확장

정답: ②
해설: AI는 자동 콘텐츠 생성, 감성 분석, 게시 일정 관리 등으로 마케팅 효율을 높인다.

03. 감성 분석(Sentiment Analysis)의 주요 목적은?
① 클릭률 계산
② 감정 데이터를 분석하여 소비자 반응을 파악
③ 광고 예산 산출
④ 인플루언서 순위 측정

정답: ②
해설: 감성 분석은 긍정·부정 감정의 비율을 파악해 브랜드 평판을 분석하는 기술이다.

04. 소셜 리스닝(Social Listening)의 기능으로 옳은 것은?
① 내부 직원 만족도 조사
② 경쟁사 재무제표 분석
③ 해시태그, 트렌드, 여론을 실시간 수집·분석
④ 광고비 절감 전략 설계

정답: ③
해설: 소셜 리스닝은 SNS 데이터에서 주요 키워드와 여론 흐름을 감지하는 AI 분석 기법이다.

05. Canva AI가 주로 지원하는 기능은?
① 이미지 및 영상 자동 제작
② 댓글 자동 응답
③ 고객 세분화
④ 광고비 예측

정답: ①
해설: Canva AI는 브랜드 톤앤매너에 맞는 이미지·썸네일·템플릿을 자동 생성한다.

06. ChatGPT, Canva AI, Buffer를 함께 사용하는 목적은 무엇인가?
① SNS 계정 수를 늘리기 위해
② 콘텐츠 기획-제작-운영의 자동화를 위해
③ 광고 예산을 줄이기 위해
④ 인플루언서를 관리하기 위해

정답: ②
해설: 세 도구를 통합하면 콘텐츠 작성-디자인-게시 일정이 하나의 AI 워크플로우로 운영된다.

07. AI 기반 대시보드의 주요 기능으로 적절하지 않은 것은?
① 실시간 KPI 시각화
② 감정 변화 추이 그래프화
③ 브랜드 로고 자동 생성
④ 캠페인 성과 비교 분석

정답: ③

해설: 대시보드는 분석과 보고 중심이며, 디자인 생성 기능은 포함되지 않는다.

08. A/B 테스트를 활용한 콘텐츠 개선의 주요 목적은?

① 제품 가격 책정
② 어떤 문구나 이미지가 더 높은 반응을 얻는지 비교
③ 광고비 절감
④ SNS 계정 관리

정답: ②

해설: A/B 테스트는 두 가지 버전의 콘텐츠를 비교해 반응이 좋은 방향으로 개선하는 실험이다.

09. AI 기반 자동 최적화의 장점으로 옳은 것은?

① 주관적 판단 중심의 의사결정
② 반복 학습을 통한 지속적 성과 개선
③ 수동 게시 관리
④ 단기 이벤트 중심의 운영

정답: ②

해설: AI는 학습된 데이터를 활용해 자동으로 전략을 수정하며 성과를 지속적으로 향상시킨다.

10. AI가 소셜미디어 마케팅의 효율성을 극대화하는 핵심 요인은?

① 콘텐츠 생산량 증가
② 데이터 기반의 의사결정 자동화
③ 광고 노출 빈도 확대
④ 수작업 감성 분석 강화

정답: ②

해설: AI는 데이터를 기반으로 실시간 피드백과 전략 조정을 가능하게 하여 효율성을 극대화한다.

11. 감성 데이터 분석 결과, '긍정 감정'이 높은 키워드를 강화하는 이유는?
① 데이터 수집 효율을 위해
② 긍정적 브랜드 인식과 구매 의도 상승을 유도하기 위해
③ 광고비를 줄이기 위해
④ 부정 감정을 억제하기 위해

정답: ②
해설: 긍정 감정 키워드는 소비자의 호감을 유도해 브랜드 충성도와 전환율을 높인다.

문제풀이

6. 디지털 광고와 AI 자동최적화 예상문제

01. 디지털 광고의 특징으로 옳지 않은 것은?
   ① 실시간 데이터 추적이 가능하다.
   ② 정밀한 타겟팅이 가능하다.
   ③ 성과를 즉시 측정하기 어렵다.
   ④ 오프라인 광고보다 ROI 분석이 용이하다.

정답: ②
해설: 디지털 광고는 실시간 데이터 추적과 성과 분석이 가능하다. 클릭률(CTR), 전환율, 노출수, ROAS 등 다양한 지표를 즉시 확인할 수 있으므로, "성과를 즉시 측정하기 어렵다"는 설명은 틀린 내용이다.

02. 다음 중 디지털 광고 유형에 해당하지 않는 것은?
   ① 검색 광고(SEM)
   ② 디스플레이 광고
   ③ 라디오 광고
   ④ 네이티브 광고

정답: ③
해설: 라디오 광고는 전통적인 오프라인 매체 광고이다. 디지털 광고는 검색 광고(SEM), 디스플레이 광고, 네이티브 광고, 소셜 미디어 광고 등과 같이 인터넷을 기반으로 진행되는 광고를 의미한다.

03. 광고 성과를 평가하는 지표 중 '클릭당 비용'을 의미하는 것은?
   ① CPM
   ② CPC
   ③ CPA
   ④ CTR

정답: ②

해설: CPC는 광고 클릭 1회당 발생하는 비용을 뜻하며, 클릭 기반 과금 모델에서 사용된다.

※ CPM: 1,000회 노출당 비용, CPA: 전환 1건당 비용, CTR: 클릭률

04. 프리미엄 스킨케어 제품의 랜딩페이지 설계 시 가장 중요한 UX 원칙은?

① PC 화면 기준의 디자인

② 스크롤을 최소화하고 6~8초 내 핵심정보 전달

③ 정보량을 최대한 늘려 상세히 설명

④ 고객 후기 대신 브랜드 철학 강조

정답: ②

해설: 모바일 사용자가 많고 주의 집중 시간이 짧기 때문에, 핵심 가치와 혜택을 6~8초 안에 전달해야 전환율이 높다. 스크롤 최소화와 명확한 CTA(Call to Action)가 UX 설계의 핵심이다.

05. 구글 광고 플랫폼의 주요 강점은 무엇인가?

① 감성적 스토리텔링

② 검색 의도 기반의 전환율

③ SNS 커뮤니티 형성

④ 저비용 대량 노출

정답: ②

해설: Google Ads는 사용자의 검색 의도(intent)에 따라 광고가 노출되므로, 구매 의향이 높은 고객에게 집중적으로 도달할 수 있다. 즉, 전환율이 높고 성과 중심적이다.

06. 인지도 → 고려 → 구매 단계별로 플랫폼을 조합하는 전략을 무엇이라 하는가?

① 단일 플랫폼 전략

② 크로스 플랫폼 전략

③ 리타게팅 전략

④ 로컬 마케팅 전략

정답: ②

해설: 고객 여정에 따라 다양한 플랫폼(예: YouTube → Google Search → Instagram)을 연계 활용하는 전략을 크로스 플랫폼 전략(Cross-Platform Strategy)이라 한다.

07. 자동 입찰(Automated Bidding)의 주요 목적은 무엇인가?
① 광고 문구 자동 생성
② 실시간 입찰가 조정으로 전환 극대화
③ 브랜드명 자동 보호
④ 수동 예산 분배 간소화

정답: ②
해설: 자동 입찰은 AI가 실시간으로 광고 입찰가를 조정해 최적의 전환을 유도하는 기능이다. 구글의 스마트 입찰(Smart Bidding)이 대표적 예시이다.

08. 목표 CPA 전략의 핵심은 무엇인가?
① 클릭수 증가
② 전환 1건당 획득비용 일정 유지
③ 노출 수 극대화
④ 광고 예산 절약

정답: ②
해설: 목표 CPA(Target CPA)는 광고비 대비 전환 1건당 비용을 일정하게 유지하도록 자동으로 입찰가를 조정하는 전략이다. 클릭 수나 노출보다 효율적 전환이 목표이다.

09. 키워드 자동화 전략 중 '롱테일 키워드 생성'에 직접 활용되는 기술은?
① 회귀분석
② 자연어 처리(NLP)
③ 군집 분석
④ 시계열 분석

정답: ②
해설: 롱테일 키워드는 사용자의 다양한 검색 문장을 분석해 생성된다. 이 과정에서 자연어 처리(NLP) 기술이 문맥과 의미를 분석하여 새로운 키워드 조합을 도출한다.

10. 유기농 스킨케어 브랜드의 캠페인 설계에서, ‘민감성 피부’라는 단어와 함께 생성된 연관 검색어를 분석하는 단계는?
   ① 데이터 수집
   ② 머신러닝 기반 최적화
   ③ 자연어 처리
   ④ 코호트 분석

정답: ①
해설: 연관 검색어, 키워드 트렌드, 검색량 등을 분석하기 전에는 먼저 데이터 수집 단계에서 관련 데이터를 모은다. 이후 머신러닝이나 NLP를 적용해 분석한다.

11. ROAS(Return On Ad Spend)의 정의로 옳은 것은?
   ① 광고비 대비 순이익
   ② 광고비 대비 매출 비율
   ③ 광고비 대비 노출수
   ④ 광고비 대비 전환건수

정답: ②
해설: ROAS는 광고비 1원당 얼마의 매출을 올렸는가를 나타내는 지표이다
   ※ 계산식: ROAS = (광고로 발생한 매출 ÷ 광고비) × 100(%)

12. 마케팅 예산을 AI 예측 모델링으로 최적화할 때 고려해야 할 요소로 가장 적절한 것은?
   ① 경쟁사 광고 투자, 시즌성, 신규 제품 출시 등 외부 변수
   ② 클릭 수 증가를 목표로 한 예산 분배
   ③ 브랜드 감성 요소 중심의 예산 책정
   ④ 모든 채널에 균등 분배

정답: ①
해설: AI 기반 예산 최적화 모델은 단순 클릭수가 아니라 외부 환경 변수(경쟁 상황, 계절적 요인, 신제품 런칭 등)을 함께 고려해야 정확한 예측이 가능하다.

문제풀이

7. 생성형 AI 콘텐츠 마케팅 이해 예상문제

01. 다음 중 생성형 AI 기반 콘텐츠 마케팅의 특징을 가장 정확하게 설명한 것은?
    ① 콘텐츠 제작 전 과정을 자동화하여 사람의 개입이 필요 없다.
    ② 프롬프트를 기반으로 아이디어·카피·이미지 등을 빠르게 생성·수정할 수 있다.
    ③ 콘텐츠 제작 속도는 느리지만 정확성이 높다.
    ④ AI는 주로 데이터 분석에만 활용되고 콘텐츠에는 적용되지 않는다.

정답: ②
해설: 생성형 AI는 프롬프트를 입력받아 아이디어·문구·시각 요소를 즉시 생성하는 속도·유연성이 핵심 특징이다.

02. 다음 중 생성형 AI 콘텐츠 마케팅이 전통적 방식과 비교해 갖는 장점으로 적절하지 않은 것은?
    ① 제작 속도가 빠르고 버전 다양성이 높다.
    ② A/B 테스트와 실험적 운영이 쉬워진다.
    ③ 브랜드 가이드라인을 프롬프트로 반영할 수 있다.
    ④ 한 번 생성된 콘텐츠는 수정하거나 보완하기 어렵다.

정답: ④
해설: 생성형 AI 콘텐츠는 지속 수정·재생성이 가능하며, 버전 관리가 용이하다.

03. 생성형 AI를 활용할 때 반드시 관리해야 하는 위험요소가 아닌 것은?
    ① 저작권·라이선스 이슈
    ② 사실성 검증 부족
    ③ 브랜드 톤앤매너 일관성
    ④ 콘텐츠 저장 용량 증가

정답: ④
해설: 저장 용량은 핵심 위험요소가 아니며, 나머지는 7장에서 AI 활용 시 필수 관리 항목으

로 제시된다.

04. 콘텐츠 기획자가 생성형 AI 활용 과정에서 맡는 새로운 역할로 적절한 것은?
① 콘텐츠 생산을 모두 AI에게 맡긴다.
② 전략·톤앤매너·금지어·브랜드 규칙을 정의하고 품질을 검수한다.
③ 검수 없이 즉시 배포한다.
④ 디자이너와 협업하지 않는다.

정답: ②
해설: 생성형 AI 환경에서 기획자는 전략·가드레일(tonality, 금지요소) 설정과 품질감독 역할이 강화된다.

05. 다음 중 생성형 AI 도구와 기능 연결이 바르지 않은 것은?
① ChatGPT – 텍스트 아이디어 및 카피 생성
② Midjourney – 이미지 생성
③ Canva – 카드뉴스·배너 시각 편집
④ PowerPoint – 음악 생성

정답: ④
해설: 음악 생성 도구는 별도의 AI가 필요하며, PowerPoint는 음악 생성 기능을 제공하지 않는다.

06. 다음 중 '고객여정 × 콘텐츠 전략 맵'의 목적을 가장 잘 설명한 것은?
① 고객 동선을 분석해 가격 할인율을 결정한다.
② 인지-관심-전환 흐름에 따라 필요한 콘텐츠 유형을 체계적으로 정렬한다.
③ 광고 집행의 예산을 자동 계산한다.
④ 고객 프로파일 기반 개인정보를 수집한다.

정답: ②
해설: 고객여정 기반 전략 맵은 퍼널 단계별 필요한 메시지·포맷을 구조화하는 것이 목적이다.

07. 캠페인 브리프의 필수 구성 요소로 옳지 않은 것은?
① 목표(Goal)

② 페르소나(Persona)
③ 핵심 메시지
④ SNS 팔로워 수 예측값

정답: ④
해설: 브리프에는 전략적 지침이 포함되며 팔로워 예측치는 필수 요소가 아니다.

08. 카피 프레임(AIDA·PAS)이 생성형 AI 텍스트 제작에서 중요한 이유로 가장 적절한 것은?
① AI가 자동으로 가격 구조를 설계하기 위해
② 설득 흐름을 구조화해 일관성과 설득력을 높여주기 때문
③ 문장 길이를 줄이기 위한 장치이기 때문
④ 이미지 생성과 연동하기 위해

정답: ②
해설: AIDA·PAS는 설득 구조를 제공하여 AI가 목적에 맞는 카피를 생성하도록 돕는다.

09. 카드뉴스 제작을 위한 프롬프트 구성 요소로 가장 적절한 것은?
① 피사체·구도·색·조명·질감·배경·느낌·텍스트 공간
② 가격·원가·마진
③ 영업시간·고객불만·CS 응대
④ 직원 스케줄·근무표

정답: ①
해설: 7장에서는 이미지 프롬프트 요소를 시각요소 중심으로 구조화하도록 제시한다.

10. AI 기반 카드뉴스 제작 시 주의해야 할 사항이 아닌 것은?
① 텍스트는 모바일 기준 길이를 제한한다.
② 표지-핵심-CTA의 3막 구조로 구성한다.
③ 워터마크·유료요소는 제거한다.
④ 이미지 안에 가능한 많은 텍스트를 넣어 정보 밀도를 높인다.

정답: ④
해설: 정보 과밀은 가독성을 떨어뜨리므로 제한하는 것이 원칙이다.

11. ALT 텍스트를 작성하는 목적은?
   ① 이미지의 색감을 조정하기 위함
   ② SEO 개선 및 시각장애인을 위한 정보 전달
   ③ 자동 광고 생성 기능을 켜기 위해
   ④ SNS 알고리즘을 우회하기 위해

정답: ②
해설: ALT 텍스트는 웹 접근성과 검색 최적화(SEO)를 위한 필수 요소이다.

12. 생성형 AI 기반 콘텐츠 제작 프로세스의 올바른 순서는?
   ① 프롬프트 설계 → 초안 생성 → 편집·보정 → 최종 시안 제작
   ② 초안 생성 → 프롬프트 설계 → 최종 제작
   ③ 최종 제작 → 보정 → 기획요약
   ④ 보정 → 초안 생성 → 배포

정답: ①
해설: 기획요약-프롬프트 설계-초안 생성-보정-시각화의 순서로 진행되는 것이 원칙이다.

문제풀이

8. AI 디자인 마케팅과 시각 전략 예상문제

01. AI 디자인 마케팅에 대한 설명으로 가장 적절한 것은?
    ① 인공지능으로 시장 규모를 예측하는 통계 분석 활동
    ② 인공지능으로 로고·배너·포스터·카드뉴스·썸네일 등 브랜드 시각 요소를 효율적·일관되게 제작·관리하는 마케팅 방식
    ③ 디자이너 없이도 텍스트 카피만 작성하는 글쓰기 도구 활용 방식
    ④ 인공지능을 활용한 동영상 광고 집행 및 성과 측정 방식

정답: ②
해설: AI 디자인 마케팅과 시각 전략에서 AI 디자인 마케팅을 인공지능으로 브랜드 시각 요소를 효율적·일관되게 제작·관리하는 방식으로 정의한다.

02. 다음 중 AI 디자인 마케팅의 유형에 해당하지 않는 것은?
    ① 이미지 생성 기반 디자인
    ② 자동 레이아웃·템플릿 디자인
    ③ 이미지 편집 보정 디자인
    ④ 고객 세분화 알고리즘 디자인

정답: ④
해설: AI 디자인 마케팅과 시각 전략 유형은 이미지 생성, 자동 레이아웃·템플릿, 이미지 편집 보정, 텍스트·카피 기반, 브랜드 자동화, 영상 기반 디자인이다. 고객 세분화 알고리즘은 포함되지 않는다.

03. 이미지 생성 기반 디자인에 대한 설명으로 옳은 것은?
    ① 설문 응답 데이터를 자동으로 분석해 표와 그래프로 만드는 방식
    ② 텍스트 설명만으로 이미지·일러스트를 자동 생성하는 방식
    ③ 여러 디자인에 브랜드 로고·컬러·폰트를 자동 적용하는 방식
    ④ 영상 편집·자막·효과를 템플릿으로만 넣는 수동 편집 방식

정답: ②

해설: 이미지 생성 기반 디자인은 텍스트 설명을 입력하면 이미지·일러스트를 자동 생성하는 방식이다.

04. 다음 중 브랜드 자동화 디자인에 가장 가까운 예시는?

① 설문 결과를 그래프로 바꾸는 기능
② 영상에 자막과 효과를 자동으로 넣어 주는 기능
③ 로고·컬러·폰트를 인식해 다양한 디자인에 자동 적용하는 기능
④ 텍스트만 입력하면 카드뉴스를 자동 생성하는 기능

정답: ③

해설: 브랜드 자동화 디자인은 로고·컬러·폰트를 인식해 여러 디자인에 자동 적용하는 방식이다.

05. 캔바의 기능 영역이 올바르게 나열된 것은?

① 디자인 제작, 문서 작성, 프린트 출력, 팀 관리
② 디자인 제작, 영상 제작, 문서 제작, 마케팅 콘텐츠, AI 기능, 팀·공유 기능
③ 로고 제작, 배너 제작, 카드뉴스 제작, 인쇄 기능
④ 시장조사, 보고서 작성, 인사관리, 회계관리

정답: ②

해설: 캔바 기능은 디자인 제작, 영상 제작, 문서 제작, 마케팅 콘텐츠, AI 기능, 팀·공유 기능 6개 영역으로 제시된다.

06. 다음 중 캔바의 마케팅 콘텐츠 기능으로 소개되지 않은 것은?

① SNS 콘텐츠 제작
② 광고용 이미지 제작
③ 브랜드 키트
④ 빅데이터 분석 리포트 자동 생성

정답: ④

해설: 마케팅 콘텐츠 기능에는 SNS 콘텐츠, 광고 이미지, 브랜드 키트, 템플릿 자동 리사이즈, QR코드, 목업 등이 있다. 빅데이터 리포트 자동 생성은 다루지 않는다.

07. 다음 중 캔바의 AI 기능과 설명이 알맞게 짝지어진 것은?
① 캔바 AI 디자인 생성 – 텍스트로 포스터·배너·카드뉴스 자동 생성
② 이미지 생성 – 설문 데이터의 그래프 자동 생성
③ 매직 라이트 – 사진 배경 제거
④ 자동 정렬·스마트 레이아웃 – 영상 자막 자동 생성

정답: ①
해설: 캔바 AI 디자인 생성은 텍스트로 포스터/배너/카드뉴스를 자동 만드는 기능이다. 이미지 생성은 문장 기반 이미지 생성, 매직 라이트는 텍스트 생성, 자동 정렬은 레이아웃 배치 기능이다.

08. 브랜드 키트(Brand Kit) 기능의 핵심 목적은 무엇인가?
① 설문 응답자 정보를 익명 처리하기 위해
② 브랜드 로고·컬러·폰트를 일괄 저장하고 다양한 디자인에 자동 적용하기 위해
③ 영상 길이를 자동으로 편집하기 위해
④ AI가 시장 트렌드를 예측하도록 하기 위해

정답: ②
해설: 브랜드 키트는 로고·컬러·폰트를 저장해 여러 디자인에 자동 적용함으로써 브랜드 일관성을 유지하게 해 준다.

09. 다음 중 AI 디자인 마케팅에서 여러 시각물을 '패키지'로 설계·제작하는 주된 목적에 가장 가까운 것은?
① 각 디자인마다 완전히 다른 색과 톤을 사용해 다양한 느낌을 주기 위해
② 로고, 배너, 브로셔, 카드뉴스, 썸네일 등을 서로 연관성 없이 개별적으로 제작하기 위해
③ 하나의 브랜드에 필요한 시각물을 통일된 콘셉트와 스타일로 설계해 브랜드 일관성을 높이기 위해
④ 디자인마다 서로 다른 브랜드명을 사용해 실험적으로 운영하기 위해

정답: ③
해설: AI 디자인 마케팅과 시각 전략에서 로고·배너·브로셔·인포그래픽·카드뉴스·썸네일을 하나의 세트로 설계·제작하는 흐름을 통해, 브랜드 일관성과 통일된 시각 이미지를 유지

하는 것을 강조한다.

10. 다음 중 캔바를 활용한 시각 디자인 전략에 대한 설명으로 옳은 것은?
   ① 각 디자인을 처음부터 수작업으로만 제작해야 하므로 템플릿을 사용할 수 없다.
   ② 로고, 배너, 브로셔, 카드뉴스, 썸네일 등 자주 쓰이는 형식을 템플릿과 기능을 활용해 체계적으로 설계·제작할 수 있다.
   ③ 인쇄용 디자인만 지원하며 SNS·온라인용 디자인은 만들 수 없다.
   ④ 캔바는 이미지 편집 기능만 있고 문서·프레젠테이션 기능은 제공하지 않는다.

정답: ②
해설: 캔바는 로고·배너·브로셔·인포그래픽·카드뉴스·썸네일 등 마케팅 시각물을 템플릿과 다양한 기능을 활용해 체계적으로 설계·제작할 수 있도록 돕는 플랫폼이다.

11. 다음 중 텍스트 기반 AI와 캔바를 함께 활용하는 디자인 워크플로를 가장 잘 나타낸 것은?
   ① 텍스트 기반 AI로 이미지를 직접 그린 뒤, 캔바에서 숫자 데이터만 입력한다.
   ② 텍스트 기반 AI로 브랜드 콘셉트와 문구를 정리하고, 캔바에서 그 문구를 활용해 시각디자인을 완성한다.
   ③ 텍스트 기반 AI는 설문조사만 담당하고, 캔바는 통계분석만 수행한다.
   ④ 텍스트 기반 AI와 캔바는 서로 연동되지 않으므로 동시에 사용할 수 없다.

정답: ②
해설: AI 디자인 마케팅과 시각 전략에서 제시하는 흐름은 텍스트 기반 AI로 브랜드 콘셉트·슬로건·카피를 정리하고, 캔바에서 이를 바탕으로 로고·배너·브로셔·카드뉴스·썸네일을 실제 디자인으로 완성하는 방식이다.

12. 다음 중 AI 디자인 마케팅의 전체적인 활용 흐름을 가장 적절하게 설명한 것은?
   ① 먼저 캔바로 모든 디자인을 만든 뒤, 나중에 AI로 브랜드 콘셉트를 거꾸로 추론한다.
   ② 텍스트 기반 AI와 이미지·영상 AI를 활용해 콘텐츠와 시각 요소를 설계하고, 캔바와 같은 도구로 로고·배너·브로셔·카드뉴스·썸네일을 일관된 스타일로 제작·관리한다.
   ③ AI 도구는 참고용일 뿐 실제 디자인 결과물에는 사용할 수 없다.

④ 각 디자인을 서로 다른 도구로 제각각 만들고, 브랜드 일관성은 고려하지 않는다.

정답: ②

해설: AI 디자인 마케팅은 텍스트 기반 AI와 이미지·영상 AI를 활용해 메시지와 시각 요소를 설계하고, 캔바 같은 플랫폼에서 여러 시각물을 통일된 스타일로 제작·관리하는 흐름으로 정리된다.

문제풀이

9. CRM·이메일·리텐션 자동화 예상문제

01. CRM의 핵심 목적을 가장 잘 설명한 것은?
① 고객 정보를 저장하는 데 목적이 있다
② 고객 행동을 분석해 관계를 강화하고 충성도를 높인다
③ 신제품 홍보를 자동화한다
④ 가격 경쟁력을 확보한다

정답: ②
해설: CRM의 본질은 고객 행동·선호를 분석해 장기적 관계를 유지하는 것이다.

02. 다음 중 '선호도 데이터'의 예로 가장 적절한 것은?
① 고객의 불만 접수 기록
② 고객이 반복적으로 클릭한 카테고리
③ 고객의 방문 간격
④ 고객의 결제 카드 정보

정답: ②
해설: 선호도 데이터는 관심 상품·클릭 패턴 등 고객 성향을 반영한다.

03. 이메일 자동화의 대표적 유형이 아닌 것은?
① 웰컴 이메일
② 장바구니 이탈 이메일
③ 재참여 이메일
④ 브랜드 로고 생성 이메일

정답: ④
해설: 이메일 자동화는 주로 고객 여정 기반 이메일 발송에 사용되며 로고 생성과는 무관하다.

04. AI가 이메일 발송 타이밍을 개선할 수 있는 이유는?
① 감정적인 문구를 자동으로 작성하기 때문
② 고객의 활동 시간·열람 패턴을 분석하기 때문
③ 새로운 고객을 자동 생성하기 때문
④ 이메일 서버 속도를 높여주기 때문

정답: ②
해설: AI는 고객의 열람 시간·행동 데이터를 분석하여 최적 시간대를 추천한다.

05. 리텐션 관리가 중요한 이유로 옳은 것은?
① 신규 고객보다 기존 고객의 유지 비용이 더 높기 때문
② 기존 고객은 충성도가 낮기 때문
③ 기존 고객은 재구매 가능성이 높아 장기 매출에 기여하기 때문
④ 데이터 분석이 필요 없기 때문

정답: ③
해설: 기존 고객은 재구매율과 추천율이 높아 매출 기여도가 크다.

06. 다음 중 '행동 데이터(Behavior Data)'의 예로 가장 적절한 것은?
① 고객의 구매 금액
② 고객이 남긴 리뷰 내용
③ 웹사이트 체류 시간과 장바구니 이탈 기록
④ 제품 선호 색상

정답: ③
해설: 행동 데이터는 실제 방문·체류·이탈 등 고객의 '행동 흐름'을 의미한다.

07. 자동화 이메일의 주요 장점으로 옳지 않은 것은?
① 운영 시간 절감
② 고객 여정 기반 맞춤 메시지 발송
③ 이메일 발송 시점의 무작위성 증가
④ 재구매·전환율 향상

정답: ③

해설: 자동화는 오히려 발송 시점을 더 정교하게 설계해 무작위성을 줄인다.

08. AI가 이탈 위험 고객을 예측하는 데 필요한 데이터로 가장 적절한 것은?

① 고객의 결제 카드 종류

② 장바구니 미결제 기록, 방문 간격 증가, 관심 감소

③ 제품의 제조 원가

④ 배송비 인상 여부

정답: ②

해설: AI는 행동 감소·장바구니 이탈·부정 감정 등 패턴을 기반으로 이탈 위험을 분석한다.

09. AI 기반 이메일 자동화의 효과로 적절한 것은?

① 모든 고객에게 동일한 시간에 일괄 발송

② 고객별 최적 시간에 발송되는 개인화된 타이밍 적용

③ 수동 스케줄 등록

④ 고객 데이터 활용 제한

정답: ②

해설: AI는 고객별 열람 가능성이 높은 시간대를 계산해 개인화 발송을 지원한다.

10. 다음 중 AI가 CRM 성과 개선을 지속적으로 수행할 수 있는 핵심 요인은?

① 반복된 경험 기반의 자동 학습 및 전략 최적화

② 고객 만족도 조사 기능 강화

③ 오프라인 고객 방문 유도

④ 고객센터 자동 연결 기능

정답: ①

해설: AI는 실시간·과거 데이터를 학습해 발송 시간, 콘텐츠, 타깃팅을 자동 개선한다.

11. 특정 고객군의 재구매율이 감소했을 때 AI 기반 CRM이 제공할 수 있는 가장 효과적인 대응은?

① 동일한 메시지를 반복 발송

② 관심도 감소를 분석하고 맞춤형 혜택·추천 상품을 자동 제안
③ 광고비를 일괄 삭감
④ 웹사이트 디자인을 변경

정답: ②
해설: AI는 관심 변화·패턴 감소 등 이탈 신호를 분석해 고객 맞춤형 해결책을 제안한다.

문제풀이

10. 성과 분석과 대시보드 자동화 예상문제

01. 현대 인공지능 마케팅의 가장 기본이 되는 전제로, 직관이나 경험이 아닌 객관적인 수치를 바탕으로 판단하는 방식을 무엇이라고 하는가?
① 감성 마케팅 (Emotional Marketing)
② 데이터 기반 의사결정 (Data-Driven Decision-Making)
③ 바이럴 마케팅 (Viral Marketing)
④ 관계 마케팅 (Relationship Marketing)

정답: ②
해설: 인공지능 마케팅은 '감'이나 '느낌'이 아닌 '숫자(데이터)'를 보고 판단하는 '데이터 기반 의사결정'을 기본 전제로 한다.

02. 다음 중 KPI(핵심 성과 지표)에 대한 설명으로 가장 적절하지 않은 것은?
① Key Performance Indicator의 약자이다.
② 최종 목표 달성에 가장 핵심적인 역할을 하는 지표를 말한다.
③ 비즈니스의 모든 데이터를 빠짐없이 모니터링하는 것을 목적으로 한다.
④ 자동차 운전석의 '속도'나 '연료 게이지'에 비유할 수 있다.

정답: ③
해설: KPI는 모든 데이터를 확인하는 것이 불가능하고 불필요하기 때문에, 가장 중요한 '핵심' 지표만 관리하기 위해 설정하는 것이다. 모든 데이터를 모니터링하는 것은 KPI의 목적이 아니다.

03. 쇼핑몰을 운영하는 경우, 비즈니스의 최종 목표인 '매출'과 가장 직결되는 KPI로 적절한 것은?
① 웹사이트 방문자 수
② 인스타그램 팔로워 수
③ 게시물 좋아요 수
④ 구매 전환율 (Conversion Rate)

정답: ④

해설: 쇼핑몰의 목표는 물건을 파는 것이므로, 방문자가 실제 구매로 이어지는 비율인 '구매 전환율'이 핵심 지표가 되어야 한다. 방문자 수가 많아도 구매하지 않으면 의미가 없다.

04. B2B 프로젝트형 비즈니스에서 관리해야 할 단계별 KPI 연결이 틀린 것은?

① 과제 수주 단계 - 제안 성공률 (Win Rate)
② 과제 수행 단계 - 일정 준수율
③ 과제 수행 단계 - 예산 준수율
④ 과제 종료 단계 - 고객 재방문율

정답: ④

해설: B2B 프로젝트 비즈니스에서는 과제 종료 시점에 '일정 준수율'과 '예산 준수율'을 통해 프로젝트가 적자 없이 잘 끝났는지를 확인해야 한다. 일반 소매점처럼 '고객 재방문율'을 종료 단계의 핵심 KPI로 보기는 어렵다.

05. 다음 중 '자동화 대시보드'를 구축해야 하는 이유로 가장 적절한 것은?

① 매일 수동으로 데이터를 계산하는 시간을 절약하고 번거로움을 없애기 위해
② 더 복잡하고 화려한 디자인의 그래프를 만들기 위해
③ 모든 직원에게 데이터를 숨기기 위해
④ 네이버 플레이스 광고 센터에 매일 로그인하기 위해

정답: ①

해설: 자동화 대시보드는 매일 반복되는 데이터 확인 및 계산 작업의 번거로움을 없애고, 경영사가 네이버를 지속적으로 모니터링할 수 있도록 돕기 위해 필요하다.

06. 경영학 이론 중 하나로, 모든 것을 관리하려 하지 않고 정상 범위를 벗어난 '특이 사항'이 발생했을 때만 집중하여 관리하는 방식을 무엇이라고 하는가?

① 전사적 품질 관리 (TQM)
② 예외 관리 경영 (MBE, Management by Exception)
③ 목표 관리 (MBO)
④ 고객 관계 관리 (CRM)

정답: ②

해설: 모든 것을 관리하지 않고, 정상 범위를 벗어나는 '예외 상황'만 관리하여 효율성을 높이는 것을 '예외 관리 경영(MBE)'이라고 한다.

07. AI를 활용하여 대시보드를 설계할 때, 프롬프트에 포함해야 할 내용으로 적절하지 않은 것은?

① 현재 운영 중인 가게의 업종과 상황
② 어제자 매출 및 광고비 등의 실제(또는 가상) 데이터
③ 사장님이 관리하고 싶은 구체적인 목표 (예: 방문 의도 높이기)
④ AI 개발자의 개인적인 연락처

정답: ④

해설: AI에게 대시보드 설계를 요청할 때는 비즈니스 상황, 데이터, 목표, 구체적인 요청 사항이 필요하다. 개발자의 연락처는 불필요한 정보이다.

08. 10장의 결론에 따르면, 성과 분석을 통해 '못한 것(실패)'을 확인했을 때 마케터가 취해야 할 가장 올바른 태도는?

① 담당자를 찾아 책임을 묻고 질책한다.
② 데이터가 잘못되었다고 생각하고 무시한다.
③ 다음 달에도 똑같은 예산을 투입하여 결과를 지켜본다.
④ 낭비를 줄이기 위해 광고를 중단하거나 개선점을 찾아 수정한다.

정답: ④

해설: 데이터를 통해 '못한 것'을 파악하는 이유는 누군가를 질책하기 위함이 아니라, 낭비를 줄이고 광고 문구나 이미지를 개선하여 성과를 높이기 위함이다.

문제풀이

11. 소비자행동요인과 의사결정단계 예상문제

01. 소비자 행동론이 연구하는 범위로 가장 적절한 것은?
  ① 가격 결정 과정
  ② 유통 채널 설계
  ③ 탐색·구매·평가의 전 과정
  ④ 광고 카피 제작

정답: ③
해설: 소비자 행동론은 재화·서비스의 탐색, 구매, 평가까지 전 과정을 연구한다.

02. 소비자 행동의 내적 요인 중, 독특한 삶의 양식으로 AIO(Activity, Interest, Opinion)로 측정되며, 소비자의 독특한 특성에 해당하는 것은?
  ① 동기
  ② 지각
  ③ 신념
  ④ 라이프스타일

정답: ④
해설: 라이프스타일은 독특한 삶의 양식(AIO 측정)으로 소비자의 독특한 특성인 개인적 요인에 해당한다.

03. 제품에 대한 관심/중요도로 정보 탐색 노력 수준을 결정하는 소비자 행동의 개인적 요인은 무엇인가?
  ① 자아개념
  ② 라이프스타일
  ③ 관여도
  ④ 학습

정답: ③

해설: 관여도는 제품에 대한 관심 또는 중요도로, 정보 탐색 노력 수준을 결정하는 개인적 요인이다.

04. 외적 영향 요인에 해당하는 것은?
① 자아개념
② 관여도
③ 문화와 사회계층
④ 동기

정답: ③
해설: 문화·하위문화·사회계층 등은 외적 요인이다.

05. 준거집단에 대한 설명으로 옳은 것은?
① 항상 부정적 영향만 준다
② 개인의 태도·가치관에 간접·직접 영향
③ 가족과 동일 개념이다
④ 구매 후 행동에만 작용

정답: ②
해설: 준거집단은 열망·회피 집단을 포함해 태도 형성에 다양한 방식으로 영향을 준다.

06. 심리적 요인에 포함되지 않는 것은?
① 동기
② 지각
③ 학습
④ 사회계층

정답: ④
해설: 사회계층은 외적 요인이며, 나머지는 심리적 요인이다.

07. 소비자의 구매 의사결정 과정 5단계를 올바른 순서대로 나열한 것은?
① 문제 인식 → 대안 평가 → 정보 탐색 → 구매 결정 → 구매 후 행동
② 정보 탐색 → 문제 인식 → 대안 평가 → 구매 결정 → 구매 후 행동

③ 문제 인식 → 정보 탐색 → 대안 평가 → 구매 결정 → 구매 후 행동
④ 문제 인식 → 정보 탐색 → 구매 결정 → 대안 평가 → 구매 후 행동

정답: ③
해설: 소비자의 구매 의사결정 과정은 일반적으로 문제 인식 → 정보 탐색 → 대안 평가 → 구매 결정 → 구매 후 행동의 다섯 단계로 구성된다.

08. 내부 탐색의 특징으로 옳은 것은?
① 비용이 크다
② 주로 기억과 과거 경험에 의존
③ 외부 전문가 조언 중심
④ 항상 외부 탐색보다 늦게 수행

정답: ②
해설: 내부 탐색은 저비용·고속이며 과거 기억 기반으로 우선 수행된다.

09. 구매 의도가 실제 구매로 전환될 때 영향을 미치는 요소는?
① 상황적 요인
② 문화적 요인만
③ 광고비 규모
④ 시장점유율

정답: ①
해설: 결제 편의, 재고, 배송 등 상황적 제약이 최종 결정에 영향을 준다.

10. 기대 불일치 모델로 설명되며, 불만족 시 지신의 선댁에 대한 심리직 불편함인 구매 후 인지 부조화가 발생하는 단계는?
① 대안 평가
② 구매 결정
③ 구매 후 행동
④ 문제 인식

정답: ③

해설: 구매 후 행동 단계는 제품 사용 후 만족/불만족을 느끼는 현상으로, 불만족 시 구매 후 인지 부조화가 발생한다.

11. 저관여 습관적 의사결정에서 마케팅의 핵심 과제는?
   ① 상세 스펙 비교표 제공
   ② 리뷰 심층분석 제공
   ③ 브랜드 인지도 강화
   ④ 고급 이미지 브랜딩만 수행

정답: ③
해설: 저관여에서는 탐색·평가를 생략하므로 브랜드 인지도 확보가 관건이다.

12. 의사결정 5단계와 주요 심리·외적 요인의 연결 중 적절한 매칭은?
   ① 문제 인식-태도 / 정보 탐색-관여도
   ② 정보 탐색-지각·학습 / 구매 결정-상황적 요인
   ③ 대안 평가-동기 / 구매 후 행동-지각
   ④ 구매 결정-신념 / 구매 후 행동-관여도

정답: ②
해설: 정보 탐색은 지각·학습에 의해, 구매 결정은 결제편의 등의 상황 요인에 의해 좌우된다.

문제풀이

12. 고객여정 설계와 퍼널분석 예상문제

01. 전통적 마케팅 퍼널의 가장 핵심적인 중점 목표는 무엇인가?
① 고객 경험(CX) 관점에서 감정과 고충(Pain Points)을 이해하는 것
② 리드(잠재 고객)를 관리하고 전환율을 높이는 것
③ 고객 생애 가치(LTV) 극대화를 위한 4P 믹스 전략 수립
④ 서비스에 대한 자발적인 추천 활동을 유도하는 것

정답: ②
해설: 마케팅 퍼널은 잠재 고객을 인지에서 구매(전환)로 유도하는 경로를 시각화하며, 리드를 관리하고 전환율을 높이는 데 중점을 둔 핵심 도구이다.

02. 마케팅 퍼널의 세 단계 구분 중 ToFu 단계의 주된 목표는?
① 충성 고객 유지
② 인지도 확산과 유입 극대화
③ 재구매 유도
④ 추천 유도

정답: ②
해설: ToFu는 퍼널의 최상단으로, 잠재 고객의 인지도를 높이고 유입을 늘리는 데 초점을 둔다.

03. BoFu 단계의 주요 콘텐츠 형태로 가장 적절한 것은?
① 블로그 포스트
② 무료 체험, 구매 후기
③ 설문조사
④ SNS 팔로우 캠페인

정답: ②
해설: BoFu 단계에서는 직접적인 전환을 유도하는 CTA, 후기, 무료 체험 등이 효과적이다.

04. AARRR 프레임워크의 첫 단계는 무엇인가?
① Activation
② Referral
③ Acquisition
④ Retention

정답: ③
해설: AARRR의 첫 단계는 신규 고객을 유입시키는 'Acquisition'이다.

05. Activation 단계의 핵심은 무엇인가?
① 고객 이탈 방지
② 첫 긍정적 경험 제공
③ 할인 쿠폰 발급
④ 추천 유도

정답: ②
해설: Activation은 고객이 제품을 처음 사용하면서 긍정적 경험을 얻는 시점이다.

06. Retention 단계의 목적은?
① 신규 고객 확보
② 고객의 지속적 사용 유지
③ 신규 서비스 출시
④ 이탈 고객 분석

정답: ②
해설: Retention은 재방문율을 높여 고객 생애 가치를 극대화하는 단계이다.

07. Referral 단계의 핵심 특징은?
① 신규 고객 대상
② 충성 고객의 자발적 공유
③ 최초 방문자 중심
④ 1회성 할인 이벤트

정답: ②

해설: Referral은 충성 고객이 자발적으로 홍보하는 단계로, 바이럴 마케팅의 핵심이다.

08. 고객 여정 지도(CJM)가 마케팅 퍼널과 달리 초점을 맞추는 것은 무엇인가?

① 비즈니스의 전환 목표

② 고객의 감정, 동기, 고충(Pain Points) 이해

③ 고객 이탈이 '어디서' 발생하는지에 대한 정량적 분석

④ 채널별 고객 획득 비용(CAC) 분석

정답: ②

해설: CJM은 마케팅 퍼널과 달리 비즈니스의 전환 목표보다는 고객의 관점, 즉 감정, 동기, 고충(Pain Points)을 이해하는 데 초점을 맞춘 고객 중심의 진단 도구이다.

09. CJM의 핵심 구성 요소 중, 고객의 브랜드 인식이나 관계에 중대한 영향을 미치는 핵심 상호작용 지점이며, 고객 만족도를 결정하는 분기점인 것은 무엇인가?

① 페르소나 (Personas)

② 여정 단계 (Journey Stages)

③ 접점 (Touchpoints)

④ 진실의 순간 (Moments of Truth, MOTs)

정답: ④

해설: 진실의 순간(MOTs)은 고객의 브랜드 인식이나 관계에 중대한 영향을 미치는 핵심 상호작용 지점(구매 결정 시점, 첫 제품 사용 경험, 고객 서비스 응대 등)이다.

10. 마케팅 퍼널과 CJM의 역할에 대한 설명 중, 가장 정확한 것은 무엇인가?

① 마케팅 퍼널은 이탈이 '왜' 발생하는지(정성)를, CJM은 '어디서' 발생하는지(정량)를 보여준다.

② 마케팅 퍼널은 고객 이탈이 '어디서' 발생하는지(정량)를, CJM은 '왜' 이탈하는지(정성)를 설명한다.

③ CJM은 선형적이며, 마케팅 퍼널은 순환적인 성격을 가진다.

④ 두 도구 모두 비즈니스의 전환 목표에만 초점을 맞춘다.

정답: ②

해설: 마케팅 퍼널은 고객 이탈이 '어디서' 발생하는지(정량)를 보여주는 반면, CJM은 고객의 감정적, 경험적 측면에서 '왜' 이탈하는지(정성)를 설명하여 근본 원인을 규명한다.

10. 퍼널/AARRR과 CJM의 통합이 필요한 이유는?
   ① 중복 분석을 줄이기 위해서
   ② 정량과 정성을 통합한 CX 관리 강화를 위해서
   ③ 단일 KPI 관리를 위해서
   ④ 데이터베이스 구조 단순화를 위해서

정답: ②
해설: 두 분석의 통합은 정량적 지표와 정성적 경험을 결합하여 CX 전략을 강화한다.

11. AARRR 프레임워크를 '경고 시스템'으로, CJM을 '원인 진단 도구'로 비유할 때, CJM이 수행하는 핵심 역할은 무엇인가?
   ① 고객 획득 비용(CAC)을 최소화하는 전략 수립
   ② AARRR 퍼널에서 감지된 전환율 하락 지점의 '정성적인 고충 지점(Pain Points)'을 식별
   ③ 제품의 기능적 결함을 보상적 의사결정 규칙으로 대체
   ④ AARRR 단계별 핵심성과지표(KPI)의 자동 설정

정답: ②
해설: AARRR 지표에서 문제가 감지되면(경고), CJM은 해당 단계로 초점을 맞춰 고객의 감정 변화와 마찰 지점(정성적 고충 지점)을 분석하여 근본적인 원인을 진단한다.

12. AI 이탈 예측 모델을 AARRR과 CJM 통합 분석에 활용할 때, AI가 수행하는 핵심적인 역할은 무엇인가?
   ① 이탈 위험 고객에게 무작위로 광고를 노출하여 재유입을 시도한다.
   ② 이탈 위험이 감지된 고객의 최근 CJM상의 접점 데이터를 분석하여 이탈의 정성적 원인(고충 지점)을 규명한다.
   ③ AARRR 퍼널의 각 단계에서 이탈 고객 수를 단순히 카운트한다.
   ④ AARRR 단계와 관계없이 모든 고객에게 동일한 푸시 알림을 발송한다.

정답: ②

해설: AI 이탈 예측 모델로 정량적인 이탈 징후가 감지되면, AI는 해당 고객의 CJM 데이터(최근 접점, 감정 변화)를 분석하여 이탈을 유발한 정성적인 원인(Pain Points)을 찾아내 선제적 대응을 가능하게 한다.

문제풀이

13. 고객경험(CX) 전략 예상문제

01. 다음 중 '고객경험(CX)'에 대한 설명으로 가장 적절한 것은?
   ① 고객이 불만을 제기했을 때 친절하게 응대하는 서비스(CS)만을 의미한다.
   ② 고객을 데려오기 위한 광고 노출 횟수만을 의미한다.
   ③ 브랜드 인지부터 구매, 그리고 구매 이후까지 발생하는 모든 상호작용의 총합이다.
   ④ 제품의 기술적 성능이나 스펙만을 의미한다.

정답: ③
해설: 고객경험(CX)은 단순한 CS를 넘어, 고객이 브랜드를 접하는 첫 순간부터 구매 후까지의 모든 과정(여정)에서 겪는 경험의 합을 의미한다.

02. 소상공인이 CX(고객경험)에 집중해야 하는 이유로 가장 적절하지 않은 것은?
   ① 좋은 제품(레시피)은 경쟁자가 쉽게 모방할 수 있기 때문이다.
   ② 감동적인 고객 경험은 돈이나 기술로 쉽게 복제할 수 없는 진입 장벽이 된다.
   ③ 훌륭한 경험은 단순 재구매를 넘어 자발적인 '입소문'을 만들어낸다.
   ④ CX는 대기업만 할 수 있는 비용이 많이 드는 전략이기 때문이다.

정답: ④
해설: 손편지나 세심한 배려 같은 CX는 큰 비용 없이도 소상공인이 경쟁자와 차별화할 수 있는 가장 강력한 무기입이.

03. 다음 상자 안의 VOC(고객의 목소리)를 수집하는 방법으로 올바른 것을 모두 고른 것은?

ㄱ. 네이버 플레이스 영수증 리뷰 확인
ㄴ. 고객센터로 접수된 이메일 불만 사항 확인
ㄷ. SNS에서 우리 가게 이름을 검색하여 고객들의 대화 엿듣기
ㄹ. 배달 앱의 '사장님께' 요청 사항 확인

   ① ㄱ, ㄴ

② ㄱ, ㄷ
③ ㄴ, ㄹ
④ ㄱ, ㄴ, ㄷ, ㄹ

정답: ④
해설: VOC는 온라인(리뷰, SNS, 댓글)과 오프라인, 직접 문의와 간접 언급을 포함하여 고객이 있는 모든 곳에서 수집해야 한다.

04. '카노 모델(Kano Model)'에 따라 고객 리뷰를 분석할 때, "매장이 너무 지저분해요"나 "주문한 음식이 안 나왔어요"와 같이 고객이 당연히 기대하는 것이 충족되지 않았을 때 발생하는 품질 요소는?
① 매력적 품질 (Attractive Quality)
② 일원적 품질 (One-dimensional Quality)
③ 기본적 품질 (Must-be Quality)
④ 초개인화 품질 (Hyper-personalization Quality)

정답: ③
해설: '기본적 품질'은 고객이 당연히 있을 것이라 믿는 요소로, 충족되면 당연하게 여기지만 충족되지 않으면 극심한 불만을 유발하고 즉시 이탈하게 만든다.

05. 다음 중 카노 모델의 '매력적 품질(Attractive Quality)'에 해당하는 사례는?
① 주문한 음식이 제때 나왔다.
② 화장실이 깨끗하게 청소되어 있다.
③ 가격 대비 양이 푸짐하다.
④ 비 오는 날 우산을 안 가져온 고객에게 사장님이 우산을 챙겨주었다.

정답: ④
해설: 매력적 품질은 고객이 전혀 기대하지 못했던 뜻밖의 서비스로, 고객을 감동하게 하여 '팬'으로 만드는 요소이다. (①, ②, ⑤는 기본적 품질, ③은 일원적 품질)

06. 성공적인 AI 챗봇 시나리오를 기획하기 위한 팁으로 적절하지 않은 것은?
① 고객이 가장 많이 묻는 단순 반복 질문(FAQ)을 우선적으로 해결하게 한다.
② 챗봇이 해결하지 못하는 문제는 절대 인정하지 말고 계속 챗봇 안에서 해결하게

한다.

③ 사장님을 대신해 24시간 응대할 수 있도록 설계한다.

④ '사람 상담원 연결' 버튼을 만들어 챗봇이 해결 못 할 경우를 대비한다.

정답: ②

해설: AI가 해결할 수 없는 복잡한 문제는 반드시 "죄송합니다, 담당자를 연결해 드릴게요"라며 사람에게 넘기는 '빠져나갈 구멍'을 만들어야 고객 경험을 망치지 않는다.

07. 온·오프라인의 모든 채널(인스타, 웹사이트, 매장, 챗봇 등)이 유기적으로 연결되어, 고객에게 언제 어디서나 동일한 메시지와 끊김 없는 경험을 제공하는 전략을 무엇이라 하는가?

① 멀티채널 (Multi-channel)

② 옴니채널 (Omnichannel)

③ 싱글채널 (Single-channel)

④ 매스미디어 (Mass Media)

정답: ②

해설: 단순히 채널이 여러 개 있는 '멀티채널'을 넘어, 모든 채널이 통합되어 일관된 경험을 주는 것을 '옴니채널' 또는 IMC(통합 마케팅 커뮤니케이션) 전략이라고 한다.

08. AI 기술을 활용하여 고객의 행동 데이터를 실시간으로 예측하고, 이탈하려는 고객에게 할인 쿠폰을 보내는 등 상황과 맥락에 딱 맞는 1:1 메시지를 보내는 기술은?

① 대중 마케팅 (Mass Marketing)

② 무작위 마케팅 (Random Marketing)

③ 초개인화 (Hyper-personalization)

④ 브랜드 인지 (Brand Awareness)

정답: ③

해설: 과거의 단순한 타겟팅을 넘어, AI가 개별 고객의 상황과 의도를 예측하여 최적의 타이밍에 개인화된 경험을 제공하는 것을 '초개인화'라고 한다.

문제풀이

14. 시장조사방법과 보고서 작성 예상문제

01. 시장조사에 대한 설명으로 가장 적절한 것은?
① 광고 디자인을 만들기 위한 이미지 수집 활동
② 제품·서비스를 시장에 내놓기 전에 시장 규모, 소비자 특성, 경쟁 환경 등을 파악해 의사결정에 활용하는 활동
③ 재무제표를 작성하기 위한 회계 데이터 정리 활동
④ 조직 내부 직원 만족도를 평가하는 활동만을 의미

정답: ②
해설: 시장조사는 시장 규모, 소비자, 경쟁 환경 등을 파악해 "무엇을, 누구에게, 어떻게 팔 것인가"에 대한 근거를 만드는 활동이다.

02. 다음 중 1차 조사의 특징으로 옳은 것은?
① 공공데이터나 기존 리포트를 활용해 빠르게 파악하는 조사
② 기존에 존재하는 데이터를 재가공하는 조사
③ 설문·인터뷰·관찰·실험 등을 통해 조사자가 직접 데이터를 새로 수집하는 조사
④ 조사기관에 외주를 맡기는 모든 조사를 의미

정답: ③
해설: 1차 조사는 필요한 정보를 설문, 인터뷰, 관찰, 실험 등으로 직접 새롭게 수집하는 방식이다.

03. 다음 중 2차 조사에 해당하는 예시는?
① 카페 손님을 대상으로 직접 설문조사를 실시
② 인터뷰를 통해 고객 불만을 심층 조사
③ 통계청·공공데이터 포털의 자료와 산업 리포트를 활용해 시장 규모를 파악
④ 매장 앞에서 통행량을 직접 세어 기록

정답: ③
해설: 2차 조사는 공공데이터, 기관리포트, 내부데이터, 온라인 데이터 등 이미 존재하는

자료를 활용하는 조사 방식이다.

04. 정량적 조사에 대한 설명으로 가장 적절한 것은?
① 서술형 인터뷰를 통해 느낌과 스토리를 수집하는 조사
② 통계 분석이 가능한 수치형 데이터를 수집·분석하는 조사
③ 기존 문헌을 정리해 이론을 검토하는 조사
④ 관찰만을 활용하는 조사

정답: ②
해설: 정량적 조사는 수치 데이터(빈도, 비율, 평균 등)를 수집·분석하는 방식으로, 설문조사에서 주로 활용된다.

05. 시장조사 프로세스 5단계의 올바른 순서는?
① 데이터 분석 → 조사 목표 설정 → 데이터 수집 → 조사 계획 수립 → 결과 해석 및 보고
② 조사 목표 설정 → 데이터 수집 → 조사 계획 수립 → 데이터 분석 → 결과 해석 및 보고
③ 조사 목표 설정 → 조사 계획 수립 → 데이터 수집 → 데이터 분석 → 결과 해석 및 보고
④ 조사 계획 수립 → 조사 목표 설정 → 데이터 분석 → 데이터 수집 → 결과 해석 및 보고

정답: ③
해설: 시장조사 프로세스는 조사 목표 설정 → 조사 계획 수립 → 데이터 수집 → 데이터 분석 → 결과 해석 및 보고 순서로 진행된다.

06. 다음 중 조사보고서의 기본 구성 항목에 포함되지 않는 것은?
① 표지 및 요약
② 조사 개요
③ 분석 및 시사점
④ 인사·채용 계획

정답: ④

해설: 일반적인 시장조사 보고서는 표지 및 요약, 조사 개요, 조사 결과, 분석 및 시사점, 결론 및 제언으로 구성되며 인사·채용 계획은 포함되지 않는다.

07. 조사보고서의 '분석 및 시사점' 부분에서 가장 중점을 두어야 할 것은?

① 모든 수치를 빠짐없이 나열하는 것
② 그래프만 여러 개 제시하는 것
③ 데이터의 의미, 인사이트, 전략 제안을 해석 중심으로 정리하는 것
④ 조사 과정에서 있었던 실수만 기록하는 것

정답: ③

해설: 분석 및 시사점 부분은 단순한 수치 나열이 아니라, 데이터가 의미하는 바와 그로부터 도출되는 전략적 시사점을 해석 중심으로 정리하는 부분이다.

08. 시장조사를 수행하는 주된 이유로 가장 적절한 것은?

① 광고 디자인의 시각적 완성도를 평가하기 위해
② 경영자의 직관이 맞는지 확인하기 위해서만
③ 제품·서비스 출시 전, 시장 규모·소비자 특성·경쟁 환경을 파악하여 의사결정에 근거를 제공하기 위해
④ 회계 자료를 정리해 세무 신고를 쉽게 하기 위해

정답: ③

해설: 시장조사는 "무엇을, 누구에게, 어떻게 팔 것인가"에 대한 근거를 만들기 위해 시장 규모, 소비자, 경쟁 상황 등을 파악하는 활동이다.

09. 다음 중 1차 조사와 2차 조사의 특징을 올바르게 짝지은 것은?

① 1차 조사 – 공공데이터 활용 / 2차 조사 – 현장 설문조사
② 1차 조사 – 기존 리포트 재분석 / 2차 조사 – 심층 인터뷰
③ 1차 조사 – 설문·인터뷰·관찰·실험 등으로 새 데이터를 직접 수집 / 2차 조사 – 이미 존재하는 통계청·기관·내부·온라인 자료를 활용
④ 1차 조사 – 문헌·논문 조사 / 2차 조사 – 표본 추출 설계

정답: ③

해설: 1차 조사는 필요한 정보를 직접 새로 수집하는 방식이고, 2차 조사는 공공데이터, 기

관 리포트, 내부데이터, 온라인 자료 등 이미 존재하는 자료를 활용하는 방식이다.

10. 다음 중 온라인 설문조사(예: 구글폼)를 사용할 때 기대할 수 있는 장점으로 옳지 않은 것은?
    ① 응답 수집과 집계가 자동으로 이뤄져 시간과 비용을 절감할 수 있다.
    ② 링크·QR코드 등을 통해 다양한 채널에서 쉽게 배포할 수 있다.
    ③ 응답 결과를 그래프·표 형태로 바로 확인할 수 있다.
    ④ 응답자가 누구인지, 어떤 기준으로 참여했는지 전혀 알 수 없으므로 표본 구성이 불가능하다.

정답: ④

해설: 온라인 설문은 자동 집계·시각화·배포가 쉽다는 장점이 있지만, 설문 설계와 표본 선정은 조사자가 직접 관리해야 한다. "표본 구성이 불가능하다"는 설명은 옳지 않다.

11. 다음 중 시장조사 과정에서 ChatGPT와 같은 AI 도구를 활용할 수 있는 방법으로 가장 적절한 것은?
    ① 응답 데이터를 조작해 원하는 결과가 나오도록 바꾸는 데 사용한다.
    ② 조사 목표와 핵심 질문을 정리하고, 설문 문항 초안을 만들며, 결과 요약문과 보고서 문장을 작성하는 데 활용한다.
    ③ 현장 관찰을 대신해 매장에 직접 가 보지 않아도 되게 한다.
    ④ 통계 분석 프로그램을 대체해 모든 수치 계산을 자동으로 보장한다.

정답: ②

해설: AI 도구는 조사 목표 정리, 설문 문항 설계, 응답 결과 요약, 보고서 문장 작성 등 "언어 기반 정리·정리·초안 작성"에 도움을 줄 수 있으며, 조사 윤리나 데이터 조작에 사용해서는 안 된다.

12. 다음 중 시장조사 프로세스의 '데이터 분석' 단계에서 수행하는 활동으로 가장 적절한 것은?
    ① 조사 목적과 범위를 정의하고 핵심 질문을 정리한다.
    ② 설문 문항을 구성하고 표본 크기를 설계한다.
    ③ 수집된 자료를 정리하고, 통계·의미 분석을 통해 경향과 인사이트를 도출하며, 표와 그래프로 시각화한다.

④ 조사 결과를 요약문·시사점·실행 계획으로 정리해 보고서로 작성한다.

정답: ③

해설: 데이터 분석 단계에서는 수집된 자료를 정리하고 통계·의미 분석을 통해 경향과 인사이트를 도출하며, 표와 그래프로 시각화한다.

문제풀이

15. AI 마케팅 윤리와 AI 법률 예상문제

01. 개인정보보호의 기본 원칙 중 하나로, 개인정보를 수집할 때 구체적인 목적을 명시해야 한다는 원칙은 무엇인가?
   ① 최소 수집의 원칙
   ② 동의 원칙
   ③ 수집·이용 목적 명확화 원칙
   ④ 안전성 확보 조치

정답: ③
해설: 개인정보를 수집할 때는 '왜 필요한지'를 구체적으로 밝히는 것이 기본 원칙이다. 이는 정보주체가 자신의 정보가 어떻게 활용되는지 알 권리를 보장하기 위함이다.

02. 다음 중 마케팅 활동에서 법적으로 사전 동의가 반드시 필요한 행위는 어느 것인가?
   ① 웹사이트에 쿠키 배너를 표시하는 행위
   ② 뉴스레터 수신 동의 없이 광고 이메일을 발송하는 행위
   ③ 제품 후기 수집
   ④ 구매 후 고객 만족도 조사 실시

정답: ②
해설: 광고성 정보(스팸메일 등)를 발송하려면 정보통신망법상 사전 명시적 동의가 필요하다. 단순한 쿠키 배너 표시나 후기 수집은 동의 의무 대상이 아니다.

03. EU의 GDPR(일반개인정보보호규정)의 주요 특징으로 가장 적절한 설명은?
   ① 기업 자율규제 중심으로 구성되어 있다
   ② 정보주체의 권리보장보다 기업의 편의성을 우선한다
   ③ 세계에서 가장 완화된 개인정보 규정이다
   ④ 전 세계 기업에 영향력을 미치는 가장 엄격한 보호 규정이다

정답: ④

해설: GDPR은 EU 시민의 개인정보를 보호하기 위해 세계 모든 기업에 extraterritorial(역외적) 효력을 미치는 가장 강력한 법규이다.

04. 2023년 국내 한 이커머스 기업이 사용자 동의 없이 행동추적 쿠키를 설치한 사례에서 가장 위반한 원칙은?
① 최소 수집 원칙
② 목적 외 이용 금지
③ 동의 원칙
④ 안전성 확보 조치

정답: ③
해설: 사용자의 사전 동의 없이 쿠키로 행동을 추적하는 것은 '동의 원칙' 위반이다. 특히 맞춤형 광고 쿠키는 필수 쿠키가 아니므로 반드시 명시적 동의가 필요하다.

05. 임신 테스트기 구매 고객에게 육아용품 광고를 자동 발송하는 마케팅 전략에서 가장 문제가 될 수 있는 것은?
① 광고 예산의 비효율
② 고객 세분화 오류
③ 민감정보 처리 및 사생활 침해 가능성
④ 브랜드 노출 부족

정답: ③
해설: 임신 여부는 '건강·생식 관련 정보'로 민감정보에 해당한다. 이를 광고 타겟팅에 활용하는 것은 개인정보보호법 위반 소지가 있다.

06. AI 법적 책임과 관련하여, AI가 잘못된 결정을 내렸을 때 책임 주체가 될 수 없는 대상은 누구인가?
① 개발자
② 사용자(기업)
③ 플랫폼 제공자
④ AI 자체

정답: ④

해설: AI는 법적으로 '권리주체'가 아니므로 법적 책임을 질 수 없다. 대신 개발자, 기업(운영자), 플랫폼 제공자가 책임 주체가 된다.

07. EU AI Act(2024)의 특징으로 옳은 것은?
① 위험도 구분 없이 모든 AI를 동일하게 규제한다
② 고위험 AI에 대해 사전 승인과 지속 모니터링을 요구한다
③ AI 개발자는 규제 대상에서 제외된다
④ 투명성 고지는 선택사항이다

정답: ②
해설: 2024년 제정된 EU AI Act는 AI를 '위험 기반(risk-based)'으로 구분하고, 고위험 분야(AI in healthcare, education, employment 등)에는 엄격한 규제를 적용한다.

08. 마케팅 분야에서 AI 알고리즘의 편향성으로 발생할 수 있는 문제로 옳지 않은 것은?
① 특정 성별·연령층에 대한 차별적 타겟팅
② 소비자 기만을 유발하는 허위 정보 생성
③ 프라이버시 침해 수준의 과도한 개인화
④ 고객 불만 접수율 감소

정답: ④
해설: AI 편향은 차별적 광고 노출, 허위정보 생성, 과도한 개인화 등을 초래하지만 '불만 접수율 감소'는 편향과 직접 관련이 없다.

09. 다음 중 AI 생성물의 저작권 인정 요건으로 가장 적절한 설명은?
① 인간의 창작적 기여가 존재해야 한다
② AI가 독립적으로 만든 결과물도 보호된다
③ AI 개발자는 항상 저작권자가 된다
④ 학습데이터 출처는 중요하지 않다

정답: ①
해설: AI 생성물은 인간이 창작 과정에 실질적으로 개입한 경우에만 저작권이 인정된다. AI가 완전히 자동으로 만든 결과물은 보호 대상이 아니다.

10. 미국 저작권청의 입장에 따르면, AI가 독자적으로 생성한 콘텐츠는 저작권 보호를 받을 수 없다. 그 이유는?
    ① 데이터 품질이 낮기 때문이다
    ② 인간의 창작적 개입이 없기 때문이다
    ③ 상업적 가치가 없기 때문이다
    ④ AI 저작물은 모두 공공재로 보기 때문이다

정답: ②
해설: 미국 저작권청(USCO)은 '인간 저작물'만 보호한다는 입장을 명확히 했다. 따라서 AI 단독 산출물은 저작권 보호 불가하다.

11. 2023년 Midjourney로 생성한 이미지가 유명 작가의 작품과 유사해 저작권 침해로 논란이 된 사례에서, 가장 중요한 쟁점은 무엇인가?
    ① 이미지 품질
    ② 학습 데이터의 저작권 침해 가능성
    ③ 광고 효과
    ④ 파일 저장 포맷

정답: ②
해설: 2023년에 Midjourney로 생성된 이미지가 유명 작가의 작품과 매우 유사해 논란이 된 사건의 핵심 쟁점은, AI가 학습할 때 사용한 데이터(즉, 이미지 학습 자료가 저작권을 침해했는지 여부였다.

12. AI를 이용해 배우의 얼굴을 합성한 광고를 제작한 사례에서, 침해된 권리는 무엇인가?
    ① 저작권
    ② 상표권
    ③ 초상권 및 퍼블리시티권
    ④ 산업재산권

정답: ③
해설: 이미지 생성 모델이 학습 과정에서 저작권이 있는 작품을 무단 사용했다면, 이는 저작권 침해가 될 수 있으며, 원저작자의 권리를 침해하는 핵심 쟁점이 된다.

저 자 약 력

• KIGA 한국생성형AI연구원

(사)한국소프트웨어기술인협회 협력 기관으로, 생성형 인공지능의 빠른 발전과 산업 환경 변화에 대응하기 위해 설립된 연구 기관이다. 전자신문과의 협력을 통해, 산업 현장의 AI 활용 역량을 높이고 국가 경쟁력 강화에 기여하는 것을 목표로 한다. 연구원은 생성형 AI 교육과 훈련, 프롬프트 디자인 자격 인증, 정책 제언, 신기술 보급, 기업 컨설팅 등 다양한 사업을 수행하고 있다. 특히, AI 마케팅지도사(AIMC), AI 창업지도사(AISI), AI 학습지도사(AILI), AI 프롬프트 디자이너(AIPD), 미디어 콘텐츠 프롬프트 디자이너(MC AIPD) 등의 자격 과정 콘텐츠를 제공하며, 자영업자, 재직자, 스타트업들의 AI 활용 역량 개발에 박차를 가하고 있다. 이와 관련되는 교재 발간과 전문 강사 양성에도 힘쓰고 있다. 대학, 기업 및 공공기관과 함께 교육을 진행하고, 프롬프트 빅뱅 컨퍼런스, AI 세미나, 정책 포럼 등 다양한 행사를 개최했다. AI 시대에 생성형 AI의 확산과 활용을 선도하며, AX(AI 전환) 시대에 필요한 인재 양성과 지속 가능한 성장에 앞장설 것이다.

• 노규성

(사)한국소프트웨어기술인협회 회장
한국생성형AI연구원 원장
한국디지털정책학회 이사장
前 한국생산성본부 회장
前 선문대학교 경영학과 교수

- 강대훈

송원대학교 철도경영학과 겸임교수
(주)디에이치케이 대표이사
농업법인주식회사 삶터 대표이사

- 김종호

전남매일 미래전략연구원 원장
前 조선대학교 경영학과 교수
前 조선대학교 경영대학원 원장
前 한국마케팅과학회 회장

- 박강민

국민대 비즈니스IT대학원 교수
前 소프트웨어정책연구소 선임연구원
KAIST 박사(미래전략대학원)

- 이서령

서울기독대학교 글로벌AI융합대학 겸임교수
(사)한국블록체인기업진흥협회 수석총장
前 국회정책연구위원(1급)

- 이승희

국립금오공과대학교 경영학과 교수
前 한국디지털정책학회 회장
前 경북구미스마트그린산단 사업단장
前 국립금오공과대학교 기획협력처장

- 임기흥

(주)지엠에이치종합컨설팅 이사

산학협동연구원 부원장
한국디지털정책학회 상임고문
前 한국생산성본부 정보화사업부장
前 광주여자대학교 서비스경영학과 교수

- 임소연

광주대학교 외래교수
KQ컨설팅 대표

- 최광돈

희망연구소 소장
前 한세대학교 경영학과 교수
前 한국생산성본부 실장

AI 기반 마케팅 전략과 실무

지은이: 한국생성형AI연구원
노규성, 강대훈, 김종호, 박강민, 이서령, 이승희, 임기홍, 임소연, 최광돈
펴낸이: 안우리
펴낸곳: 스토리하우스

초판 1쇄 인쇄 2026년 04월 05일
초판 1쇄 발행 2026년 04월 15일

등록: 제324-2011-000035호

주소: 서울시 종로구 율곡로6길 36, 월드오피스텔 908호

전화: 02-3673-4986

팩스: 02-6021-4986

이메일: whayeo@gmail.com

ISBN 979-11-85006-59-8(93320)

가격: 25,000원